常见同音词近音词词典

傅玉芳 编

上海大学出版社
·上海·

图书在版编目(CIP)数据

常见同音词近音词词典 / 傅玉芳编. —上海：上海大学出版社,2023.2
ISBN 978-7-5671-4609-9

Ⅰ.①常… Ⅱ.①傅… Ⅲ.①汉语—同音词典 Ⅳ.①H136.2-61

中国国家版本馆CIP数据核字(2023)第018524号

责任编辑　　陈　强
封面设计　　倪天辰
技术编辑　　金　鑫　　钱宇坤

常见同音词近音词词典

傅玉芳　编
上海大学出版社出版发行
(上海市上大路99号　邮政编码200444)
(https://www.shupress.cn　发行热线021-66135112)
出版人　戴骏豪

*

南京展望文化发展有限公司排版
上海东亚彩印有限公司印刷　　各地新华书店经销
开本890mm×1240mm　　1/64　　印张9.5　　字数379千
2023年2月第1版　　2023年2月第1次印刷
ISBN 978-7-5671-4609-9/H·410　　定价　　36.00元

版权所有　　侵权必究
如发现本书有印装质量问题请与印刷厂质量科联系
联系电话: 021-34536788

凡 例

一、本词典共收录现代汉语中常见并容易混淆的同音词近音词词组1 800余组,共收词目近3 800个,供广大读者查检使用。

二、本词典条目以成组方式呈现,每组内容包括同音词近音词词组、词目、注音、词性、释义、例句等六个部分。

1. 同音词近音词词组:由两个或两个以上读音相同或相近的词组构成。

2. 词目:词组中的每个词单独立目。

3. 注音:词目用汉语拼音注音,四声标调,不标变调。

4. 词性:用"[ ]"注明每个词的词性。如果同一词目有两种或两种以上的词性时,则以①②……分列。

5. 释义:以现代汉语常见、常用义为释义范围,并参照《现代汉语词典》,释义力求通俗易懂。如果同一词目有两种或两种以上的意义时,则以①②……分列解释。

6. 例句:每个词目均附有例句,例句注重实用性,例句中以"~"代替相应词目。

三、本词典按每组词第一个字的汉语拼音顺序排列,读音相同的,则按笔画顺序排列。

四、为便于读者查检使用,本词典正文前有"词目音序索引",按成组方式编排。

词目音序索引

A

哀号	哀嚎		1
哀戚	哀泣		1
哀恸	哀痛		1
皑皑	皑皑		2
蔼蔼	霭霭		2
爱怜	爱恋		2
隘口	碍口		2
安然	黯然		3
安身	安生		3
安危	安慰		3
安息	安歇		4
安详	安享		4
按理	按例	案例	4
按语	暗语		5
暗淡	黯淡		5
暗房	暗访		5
暗合	暗盒		6
暗示	暗事		6
暗语	暗喻		6
昂然	盎然		7
坳口	拗口		7
傲世	傲视		7

B

把持	霸持	8
把手	把守	8
把子	靶子	8
白班	白版	9
白茬	白茶	9
白化	白话	10
白鹭	白露	10
白手	白首	10
百世	百事	10
百业	百叶	11
败露	败落	11
拜师	拜识	11

扳本 版本			11
扳子 板子			12
斑痕 瘢痕			12
搬演 扮演			12
板面 版面			13
板式 版式			13
半身 半生 伴生			13
半音 伴音			14
帮子 梆子			14
榜书 谤书			15
傍边 旁边			15
包工 包公			15
包管 保管			16
包含 包涵 饱含			16
包揽 饱览			16
包修 保修 报修			16
包养 抱养			17
包衣 胞衣			17
包子 雹子			17
孢子 狍子			18
饱尝 报偿			18
保膘 保镖			18
保单 报单			19
保价 保驾			19
保价 报价			19
保有 保佑			20
保真 保证			20
保证 保准			20
报仇 报酬			21
报到 报道			21
报复 抱负			21
报料 爆料			21
报怨 抱怨			22
抱冤 抱怨			22
暴发 爆发			22
暴力 暴利			23
暴戾 暴烈 爆裂			23
暴露 曝露			23
暴尸 暴死			24
卑俗 卑琐			24
卑微 卑猥			24
背子 背字 褙子			24
悲凄 悲戚 悲切			25
悲恸 悲痛			25
背离 背理			25
背信 背兴			26
被服 被覆			26
奔驰 奔驶 奔逝			26

本部	本埠		27	边缘	边远		34
本题	本体		27	编排	编派		34
本心	本性	本姓	27	编织	编制		34
本义	本意		28	编撰	编纂		35
本原	本源		28	鞭策	鞭笞		35
本真	本证		28	贬责	贬职		35
本子	本字		29	褊急	偏激		36
崩崩	嘣嘣		29	变幻	变换		36
崩裂	迸裂		29	变形	变型		36
逼宫	逼供	笔供	30	变异	变易		36
逼进	逼近		30	辨明	辩明		37
逼仄	笔直		30	辨证	辩证		37
比例	比率		30	标底	标的		37
比试	笔试		31	标明	表明		38
比值	笔直		31	标志	标致		38
笔伐	笔法		31	彪彪	滮滮		38
笔记	笔迹		32	镖客	嫖客		39
笔力	笔立		32	秉性	禀性		39
笔译	笔意		32	秉正	秉政		39
鄙人	敝人		32	屏气	摒弃		39
鄙夷	鄙意		33	并力	并立	并列	40
必须	必需		33	病历	病例		40
辟邪	避邪		33	病史	病势		40
边限	边线		33	病原	病源		41

病征	病症	41	不孝	不肖	48
拨动	波动	41	不屑	不懈	48
拨发	播发	42	不宜	不已	48
拨弄	播弄	42	不义	不意	48
播洒	播撒	42	不在	不再	49
博采	博彩	42	不支	不知	49
搏命	薄命	43	不止	不只	49
薄礼	薄利	43	步伐	步法	50
补仓	补偿	43	部属	部署	50
补养	哺养	43			
不比	不必	44			

C

不齿	不耻	44	才力	财力	51
不贷	不待	44	才气	财气	51
不单	不但	44	财务	财物	51
不单	不惮	45	裁减	裁剪	52
不端	不断	45	采择	采摘	52
不防	不妨	45	采撷	采写	52
不服	不符	46	菜圃	菜谱	53
不合	不和	46	参合	参劾	53
不禁	不仅	46	残败	惨败	53
不力	不利	47	残骸	残害	53
不甚	不胜	47	惨厉	惨烈	54
不时	不识	47	灿然	粲然	54
不详	不祥	47	仓位	舱位	54

苍苍	沧沧		55	超升 超生	超声	62
孱孱	潺潺		55	陈规	成规	62
操场	草场		55	尘世	尘事	63
草甸子	草垫子		56	辰光	晨光	63
侧击	侧记		56	辰星	晨星	63
茬口	碴口		56	沉浸	沉静	63
查房	查访		56	沉静	澄静	64
查访	察访		57	沉绵	沉湎	64
查核	察核		57	沉没	沉默	64
查勘	查看	察看	57	沉抑	沉毅	65
查寻	查巡		58	沉挚	沉滞	65
查验	察验		58	沉浊	沉着	65
汊子	杈子	岔子	58	陈情	陈请	65
拆解	拆借		58	陈述	陈诉	66
差使	差事		59	称心 成心	诚心	66
缠扰	缠绕		59	成才	成材	66
长川	常川		59	成交	呈交	67
长年	常年		60	成人	成仁	67
长性	常性		60	成形 成型	成性	67
常规	常轨		60	呈现	呈献	68
常销	畅销		60	诚心	诚信	68
常住	常驻		61	承办	惩办	68
敞快	畅快		61	承包	承保	68
超长	超常		61	承建	城建	69

承载	乘载		69
乘时	乘势		69
澄净	澄静		69
吃紧	吃惊		70
吃香	吃相		70
弛缓	迟缓		70
迟重	持重		70
叱责	斥责		71
赤忱	赤诚		71
赤子	赤字		71
冲冲	忡忡		72
冲击	冲积		72
重来	从来		72
重申	重审		72
重印	重影		73
崇洋	崇仰		73
宠信	宠幸		73
仇冤	仇怨		74
丑史	丑事		74
丑星	丑行		74
出版	初版		74
出防	出访		75
出阁	出格		75
出家	出嫁		75
出境	出镜		75
出身	出生		76
出示	出世	出事	76
出现	出线		76
出新	出行		77
初时	初始		77
初中	初衷		77
处世	处事		77
处治	处置		78
传诵	传颂		78
创口	疮口		78
创见	创建		79
创立	创利		79
创议	创意		79
垂吊	垂钓		79
春训	春汛		80
纯美	淳美	醇美	80
纯贞	纯真	纯正 醇正	
			80
纯挚	纯稚		81
淳厚	醇厚		81
婵婵	绰绰		81
词典	辞典		81
词形	词性		82

此时	此事	82	大局	大举	88
次序	秩序	82	大气	大器	88
匆匆	葱葱	82	大权	大全	89
从俭	从简	83	大势	大事	89
从征	从政	83	大事	大肆	89
从中	从众	83	大洋	大样	90
粗厉	粗砺	83	大义	大意	90
粗劣	粗略	84	大旨	大指	90
粗疏	粗俗	84	呆滞	呆子	91
簇簇	簌簌	84	代购	待购	91
窜改	篡改	84	代领	带领	91
崔巍	崔嵬	85	单薄	淡泊　淡薄	92
错讹	错愕	85	单子	单字	92
错失	错时	85	蛋青	蛋清	92
			淡淡	澹澹	93
	D		当机	当即	93
搭班	搭伴	86	当时	当世	93
答理	答礼	86	当中	当众	94
达观	达官	86	珰珰	铛铛	94
打叉	打岔	87	挡子	档子	94
打泡	打炮	87	叨叨	忉忉	95
打样	打烊	87	倒闭	倒毙	95
打战	打仗	88	倒手	到手	95
大关	大观	88	倒账	到账	95

倒序	倒叙		96	吊具	钓具	103
倒影	倒映		96	吊销	调销	103
得力	得利		96	吊运	调运	103
得宜	得以		97	调转	掉转	104
得益	得意		97	喋喋	蹀蹀	104
登陆	登录		97	顶风	顶峰	104
等分	等份		97	顶针	顶真	105
等式	等视		98	鼎力	鼎立	105
低级	低贱		98	订金	定金	105
低下	底下		98	订数	定数	106
堤防	提防		99	定礼	定理	106
底限	底线		99	定理	定例	106
地标	地表		99	定时	定式	定势	107
地积	地极		99	定刑	定型	定性	107
地里	地理		100	斗志	斗智	107
地力	地利		100	毒犯	毒贩	108
地狱	地域		100	毒计	毒剂	108
点拨	点播		101	独力	独立	108
点名	点明		101	赌局	赌具	109
电气	电器		101	肚量	度量	109
电信	电讯		102	度过	渡过	109
垫背	垫被		102	短处	短促	109
雕凿	雕琢		102	短路	断路	110
吊杆	钓竿		103	短浅	短欠	110

断决	断绝	110	发觉	发掘	116
堆积	堆集	110	发源	发愿	117
对付	兑付	111	法理	法力	117
对换	兑换	111	法式	法事	117
对局	对决	111	法治	法制	118
对垒	对擂	111	番番	翻翻	118
对证	对症	112	凡事	凡是	118
对质	对峙	112	凡响	反响	118
多时	多事	112	反攻	返工	119
			反响	反向	119
E			反应	反映	119
讹传	讹舛	113	反正	反证	120
恶心	恶性	113	方阵	方正	120
厄运	噩运	113	芳名	芳茗	121
恶战	恶仗	114	防暴	防爆	121
遏止	遏制	114	防止	防治	121
而后	尔后	114	妨碍	妨害	121
			仿造	仿照	122
F			放达	放大	122
发包	发报	115	放情	放晴	122
发标	发表	115	放生	放声	122
发奋	发愤	115	放松	放送	123
发狠	发横	116	飞红	飞鸿	123
发急	发迹	116	飞身	飞升	123

飞腾 沸腾			124
飞跃 飞越			124
菲菲 霏霏			124
废话 费话			125
废料 费料			125
废止 废址 废置			125
费时 费事			126
分辨 分辩			126
分汊 分权 分岔			126
分割 分隔			127
分列 分裂			127
分派 分配			127
分争 纷争			128
芬芬 纷纷			128
分子 份子			128
奋激 愤激			129
奋然 愤然			129
丰采 风采			129
丰腴 丰裕			129
风致 风姿			130
肤浅 浮浅			130
伏法 服法			130
伏帖 伏贴 服帖			130
扶持 扶植			131

扶养 抚养			131
拂尘 浮尘			131
服式 服饰			132
浮华 浮滑			132
符合 附和			132
付出 复出			132
付款 附款			133
付印 复印			133
付与 赋予			133
负载 负债 附载			133
附议 复议 腹议			134
复本 副本			134
复合 复核			135
复刊 副刊			135
复员 复原 复圆			135
复职 副职			136
富余 富裕			136

G

改订 改定			137
改编 改变			137
概率 概略			137
概述 概数			138
干脆 甘脆			138

干锅	坩埚	138	哽塞	梗塞	146
干涩	干涉	139	哽噎	哽咽	146
甘心	甘辛	139	工厂	工场	146
杆子	秆子	139	工读	攻读	147
赶到	赶道	140	工房	公房	147
感奋	感愤	140	工分	公分	147
感喟	感愧	140	工夫	功夫	148
刚要	纲要	140	工会	公会	148
高超	高潮	141	工价	公价	148
高低	高地	141	工交	公交	149
高价	高架	141	工力	功力	149
高深	高升	142	工伤	公伤	149
高危	高位	142	工事	公事	149
高新	高薪	142	工效	功效	150
高原	高远	143	工休	公休	150
稿纸	稿子	143	工业	功业	150
割断	隔断	143	工用	功用	151
隔膜	膈膜	143	公安	公案	151
个别	各别	144	公关	攻关	151
个个	各个	144	公里	公理	151
个人	各人	144	公认	供认	152
个位	各位	145	公示	公事	152
个子	各自	145	公务	公物	152
更深	更生	145	公用	功用	153

公元	公园	153	关注	贯注	灌注	160
公正	公证	153	管治	管制		160
公职	供职	153	贯穿	贯串		160
功力	功利	154	光束	光速		161
恭谨	恭敬	154	光纤	光线		161
共时	共识	154	光艳	光焰		161
共事	供事	155	广播	广博		162
共通	共同	155	归程	规程		162
贡奉	供奉	155	归公	归功		162
贡品	供品	155	归依	皈依		162
贡献	供献	156	规整	规正		163
勾通	沟通	156	瑰奇	诡奇		163
构件	构建	156	轨迹	诡计		163
构置	购置	157	诡怪	鬼怪		163
孤单	孤胆	157	咽咽	蝈蝈		164
谷底	谷地	157	国都	国度		164
固态	故态	158	国事	国是		164
故世	故事	158	果子	馃子		164
顾怜	顾恋	158	裹胁	裹挟		165
顾主	雇主	158	过度	过渡		165
雇佣	雇用	159	过房	过访		165
怪癖	怪僻	159	过虑	过滤		166
关隘	关碍	159	过甚	过剩		166
关照	观照	159	过时	过世		166

过往 过望		166
过瘾 过硬		167

H

酣然 悍然		168
酣睡 鼾睡		168
含义 含意		168
号叫 嚎叫		169
浩浩 皓皓		169
浩茫 浩莽		169
合计 核计		169
合理 合力		170
合称 合成		170
合龙 合拢		170
合十 合时		171
合式 合适		171
合算 核算		171
合一 合宜 合意		171
合约 和约		172
合子 盒子		172
何须 何许		172
和议 和易		173
黑心 黑信		173
黑油油 黑黝黝		173
很久 恒久		173
恒山 衡山		174
恒心 恒星		174
恒心 横心		174
横批 横披		174
横心 横行		175
轰然 哄然		175
哄哄 烘烘		175
红亮 洪亮		175
红心 红星		176
红颜 红眼		176
红运 红晕		176
宏大 洪大		177
洪亮 洪量		177
后备 后辈		177
后幅 后福		177
后记 后继		178
后进 后劲		178
后期 后起		178
后人 后任		179
后身 后生		179
后世 后事		180
后手 后首		180
厚谊 厚意		180

忽忽	嗯嗯		181
忽闪	霍闪		181
花费	话费		181
花工	花功		181
花卉	花会		182
花境	花镜		182
花境	化境	画境	182
花期	花旗		183
花枪	花腔		183
花市	花事		184
花坛	画坛		184
花心	花信		184
花序	花絮		184
划行	滑行		185
滑溜	滑熘		185
化妆	化装		185
画工	画功		186
画夹	画架		186
怀抱	环抱		186
欢心	欢欣		186
欢娱	欢愉		187
欢悦	欢跃		187
还原	还愿		187
环保	环抱		188
环行	环形		188
缓刑	缓行		188
幻景	幻境		188
幻想	幻象		189
换发	焕发		189
涣涣	焕焕		189
涣然	焕然		190
荒乱	慌乱		190
惶惶	遑遑	煌煌	190
惶然	煌然		191
恢复	回复		191
回报	汇报		191
回话	会话		191
回还	回环		192
回升	回生	回声	192
回手	回首		192
回响	回想		193
回音	回应		193
汇费	会费		193
汇合	会合		193
汇展	会展		194
会务	会悟	会晤	194
晦气	秽气		194
昏话	荤话		195

昏乱	混乱		195	及其	极其		202
活口	活扣		195	及时	吉时	即时	203
火花	火化		195	及至	极致		203
火剪	火箭		196	岌岌	汲汲	伋伋	203
火炕	火坑		196	级别	届别		204
火险	火线		196	极权	集权		204
或然	惑然		197	即时	即使		204
祸乱	惑乱		197	即位	继位		205
霍霍	嚯嚯		197	亟须	急需		205
霍然	豁然		198	急病	疾病		205
				急进	疾进		205

J

				急剧	急遽		206
讥诮	机俏		199	急诊	急症		206
叽叽	唧唧		199	集合	结合		206
击起	激起		199	藉藉	籍籍		207
机会	际会		200	挤对	挤兑		207
机理	肌理		200	挤挤	济济		207
机谋	计谋		200	给予	寄予		207
机体	肌体		201	计分	记分		208
机心	机芯		201	计量	剂量		208
积愤	激奋	激愤	201	计时	纪实		208
激励	激烈		202	计数	记数		209
激流	急流		202	记工	记功		209
缉查	稽查		202	记恨	忌恨		209

记录	纪录		210
记事	纪事		210
纪年	纪念		210
纪实	纪事		211
济世	济事		211
既而	继而		211
继父	寄父		212
继母	寄母		212
寄予	寄语	寄寓	212
寂寞	寂默		213
加紧	加劲		213
加以	加意		213
佳境	家境		214
佳期	假期		214
佳人	家人		214
家世	家事		214
假使	假释		215
假想	假象		215
驾临	驾凌		215
尖厉	尖利		216
坚苦	艰苦		216
坚忍	坚韧		216
监事	监视		216
监听	兼听		217
俭朴	简朴		217
俭省	简省		217
俭约	简约		217
检查	检察		218
减除	剪除		218
减幅	减负		218
剪报	简报		219
剪短	剪断	间断	219
简编	简便		219
简洁	简捷		220
见证	鉴证		220
间隙	间歇		220
饯行	践行		220
建制	建置		221
健步	箭步		221
健忘	健旺		221
交代	交待		222
交点	焦点		222
交关	交管		222
交合	胶合		223
交汇	交会		223
交接	交结	胶结	223
交游	郊游		224
浇注	浇铸	浇筑	224

娇美	娇媚	姣美	224
娇气	骄气		225
娇艳	娇冶		225
娇纵	骄纵		225
姣好	较好		225
佼佼	皎皎		226
矫正	校正		226
搅浑	搅混		226
叫嚣	叫啸		226
校改	教改		227
教龄	教令		227
接防	接访		227
接合	结合		227
接近	接境		228
接收	接受		228
节俭	节减		228
节余	结余		229
节支	节制		229
截留	截流		229
截止	截至		230
戒尺	界尺		230
届别	界别		230
界限	界线		230
借代	借贷		231
斤斤	津津		231
金榜	金镑		231
筋道	劲道		232
尽日	近日		232
尽心	经心	精心	232
尽心	尽兴		233
尽责	尽职		233
进程	近程		233
进见	进谏		233
进来	近来		234
进取	进去		234
进入	浸入		234
近视	近似		234
禁止	禁制		235
经义	经意		235
惊慌	惊惶		235
惊觉	惊厥		235
惊疑	惊异		236
精纯	精醇		236
精减	精简		236
精练	精炼		237
精制	精致		237
精装	精壮		237
景况	境况		237

景仰	敬仰		238
静默	静穆		238
警示	警世		238
警钟	警种		238
径直	径自		239
竞买	竞卖		239
迥然	炯然		239
纠集	纠结		240
旧时	旧式	旧事	240
拘留	居留		240
巨变	剧变		240
聚汇	聚会		241
聚积	聚集		241
涓涓	娟娟	狷狷 睊睊 241
决斗	角斗		242
决口	绝口		242
决议	决意		242
军工	军功		243
军官	军管		243
军机	军纪		243
军龄	军令		244
军棋	军旗		244
军师	军事		244
龟裂	皲裂		244
君主	郡主		245
俊俏	峻峭		245

K

开班	开办	246
开导	开道	246
开方	开放	246
开花	开化	247
开火	开伙	247
开价	开架	247
开交	开胶	248
开解	开戒	248
开旷	开矿	248
开旷	开阔	248
开犁	开镰	249
开列	开裂	249
开脱	开拓	249
开颜	开眼	250
开印	开映	250
开展	开战	250
刊误	勘误	250
刊正	勘正	251
勘测	勘察	251

看中	看重		251	苦楚	苦处		258
亢旱	抗旱		251	苦工	苦功		258
考查	考察		252	酷吏	酷烈		259
考问	拷问		252	夸示	夸饰		259
可心	可行		252	快信	快讯		259
可疑	可以	可意	253	宽畅	宽敞		259
克服	克复		253	宽贷	宽待	款待	260
克制	刻制		253	宽宏	宽洪		260
客官	客管		254	宽旷	宽阔		260
客堂	课堂		254	宽适	宽释		260
空乏	空泛		254	宽舒	宽恕		261
空空	啌啌		254	宽余	宽裕		261
空茫	空濛		255	匡扶	匡复		261
倥侗	崆峒		255	旷场	矿场		261
孔隙	空隙		255	旷废	旷费		262
抠门	叩门		256	旷工	矿工		262
口才	口彩		256	窥视	窥伺		262
口服	口腹		256	溃乱	愦乱		263
口诀	口角		256	扩展	扩张		263
口舌	口实		257				
口形	口型		257	**L**			
扣压	扣押		257				
枯寂	枯竭		257	来势	来事		264
				拦劫	拦截		264
枯涩	苦涩		258	郎当	锒铛		264

琅琅	朗朗		265
劳役	劳逸		265
老成	老诚		265
老到	老道		266
老景	老境		266
老身	老生		266
老式	老实		267
落价	落架		267
累积	累计		267
冷静	冷峻		267
冷厉	冷冽		268
离离	漓漓		268
礼貌	礼帽		268
礼数	理数		269
礼制	礼治		269
力行	厉行		269
力证	例证		269
历法	立法		270
历历	厉厉		270
历时	立时		270
厉害	利害		270
立异	立意		271
立志	励志		271
呖呖	沥沥		271
连播	联播		271
连接	连结	链接	272
连连	涟涟		272
连通	连同		272
廉正	廉政		273
恋栈	恋战		273
练字	炼字		273
良心	良性		274
粮栈	粮站		274
亮丽	靓丽		274
辽阔	寥廓		274
嘹嘹	缭缭	燎燎	275
邻近	临近		275
林产	林场		275
林林	淋淋		276
临产	临场		276
临时	临事		276
临行	临刑		276
粼粼	嶙嶙	潾潾 璘璘	
辚辚	磷磷	鳞鳞	277
凛冽	凛烈		277
吝色	吝啬		278
灵寝	陵寝		278
泠泠	玲玲	聆聆	278

零用	另用		279
领导	领道		279
领先	领衔		279
留成	留存		280
留传	流传		280
留恋	流连		280
留言	流言		280
流传	流窜		281
流芳	流放		281
流丽	流利		281
流失	流矢	流逝	282
溜溜	遛遛		282
龙头	笼头		282
漏风	露风		283
琭琭	碌碌	睩睩	283
渌渌	辘辘		284
旅行	履行		284
屡屡	缕缕		284
绿茵	绿荫		285
伦次	轮次		285
伦理	论理		285
论争	论证		285
落地	落第		286
落音	落英		286

M

买单	卖单		287
买点	卖点		287
买好	卖好		288
买主	卖主		288
曼曼	蔓蔓	漫漫 慢慢	
			288
曼延	蔓延	漫延	289
谩骂	漫骂		289
漫步	慢步		289
漫画	漫话		289
茫茫	莽莽	溔溔	290
门禁	门警		290
门帘	门联		290
蒙眬	曚昽	朦胧	291
蒙蒙	朦朦		291
咪咪	眯眯		291
眯糊	迷糊		292
弥漫	迷漫		292
弥蒙	迷蒙		292
免役	免疫		292
勉力	勉励		293
面坊	面访		293

面巾	面筋		293			
面世	面市		294		**N**	
渺渺	缈缈		294	哪儿	那儿	301
民主	民族		294	哪个	那个	301
敏感	铭感		295	哪里	那里	301
名目	明目		295	哪些	那些	302
名牌	铭牌		295	哪样	那样	302
名人	明人		296	耐心	耐性	302
名声	名胜		296	难堪	难看	303
名言	明言		296	闹市	闹事	303
明净	明镜		297	讷讷	呐呐	303
明净	明静		297	内因	内应	303
明里	明理		297	拟订	拟定	304
明文	铭文		297	逆市	逆势	304
明晰	明细		298	年华	年画	304
明志	明智		298	年检	年鉴	305
冥茫	冥濛		298	年馑	年景	305
冥冥	溟溟		298	年历	年利	305
脉脉	默默		299	年青	年轻	305
蓦然	漠然	默然	299	年时	年事	306
牟取	谋取		299	年中	年终	306
谋士	谋事		300	凝集	凝结	306
木板	木版		300	忸怩	扭捏	306
木材	木柴		300	扭结	纽结	307

农时	农事	307	喷洒	喷撒		314
哝哝	浓浓	307	怦怦	砰砰		314
浓洌	浓烈	308	批阅	披阅		315
浓艳	秾艳	308	枇杷	琵琶		315
怒号	怒吼	308	偏方	偏房		315
女娲	女娃	308	偏偏	翩翩		316
诺诺	喏喏	309	片段	片断		316
			漂荡	飘荡		316
O			漂浮	飘浮		317
偶合	耦合	310	漂漂	飘飘		317
			漂移	飘移		317
P			漂游	飘游		318
怕是	怕事	311	飘拂	飘浮		318
拍岸	拍案	311	飘洒	飘散		318
排出	排除	311	飘逸	飘溢		318
排挡	排档	312	品名	品茗		319
排诋	排抵	312	品位	品味		319
排头	牌头	312	品行	品性		320
排位	牌位	312	平板	平版		320
盘诘	盘结	313	平敞	平畅		320
旁征	旁证	313	平定	评定		320
狍子	袍子	313	平分	评分		321
佩带	佩戴	314	平伏	平服	平复	321
配制	配置	314	平级	评级		321

平价	评价	评介	322
平靖	平静		322
平叛	评判		323
平身	平生		323
平信	凭信		323
平议	平易		324
平匀	平允		324
平整	平正		324
破例	破裂		324
扑闪	扑扇		325
铺展	铺张		325
朴直	朴质		325

Q

凄然	戚然		326
凄迷	萋迷		326
凄凄	萋萋		326
戚戚	喊喊		327
期间	其间		327
期求	乞求	企求	327
期盼	企盼		327
期中	其中		328
期中	期终		328
齐步	起步		328
齐奏	启奏		328
其时	其实		329
奇兵	骑兵		329
奇绝	奇崛		329
奇巧	奇峭		330
奇伟	颀伟		330
歧义	歧异		330
棋手	旗手		330
棋子	旗子		331
岂止	起止		331
启动	起动		331
启示	启事		332
启用	起用		332
起家	起价		332
起劲	起敬		333
起义	起意		333
气氛	气愤		333
气宇	器宇		334
气质	器质		334
弃材	器材		334
千斤	千金		334
千千	芊芊		335
扦子	钎子		335
牵扯	牵掣		336

牵制	钳制		336
前尘	前程		336
前例	前列		336
前身	前生		337
前世	前事		337
枪手	抢手		337
强度	强渡	抢渡	338
强攻	抢工	抢攻	338
墙角	墙脚		338
巧丽	俏丽		339
悄然	愀然		339
峭立	峭厉		339
切记	切忌		340
切切	窃窃		340
亲戚	亲切		340
亲身	亲生		341
亲征	亲政		341
青白	清白		341
青青	清清		341
青丝	情丝		342
轻淡	清淡		342
轻风	清风		342
轻贱	轻健		343
轻爽	清爽		343
轻婉	清婉		343
轻闲	清闲		343
倾斜	倾泻		344
清场	情场		344
清纯	清醇		344
清单	清淡		344
清净	清静		345
清朗	晴朗		345
清名	清明		345
清贫	清平		346
清恬	清甜		346
清闲	清显		346
清心	清新		346
清馨	清醒		347
清异	清逸		347
清整	清正		347
情节	情结		347
情景	情境		348
情势	情事		348
情义	情谊	情意	348
求诊	求证		348
区区	曲曲		349
驱除	祛除	去除	349
趋向	去向		349

权力	权利		350
权威	权位		350
权宜	权益		350
劝驾	劝架		350
劝解	劝诫		351

R

冉冉	苒苒		352
嚷嚷	瀼瀼 穰穰 攘攘		352
热忱	热诚		353
热火	热和		353
热买	热卖		353
人道	仁道		353
人身	人生		354
人士	人氏		354
人世	人事		354
人心	人性		355
任性	韧性		355
日见	日渐		356
茸毛	绒毛		356
荣光	容光		356
荣华	容华		356
溶化	熔化 融化		357
溶剂	熔剂		357
溶解	熔解 融解		357
溶溶	融融		358
熔合	融合		358
融合	融和		358
融汇	融会		359
柔合	柔和 糅合		359
柔美	柔媚		359
柔韧	柔润		360
如期	如其		360
如一	如意		360
嚅动	蠕动		360
嚅嚅	濡濡 蠕蠕		361
乳汁	乳脂		361
入境	入镜		361
入时	入世		362
入微	入味		362
入围	入闱		362
入主	入住 入驻		362
锐厉	锐利		363

S

丧亡	伤亡		364
搔痒	瘙痒		364

扫描	扫瞄		364
纱布	砂布		365
山林	山陵	山岭	365
芟除	删除		365
删减	删剪		366
扇动	煽动		366
讪讪	赸赸		366
善心	善行		366
擅长	擅场		367
伤心	上心		367
伤势	伤逝		367
商情	墒情		367
上吊	上调		368
上房	上访		368
上风	上峰		368
上紧	上进	上劲	369
上市	上世		369
上手	上首		369
梢梢	稍稍		370
稍后	稍候		370
赊买	赊卖		370
拾级	石阶		371
涉世	涉市		371
申辩	声辩		371
申领	申令		371
申明	声明		371
申述	申诉		372
伸手	生手		372
伸展	伸张		373
伸张	声张		373
身家	身价	身架	373
身手	身受		373
深化	神化		374
深意	生意		374
深渊	深远		374
神化	神话		375
神奇	神气		375
神威	神位		375
神志	神智		376
审查	审察		376
审订	审定		376
升平	生平		376
生机	生计		377
生气	声气		377
生色	声色		377
生息	声息		378
生源	声源		378
声名	声明		378

声响	声像		379
声援	声源		379
圣地	胜地		379
圣明	盛名		380
胜迹	胜绩		380
胜景	胜境	盛景	380
盛世	盛事		381
盛妆	盛装		381
失禁	失敬		381
失礼	失理		381
失迷	失密		382
失眠	失明		382
失时	失实		382
失势	失事		382
失手	失守		383
失言	食言		383
失贞	失真		383
失宜	失意	实意	383
失主	施主		384
师父	师傅		384
施放	释放		384
施行	实行		385
十足	实足		385
什物	实物		385
石板	石版		386
时长	时常		386
时价	实价		386
时时	实时		386
时势	时事	实事	387
时习	实习		387
时效	实效		387
时新	时兴		388
识趣	拾趣		388
实底	实地		388
实力	实例		389
实心	实行		389
实验	试验		389
实用	使用		390
实证	实症		390
拾取	拾趣		390
史籍	史迹		390
矢量	适量		391
士族	氏族	世族	391
示例	事例		391
世道	市道		392
世故	事故		392
世面	市面		392
世情	事情		393

世袭	世系	393	受命	授命	400
仕女	侍女	393	受权	授权	400
式样	试样	394	书坊	书房	401
势力	势利	394	书写	抒写	401
事理	事例	394	梳理	疏理	401
事务	事物	394	舒散	疏散	401
事宜	适宜	395	舒展	舒张	402
侍养	饲养	395	疏离	疏理	402
饰演	试演	395	熟悉	熟习	402
试销	适销	395	树立	竖立	403
试用	适用	396	衰颓	衰退	403
适宜	适意	396	双响	双向	403
释疑	释义	396	爽心	爽性	404
收成	收存	397	水粉	水分	404
收服	收复	397	水力	水利	404
收集	搜集	397	税利	税率	404
收敛	收殓	397	顺变	顺便	405
收罗	搜罗	398	顺序	顺叙	405
收束	收缩	398	说到	说道	405
手记	手迹	398	说合	说和	406
手卷	手绢	399	私立	私利	406
守时	守势	399	厮打	撕打	406
受奖	授奖	399	四出	四处	406
受礼	受理	400	松紧	松劲	407

嗖嗖	飕飕	407	腾跃	腾越	414
夙怨	夙愿	407	提拔	题跋	414
肃静	素静	407	提词	题词	415
薮薮	簌簌	408	提干	题干	415
算术	算数	408	提花	题花	415
随机	随即	408	提名	题名	416
随心	遂心	409	题材	体裁	416
随意	遂意	409	体力	体例	416
			体位	体味	417
			体形	体型	417

T

他们	它们	410	体制	体质	417
踏勘	踏看	410	天机	天际	418
摊牌	摊派	410	天姿	天资	418
谈心	谈兴	411	添补	填补	418
坦陈	坦承 坦诚	411	恬美	甜美	418
坦露	袒露	411	恬静	甜净	419
叹息	叹惜	412	条理	调理	419
炭化	碳化	412	条理	条例	419
探查	探察	412	条文	条纹	420
探寻	探询	413	岧岧	迢迢	420
陶陶	淘淘	413	调节	调解	420
特需	特许	413	调试	调适	420
特异	特意	413	调协	调谐	421
特制	特质	414	调制	调治	421

跳跃	跳越		421	头胎	投胎		429
铁纱	铁砂		422	投身	投生		429
铁索	铁锁		422	透彻	透澈		429
听证	听政		422	凸起	突起		430
亭亭	婷婷		423	凸显	突显	突现	430
停板	停版		423	图板	图版		430
停火	停伙		423	途经	途径		431
停止	停滞		424	团员	团圆		431
通常	通畅		424	推导	推倒		431
通力	通例		424	推见	推荐		432
通通	统统		424	推理	推力		432
通同	统同		425	推托	推脱		432
通脱	通妥		425	推卸	推谢		432
通信	通讯		425	推延	推演		433
同时	同事		426	颓市	颓势		433
同心	同行		426	退化	蜕化		433
同性	同姓		426	退火	退伙		434
同一	统一		426	煺毛	褪毛		434
铜板	铜版		427	屯聚	囤聚		434
童贞	童真		427	屯粮	囤粮		435
统观	统管		427	托身	托生	脱身	435
统帅	统率		428	拖期	脱期		435
统制	统治		428				
痛楚	痛处		428	**W**			
头排	头牌		428	哇哇	娃娃		436

外部	外埠		436
外家	外嫁		437
外交	外教		437
外路	外露		437
外贸	外貌		438
外延	外沿		438
外域	外遇		438
宛转	婉转		438
晚景	晚境		439
万世	万事		439
枉然	惘然		439
忘形	忘性		440
旺市	旺势		440
危机	危及	危急	440
威吓	威赫		441
微利	微粒		441
微渺	微妙		441
违反	违犯		442
围护	维护		442
委曲	委屈		442
委琐	猥琐		442
位置	位子		443
温和	温厚		443
温雅	文雅		443
文才	文采		443
文理	纹理		444
文人	闻人		444
文饰	纹饰		444
问世	问事		445
污蔑	诬蔑		445
无辜	无故		445
无几	无际		446
无礼	无理	无力	446
无乃	无奈		446
无妄	无望		447
无味	无畏		447
无瑕	无暇		447
无限	无线		447
无行	无形		448
无遗	无疑	无异	448
无益	无意		448
无援	无缘		449
武工	武功		449
务须	务虚		449
物象	物像		449
物质	物资		450

X

| 悉心 | 细心 | 451 |
| 习习 | 袭袭 | 451 |

习用	袭用		451	乡邻	相邻	458
喜兴	喜幸		452	乡亲	相亲	459
戏说	细说		452	乡思	相思	459
细纱	细砂		452	相识	相似	459
侠义	狭义		452	相通	相同	460
下手	下首		453	相像	想象	460
下限	下线		453	相应	相映	460
下泄	下泻		453	相应	响应	460
仙人	先人		454	详悉	详细	461
先决	先觉		454	降伏	降服	461
纤悉	纤细		454	想望	向往	461
鲜明	显明		454	向背	项背	462
闲静	娴静		455	消失	消逝 消释	462
闲人	贤人		455	消受	消瘦	462
显形	显性		455	萧然	翛然	463
显要	显耀	险要	456	萧萧	潇潇	463
险厄	险恶		456	小节	小结	463
县志	县治		456	小心	小型	464
现价	限价		457	小传	小篆	464
现期	限期		457	笑哈哈	笑呵呵	464
现身	献身		457	效力	效率	464
现时	现实	限时	457	协调	谐调	465
现行	现形		458	协同	偕同	465
献计	献技		458	邪路	斜路	465

泄劲	懈劲		465	刑期	行期	472
泄漏	泄露		466	行迹	形迹	473
卸责	卸职		466	行经	行径	473
心潮	新潮		466	行礼	行李	473
心底	心地		466	行使	行驶	473
心服	心腹		467	形式	形势	474
心甘	心肝		467	醒木	醒目	474
心机	心肌	心计	467	凶狠	凶横	474
心境	心静		468	凶杀	凶煞	474
心里	心理		468	雄威	雄伟	475
心事	心思		468	雄心	雄性	475
心术	心数		469	休戚	休憩	475
心酸	辛酸		469	休书	修书	475
心志	心智		469	休学	修学	476
新近	新进		469	休养	修养	476
新兴	新型		470	休业	修业	476
新义	新意		470	休整	修整	修正	477
新妆	新装		470	秀美	秀媚	477
信史	信使		470	须要	需要	477
信手	信守		471	序言	绪言	478
兴亡	兴旺		471	叙述	叙说	478
星相	星象		471	畜养	蓄养	478
猩猩	惺惺		471	宣示	宣誓	478
刑罚	刑法		472	玄乎	悬乎	479

玄空	悬空		479	严整	严正	485
选才	选材		479	言语	言喻	485
选集	选辑		480	沿线	眼线	486
悬梯	旋梯		480	衍化	演化	486
炫丽	绚丽		480	眼福	艳福	486
学力	学历		480	眼睛	眼镜	487
学时	学识		481	演习	演戏	487
学说	学术		481	演义	演绎	487
血亲	血清		481	艳服	艳福	488
血型	血性		481	扬长	扬场	488
寻查	巡查	询查	482	扬尘	扬程	488
寻访	巡访	询访	482	扬言	佯言	489
询问	讯问		482	佯装	洋装	489
巡查	巡察		483	养气	氧气	489
训示	训释		483	养神	养生	489
迅即	迅急	迅疾	483	要约	邀约	490
徇情	殉情		483	野心	野性	490
				一班	一斑	490
Y				一般	一半	491
压车	押车		484	一步	一部	491
押运	押韵		484	一次	依次	491
殷红	嫣红		484	一代	一带	491
淹没	湮没		485	一幅	一副	492
严紧	严谨		485	一经	一径	492

一力	一例		492	异义	异议	500
一蓬	一篷		493	抑止	抑制	500
一齐	一起		493	译注	译著	500
一垧	一晌		493	意见	臆见	501
一身	一生		493	意想	臆想	501
一时	一事		494	意向	意象	501
一通	一同	一统	494	意韵	意蕴	501
一心	一新		494	意旨	懿旨	502
一支	一枝		495	因缘	姻缘	502
一直	一致		495	阴私	隐私	502
一柱	一炷		495	引见	引荐	503
医师	医士		496	隐蔽	隐避	503
依靠	倚靠		496	隐讳	隐晦	503
仪容	遗容		496	印记	印迹	503
怡人	宜人		497	印象	影响	504
遗案	疑案		497	英名	英明	504
遗迹	疑迹		497	英雄	英勇	504
以至	以致		498	迎战	应战	504
疑义	异义		498	营利	赢利	505
义气	意气		498	应激	应急	505
异趣	逸趣		499	应时	应市	505
异味	意味		499	用工	用功	506
异形	异型		499	优美	幽美	506
异性	异姓		499	优雅	幽雅	506

优裕	优越	幽越	506	怨望	愿望		513
幽暗	黝暗		507	院子	垸子		513
幽幽	悠悠		507	月历	月利		513
幽远	悠远		507	月中	月终		514
邮船	游船		507	芸芸	沄沄	纭纭	耘耘
邮轮	游轮		508				514
邮品	油品		508	陨灭	殒灭		514
邮箱	油箱		508				
油彩	油菜		509	**Z**			
有礼	有理		509	杂记	杂技	札记	515
有力	有利		509	杂务	杂物		515
有心	有幸		509	灾异	灾疫		515
余力	余利		510	再世	在世		516
语义	语意		510	赃物	脏物		516
预订	预定		510	造像	照相		516
预示	喻示		510	增值	增殖		517
预制	预治		511	渣滓	渣子		517
遇合	愈合		511	轧机	闸机		517
元件	原件		511	展况	战况		518
原形	原型		511	展露	崭露		518
原意	愿意		512	展品	展评		518
远方	远房		512	展示	展事		518
远景	愿景		512	展现	展限		519
远扬	远洋		513	占地	战地		519

占先 占线 战线	519	征招 征召	526
战火 战祸	520	睁睁 铮铮	526
战时 战事	520	蒸气 蒸汽	526
绽开 张开	520	整风 正风	526
长门 掌门	520	整式 正式	527
仗势 仗恃	521	整数 正数	527
招工 招供	521	整休 整修	527
招收 招手	521	正规 正轨	528
照理 照例	521	正论 政论	528
照应 照映	522	正牌 正派	528
肇始 肇事	522	正式 正事	528
折寿 折受	522	正确 准确	529
折子 褶子	522	正题 正体 政体	529
贞节 贞洁	523	正直 正值	529
侦查 侦察	523	支出 支绌	530
真心 真性	523	支使 指使	530
振荡 震荡	523	知名 知命	530
振动 震动	524	执罚 执法	530
震慑 镇慑	524	执勤 值勤	531
争气 正气	524	执业 职业	531
争战 征战	525	执意 致意	531
征尘 征程	525	直拨 直播	531
征发 征伐	525	直接 直截	532
征候 症候	525	值守 职守	532

指名	指明		532	中止	终止	539
指示	指事		533	忠心	衷心	539
指使	致使		533	忠于	终于	539
指正	指证		533	终身	终生	540
至爱	挚爱		533	钟情	衷情	540
至诚	挚诚		534	中伤	重伤	540
至死	致死		534	重力	重利	540
志趣	稚趣		534	主持	住持	541
志愿	自愿		534	主题	主体	541
制服	治服		535	主义	主意	541
质朴	稚朴		535	瞩目	注目	542
质疑	置疑		535	助读	住读	542
制备	置备		535	住地	驻地	542
制伏	制服		535	专长	专场	543
治理	自理		536	专诚	专程	543
中点	终点		536	专机	转机	543
中端	中断	终端	536	专集	专辑	544
中古	终古		537	专力	专利	544
中级	终极		537	专卖	转卖	544
中盘	终盘		537	专业	转业	545
中坚	中间		537	专注	专著	转注	545
中心	重心		538	妆扮	装扮	545
中型	中性		538	妆饰	装饰	546
中庸	中用		539	庄家	庄稼	546

壮丽	壮烈		546	自新	自信	551
壮士	壮实		547	自传	自转	551
追诉	追溯		547	字句	字据	552
追寻	追询		547	综合	总合	552
捉摸	琢磨		548	总攻	总共	552
咨询	资讯		548	总合	总和	552
资力	资历		548	总览	总揽 纵览	553
孳生	滋生		548	走进	走近	553
自残	自惭		549	走漏	走露	553
自己	自给		549	阻止	阻滞	554
自理	自力	自立	549	罪刑	罪行	554
自留	自流		550	尊崇	遵从	554
自决	自觉	自绝	550	作法	做法	554
自述	自诉		550	做工	做功	555
自卫	自慰		551			

Aa

哀号　哀嚎

【哀号】āiháo　[动]悲哀而大声地哭叫。例：临行之前,妻子的啜泣,女儿的～,使他欲行又止。

【哀嚎】āiháo　①[动]野兽悲哀地嚎叫。例：受伤的母狼发出一阵阵～。② 同"哀号"。

哀戚　哀泣

【哀戚】āiqī　[形]哀痛悲伤。例：远方朋友的来信充满了～之感。

【哀泣】āiqì　[动]悲伤地哭泣。例：说到伤心处,她不住地～。

哀恸　哀痛

【哀恸】āitòng　[形]极度悲痛。例：罗丝讲完这段～的爱情故事后,把那串价值连城的珠宝沉入海底。

【哀痛】āitòng　[形]哀伤悲痛。例：怀着～的心情,他重新寻访了他心上人的故居。

皑皑　皚皚

【皑皑】ái'ái　[形] 高峻的样子。**例**：红军战士翻越了～的雪山,跋涉了渺无人烟的草原。

【皚皚】ái'ái　[形] 雪、霜等洁白的样子。**例**：天上乌云密布,山上白雪～。

蔼蔼　霭霭

【蔼蔼】ǎi'ǎi　①[形] 树木茂盛的样子。**例**：勘察队员们所住的小木屋位于树木～的山上。②[形] 昏暗的样子。**例**：水阔云低,天色～。

【霭霭】ǎi'ǎi　[形] 云烟密集的样子。**例**：我登上黄山顶峰,只见山下云雾～。

爱怜　爱恋

【爱怜】àilián　[动] 疼爱。**例**：瑞珏激动得厉害,一种强烈的～的感情抓住了她,她贪婪地望着梅的脸,同时紧紧地捏住梅的手。

【爱恋】àiliàn　[动] 多指男女之间相爱而恋恋不舍。**例**：他心地善良,对她～至深。

隘口　碍口

【隘口】àikǒu　[名] 险要的关隘。泛指狭窄的出口。**例**：黄山镇只有两个～进出,地势十分险峻。

【碍口】àikǒu [形]指怕羞或碍于情面而不便说出。例：这种求人帮忙的事，说出来真有点儿～。

安然　黯然

【安然】ānrán ①[形]平安、安稳的样子。例：班主任老师不在的几天里，这个班的学生自觉遵守纪律，～无事。②[形]心情安定、没有顾虑的样子。例：听见他一口答应，她心里才～。

【黯然】ànrán [形]神情懊恼、情绪低落的样子。例：他低着头，脸上充满着～的神情。

安身　安生

【安身】ānshēn [动]在某地生活和居住。例：在好心人的帮助下，他才找到了可以～的地方。

【安生】ānshēng ①[形]生活安定。例：由于定期得到当地政府的帮困补助，他们一家才过上了～的日子。②[形]形容小孩子安静、不惹事。例：这孩子太顽皮了，一刻也不～。

安危　安慰

【安危】ānwēi [名]平安与危险。多指危险的一面。例：她的行动表明，她全然不顾个人的～。

【安慰】ānwèi ①[形]心情安适、宽解。例：从少年时代起，他就从美术、音乐中寻求～。②[动]使心情安适、宽解。

例：他非但不~她，反而不停地用尖刻的话语去刺伤她的心。

安息　安歇

【安息】ānxī ①[动]安静地休息。例：辛苦了一天，请早点~吧。②[动]对死者表示悼念的话语。例：~吧，人民的公仆孔繁森。

【安歇】ānxiē ①[动]上床睡觉。例：宝玉听到那里，倒觉伤心，只是说不出来，因时已五更，宝玉请王夫人~。②[动]休息。例：走完这段山路我们找个地方~一下吧。

安详　安享

【安详】ānxiáng ①[形]从容自如；稳重。例：陈策略装作很~的样子，径直走到他的跟前，和颜悦色地同他交涉。②[形]宁静；平静。例：这美丽宁静的夜色，使我们的心情变得非常舒畅，~。

【安享】ānxiǎng [动]安然享用；安然享有。例：老太太和家人~宁静的生活。

按理　按例　案例

【按理】ànlǐ [副]按照情理。例：服用这种药~不会产生并发症。

【按例】ànlì [副]按照惯例。例：生活困难的话，~可以申请补助。

【案例】ànlì　[名]案件的例子。例：为了帮助学生理解这个概念,老师列举了大量~。

按语　　暗语

【按语】ànyǔ　[名]作者、编者对有关文章所作的提示、说明、补充、批注、评价等。例：作者在这篇反驳文章的后面,附加了一条~。

【暗语】ànyǔ　[名]事先约定的隐语,用来传达秘密信息。例：他在这封密信中使用了大量的~。

暗淡　　黯淡

【暗淡】àndàn　①[形]光线昏暗。例：球场内的灯光非常~,简直无法进行比赛。②[形]色泽不鲜艳。例：商场里的货架子上空荡荡的,商品没有摆满,装潢和色彩也都相当~。③[形]没有前途,毫无希望。例：他认为在小公司工作前景~,不会有大的发展。

【黯淡】àndàn　[形]阴沉、昏暗的样子。例：天色~,好像要下雨了。

暗房　　暗访

【暗房】ànfáng　[名]有遮光设备的房间。例：照片底片需要在~里冲洗。

【暗访】ànfǎng　[动]暗中观察、访问。例：经过~,他们掌握了大量内幕。

暗合　　暗盒

【暗合】ànhé　[动]未经商讨而意思恰巧相合。例：据说他们的经验跟专家的学说很有～的地方。

【暗盒】ànhé　①[名]放置没有曝光或未冲洗胶卷的有遮光作用的小盒子。例：胶卷和感光片都应放在～里。②[名]暗地里的盒子，包括房间内电话、电视、网络暗接的线盒。例：这一讲，专门讲解插座开关接线～安装施工问题。

暗示　　暗事

【暗示】ànshì　[动]不明确地表示意思，而用含蓄的言语、示意的举动或制造某种气氛、景象使人领会。例：灯光、音乐也可～情感，给舞台表演提供很大的帮助。

【暗事】ànshì　[名]偷偷摸摸的事；不光明磊落的事。例：明人不做～，我不可能在背后说你坏话。

暗语　　暗喻

【暗语】ànyǔ　[名]事先约定的隐语，用来传达秘密信息。例：他在这封密信中使用了大量的～。

【暗喻】ànyù　[名]一种隐晦的比喻。本体和喻体同时出现，它们之间在形式上是相合的关系，说甲(本体)是(喻词)乙(喻体)，喻词常由是、就是、成了、成为、变成等表判断的词语来充当。例：老师认为这个～用得恰到好处。

昂然　盎然

【昂然】ángrán ［形］高傲的样子。例：他板着面孔坐了片刻,便推开椅子~地离开了办公室。

【盎然】àngrán ［形］生机、趣味等洋溢、旺盛的样子。例：春天到了,万物生机~。

坳口　拗口

【坳口】àokǒu ［名］山间较为平坦、可以出入的地方。例：在山的~处有一所小学。

【拗口】àokǒu ［形］说话别扭、不顺口。例：这个同学造的句子很~,明显是病句。

傲世　傲视

【傲世】àoshì ［动］傲慢地对待当世和世人。例：他自命不凡,~轻物。

【傲视】àoshì ［动］傲慢地对待人和事。例：玫瑰的香气引来了爱唱歌的夜莺,它站在窗前的树枝上骄矜地唱着,好像是在~沉默的玫瑰姑娘。

把持　　霸持

【把持】bǎchí　①[动]握;拿。例:这个书呆子连一把菜刀都~不住。②[动]揽权专断,不让别人参与。例:他独断专行,~着全县的财政大权。③[动]控制。例:那年头处境恶劣,但他的媳妇倒是~得住,仍旧是稳稳静静地过日子。

【霸持】bàchí　[动]强行占据;霸占。例:父亲去世后,他不顾兄弟姐妹的反对,强行~了父亲留下的财产。

把手　　把守

【把手】bǎshǒu　[名]器物上手拿的地方。例:铁门上的~坏了,请人来修理一下。

【把守】bǎshǒu　[动]看守;守卫。例:这些兵士都是从江南湘沅之间招集来的,在这里为楚国~要塞。

把子　　靶子

【把子】bǎ·zi　①[名]捆扎成一束的东西。例:仓库里堆满了秫秸~。②［量］一手抓起的数量。用于长条形物体。**例**：他手里拿着一~韭菜。③［量］一伙人；一群人。含贬义。**例**：来了一~强盗。④［量］用于某些抽象事物。**例**：这个受过苦难的老人趁孙桂英正在动摇的火候上给使~劲儿，将孙桂英稳在正道。

【靶子】bǎ·zi ［名］练习射击或射箭的目标。**例**：那时,他住在陕北的一个乡村里,让警卫同志给他装置一个打靶的~。

白班　　白版

【白班】báibān ［名］白天工作的班次。**例**：为了照顾孩子,她向领导提出上~的申请。

【白版】báibǎn ［名］书报杂志上没印出文字、图表等而留下的大块空白。**例**：拿到样书时,他才发现书中出现不少~。

白茬　　白茶

【白茬】báichá ①［形］指农作物收割后没有再播种的(土地)。**例**：望着眼前的一大片~地,老农深感痛惜。②［形］指未经油漆的(木制器具)。**例**：这家木业加工厂专业生产~餐桌椅。

【白茶】báichá ［名］一种采摘后不经杀青或揉捻,只经过晒或文火干燥后加工的茶。**例**：福鼎~,是中国六大茶类之一。

白化　　白话

【白化】báihuà　[动]生物体的病变部分由于缺乏色素或色素消退而变白。**例**：他的～病越来越严重。

【白话】báihuà　①[名]指唐宋以来非常接近口语的一种书面语。**例**：新文化运动前,我国报刊文字绝大多数是文言文,但是在维新变法思潮影响下,也出现过少量～报刊。②[名]谎话;空话。**例**：你千万别听信他的空口～。③[动]闲谈;聊天。**例**：得空咱俩～～。

白鹭　　白露

【白鹭】báilù　[名]鹭的一种。羽毛白色,腿很长,能涉水捕鱼、虾等,主要活动于湿地及林地附近。**例**：那～振翅向湖对岸慢慢飞去。

【白露】báilù　[名]二十四节气之一,在9月7、8日或9日。**例**：～以后,天气就渐渐转凉了。

白手　　白首

【白手】báishǒu　[副]徒手;空手。**例**：创造是革新,而不是～兴家。

【白首】báishǒu　[名]白发。指老年。**例**：黑发不知勤学早,～方悔读书迟。

百世　　百事

【百世】bǎishì　[名]很多世代。**例**：他的光辉业绩将流芳～。

【百事】bǎishì [名]各种各样的事情。例：贫贱夫妻～哀。

百业　　百叶

【百业】bǎiyè [名]各种行业。例：他听说家乡的人推崇他为～的领袖,高兴极了。

【百叶】bǎiyè ①[名]一种薄的豆腐干片。例：在豆制品中他最喜欢吃的就是～。②[名]牛羊的重瓣胃,做食物时叫百叶。例：牛～切丝后爆炒,具有脆嫩、鲜香的独特风味。

败露　　败落

【败露】bàilù [动]坏事或隐秘的事被发觉。例：罪犯见事已～,吓得胆战心惊。

【败落】bàiluò [动]由盛转衰;破落。例：半山坡有一座～的古庙。

拜师　　拜识

【拜师】bàishī [动]认师傅;认老师。例：他祖父从14岁开始就～学艺。

【拜识】bàishí [动]敬辞。结识。例：我早已耳闻您的胆识,只恨无缘～。

扳本　　版本

【扳本】bānběn [动]赌博时赢回已经输掉的钱财。例：他陷入传销,血本无归,为了"~",竟想出歪招组织卖淫。

【版本】bǎnběn ①[名]同一种书籍因传抄、刻版、印刷、装订等形式的不同而形成的不同本子。例:小说《红楼梦》有很多种~。②[名]同一事物的不同说法或不同的表现形式。例:关于这件事情的起因,坊间流传有不同的~。

扳子　　板子

【扳子】bān·zi [名]拧紧或松开螺丝、螺母等的工具。例:他拿起一个大~,很快就将机器上的螺丝卸了下来。

【板子】bǎn·zi ①[名]木质板状物的通称。例:他准备用这些~做一套家具。②[名]体罚用的竹片或木板。例:渣滓洞里的刑具齐全,火钳、杆子、~、夹棍,一样都不少。

斑痕　　瘢痕

【斑痕】bānhén [名]在一种颜色上显露出别种颜色的印子。例:这幢房子年久失修,门窗上都是~。

【瘢痕】bānhén [名]疮疖及伤口愈合后在皮肤上留下的痕迹。例:这就是皮肤的坏死部分痂皮脱落后形成的~。

搬演　　扮演

【搬演】bānyǎn [动]把往事或别处的事重演出来。例:随着戏曲音乐的发展,《牡丹亭》拥有了自己独立完备的音乐体制,显示出在舞台~中的生命力。

【扮演】bànyǎn ①[动]化装表演。例：他在影片中～一名战斗英雄,演得自然、逼真,给观众留下了深刻的印象。②[动]充当。多用于贬义。例：他在这次事件中～了帮凶角色。

板面　　版面

【板面】bǎnmiàn [名]木板或石板的表面。例：挑选木板时,要注意～花纹相同或相近。

【版面】bǎnmiàn ①[名]书报杂志上每一页的整面。例：这本书的～字数超过20万字。②[名]书报杂志的每一面上文字图画的编排形式。例：他将精选出的一些国外报纸的～设计,做成PPT。

板式　　版式

【板式】bǎnshì [名]戏曲唱腔中的节拍和节奏形式。例：我国传统戏曲品种繁多,主要区别在于声腔、～的不同。

【版式】bǎnshì [名]书报杂志版面的格式。例：～设计是现代设计艺术的重要组成部分。

半身　　半生　　伴生

【半身】bànshēn [名]全身的一半。例：众所周知,人的右脑半球支配着左～的活动,左脑半球支配着右～的活动。

【半生】bànshēng [名]半辈子。例：她第一次登上讲坛,用朴素而真挚的语言回顾了自己的～。

【伴生】bànshēng　[动]一种次要的事物随着主要的事物一起存在。例：马庄山金矿床中的自然金,除与多金属硫化物密切共生与～外,主要脉石矿物就是石英。

半音　　伴音

【半音】bànyīn　[名]把八度音划分为十二个音,两个相邻的音之间的音程叫半音。例：唱歌时如果音太高,怕唱不上去的话,在原调降低～,就可能唱上去。

【伴音】bànyīn　[名]在电视和电影中配合画面的声音。例：高清晰度电视通常都插入立体声和多声道～,音响效果很好。

帮子　　梆子

【帮子】bāng·zi　①[名]白菜一类的蔬菜外层叶子离根近而较厚的部分。例：这些老菜～不能吃了。②[名]鞋帮。例：这双青布～白底布鞋,是他母亲千针万线纳起来的。③[量]群;伙。例：这～临时工干活还算凑合。

【梆子】bāng·zi　①[名]用竹子或挖空的木头制成的打更用的器具。例：二更的～响起来,清脆的声音在这静夜里显得格外响亮。②[名]一种多用于梆子腔伴奏的打击乐器。由两根长短不同的枣木制成。例：～最早用于伴奏各种梆子腔而得名,常使用在强拍上,借以增加戏剧气氛。③[名]梆子腔,是对一种戏曲声腔系统的总称,以梆子击节为特色而得名。例：～起源于陕西,陕西古属秦地,因此也称为秦腔。

榜书　谤书

【榜书】bǎngshū　[名]原指写在宫阙门额上的大字,后为招牌、匾额等上的大字的通称。例:中国书协举办全国~大展,这既是当代书法成就的一次展示,又是一种适时的引导与推动。

【谤书】bàngshū　[名]诽谤或攻击他人的信件或书籍。例:这几封~中的内容充分暴露了写信人的不良用心。

傍边　旁边

【傍边】bàngbiān　[动]靠近;接近。例:因为在夜里,又下着暴雨,这个危险路段绝不能让行人~。

【旁边】pángbiān　[名]左右两边或靠近的地方。例:据说在电脑~放些仙人掌之类的植物可以防辐射。

包工　包公

【包工】bāogōng　[动]按规定的要求和期限,完成某项生产任务。例:这幢大楼由承建单位~。

【包公】bāogōng　[名]即包拯。为人刚毅,居官廉洁。其事迹长期流传民间,被尊称为"包公""包青天"。在多种小说、戏剧中,都把他描写成刚正廉明、不畏权贵的清官典型。后借指办事公道、铁面无私的人。例:~少年时便性直敦厚,以孝而闻名。

包管　保管

【包管】bāoguǎn　[动]指有把握、担保,着重于保证做到。例:吃了这服药～你的病明天就好。

【保管】bǎoguǎn　①[动]保藏和管理。例:他负责～队里的农具,从没出过什么岔子。②[名]保藏和管理的人。例:大凤责任心很强,让她当～最合适。③同"包管"。

包含　包涵　饱含

【包含】bāohán　[动]里面含有。例:我们的进步,～着辅导员多少心血啊!

【包涵】bāohán　[动]请别人原谅的客气话。例:有做得不够的地方,请多多～。

【饱含】bǎohán　[动]充满。例:这种甜橙～汁水,可以解渴。

包揽　饱览

【包揽】bāolǎn　[动]兜揽过来并全部承担。例:政府部门不可能把各种事务都～起来。

【饱览】bǎolǎn　[动]充分地看;尽兴地看。例:我们坐在游船上,～巫山十二峰奇丽的风光。

包修　保修　报修

【包修】bāoxiū　[动]负责修理并承担修理或调换等的全部

费用。例：这个牌子的空调,整机免费~三年。

【保修】bǎoxiū ①[动]某些商品在规定限期内由出售的商店或工厂负责免费修理。例：这台电视机~三年。②[动]保养修理;维修。例：这台机车提前完成车辆~任务。

【报修】bàoxiū [动]设备等损坏或发生故障时,通知有关部门前来修理。例：电话出故障,可向电信部门~。

包养　抱养

【包养】bāoyǎng [动]为婚外异性提供钱财、房屋等并与其保持性关系。例：他~情妇的秘密终于被妻子发现了。

【抱养】bàoyǎng [动]把人家的孩子抱来当作自己的孩子抚养。例：他终身未娶,~了一个孩子。

包衣　胞衣

【包衣】bāoyī [名]药剂学术语。指包裹丸剂的一层糖质或胶质外皮。例：我国古代在丸剂制备上,各种炼和剂的选用和~的发明,都和现代药剂学操作原理完全相同。

【胞衣】bāoyī [名]人或哺乳动物的胎衣。例：母牛的身子微微地在动,下体出来了一点点灰色透明的东西,那是~。

包子　雹子

【包子】bāo·zi [名]用面做皮,用菜、肉或糖等做馅包成的一种食品。例：他最爱吃上海南翔小笼~。

【雹子】báo·zi [名]冰雹的通称。例：~有鸡蛋那么大,把许多屋顶都砸烂了。

孢子　　狍子

【孢子】bāozǐ　[名]某些低等动植物产生的一种有繁殖作用或休眠作用的细胞,离开母体后就能形成新的个体。例:风力传播是自然界最有效的传播方式,传播的有效距离受气流活动情况、～的数量和寿命以及环境条件的影响。

【狍子】páo·zi　[名]一种小型鹿。有竖直的圆柱形的角,尖端处分叉,基底相接近,夏季毛色赤褐,冬季灰色较多,有白色的臀盘,以行动敏捷优雅而著称。例:～的胆子非常小,不能受到一点惊吓。

饱尝　　报偿

【饱尝】bǎocháng　①[动]充分地品尝。例:他充分享受旅游带来的快乐并～各地的美味佳肴。②[动]长期忍受或经历。例:这位领导同志的人民情怀,来源于他～艰辛的特殊成长经历。

【报偿】bàocháng　[动]原指报复仇怨。后专指以财物报答人。例:受到别人的恩惠就应该～别人。

保膘　　保镖

【保膘】bǎobiāo　[动]使牲畜保持肥壮。例:要采取措施做好牲畜～工作。

【保镖】bǎobiāo　①[动]古代镖局接受客商委托,派遣有武艺的镖师,保护别人的财物或人身安全。例:这趟货物由这家镖局～,一定万无一失。②[名]受雇为别人保护财物或人身安全的武艺人。例:他身后的两个～像两尊泥塑似的戳在那里,面无表情地紧紧盯着周围的每一个人。

保单　　报单

【保单】bǎodān ①[名]销售商或生产商表示对所售或所生产的物品在一定期限内负责的单据。例:请把这份～收好,有质量问题三个月内可以更换。②[名]保险单。例:～上一定要有投保人的亲笔签名。

【报单】bàodān ①[名]运货报税的单据。例:请把这几份～再核对一下。②[名]旧时向得官、复官、升官和考试得中的人家送去的喜报。例:老头子体体面面地赏了送差的钱,戴起老花眼镜读儿子中举的～。

保价　　保驾

【保价】bǎojià [动]邮电部门在接收寄递较贵重物品时加收一定费用,如有遗失,按保价金额负责赔偿。例:这个包裹里的物品很贵重,邮寄时一定要～。

【保驾】bǎojià [动]旧指保卫帝王。现指保护某人或某事。例:他运气很好,遇有难处时,准有人～。

保价　　报价

【保价】bǎojià [动]邮电部门在接收寄递较贵重物品时加

收一定费用,如有遗失,按保价金额负责赔偿。**例**:这个包裹里的物品很贵重,邮寄时一定要~。

【报价】bàojià ①[动]卖方报出商品价格。**例**:请你们接到询价单后马上~。②[名]卖方或投标方报出的价格。**例**:招标方认为我们的~比较合理。

保有　　保佑

【保有】bǎoyǒu [动]拥有;获得。**例**:我国煤炭资源的储量很大,1989年探明~储量达9 000多亿吨,居世界前列。

【保佑】bǎoyòu [动]迷信指神力的护卫和帮助。**例**:我们走的那一天,父亲在母亲遗像前烧了一炷香,~我们一路平安。

保真　　保证

【保真】bǎozhēn [动]保持原样使不失真。**例**:他最近买了一套高~音响。

【保证】bǎozhèng ①[动]担保做到。**例**:我们~按时完成任务。②[名]作为担保的事物。**例**:身体健康是取得事业成功的根本~。

保证　　保准

【保证】bǎozhèng ①[动]担保做到。**例**:我们~按时完成任务。②[名]作为担保的事物。**例**:身体健康是取得事业成功的根本~。

【保准】bǎozhǔn ①[形]可信;可靠。**例**:他说话办事从来不~,我可不敢劳驾他。② 同"保证①"。

报仇　　报酬

【**报仇**】bàochóu　[动]采取行动来打击仇敌。**例**：我们要为牺牲的同志~。

【**报酬**】bào·chou　[名]由于使用别人的劳动、物件等而付给别人的钱物。**例**：小李助人为乐,从来不计~。

报到　　报道

【**报到**】bàodào　[动]向组织报告自己已经来到。**例**：今天是新生入学~的最后一天。

【**报道**】bàodào　①[动]通过报纸、杂志、广播、电视或网络等形式把新闻告诉群众。**例**：电视台现场~了围棋比赛情况。②[动]用书面或音像发表的新闻。**例**：这篇关于旧区改造的~获本年度新闻三等奖。

报复　　抱负

【**报复**】bàofù　[动]打击批评自己或损害自己利益的人。**例**：对提意见的人,不能搞打击~。

【**抱负**】bàofù　[名]理想;志向。**例**：他没有能实现自己的~,因为疾病而过早地离开了人世。

报料　　爆料

【**报料**】bàoliào　①[动]向媒体提供新闻线索。**例**：许多电视台都设有～热线。②［名］向媒体提供的新闻线索。**例**：电视台对于这类～，一般会给予奖励。

【爆料】bàoliào ［动］发表令人感到意外或吃惊的新闻、消息等。**例**：娱乐明星的八卦信息多为这家网站～。

报怨　抱怨

【报怨】bàoyuàn ［动］对自己所怨恨的人作出反应。**例**：你这种以怨～的态度，不利于解决问题。

【抱怨】bàoyuàn ［动］因心中不满而埋怨数说别人不对之处。**例**：生活中～最多的人，往往也是给别人找麻烦最多的人。

抱冤　抱怨

【抱冤】bàoyuān ［动］感到冤枉。**例**：他为自己白白浪费了这么多钱而～。

【抱怨】bàoyuàn ［动］因心中不满而埋怨数说别人不对之处。**例**：生活中～最多的人，往往也是给别人找麻烦最多的人。

暴发　爆发

【暴发】bàofā ①［动］突然发财得势。**例**：他这几年～了，又买房子又买车。②［动］突然发作。**例**：山洪～给这个乡的农民带来了灾难。

【爆发】bàofā ①［动］火山内部的岩浆突然冲出地壳，向四处迸发。例：这是一座活火山,每过几年就要~一次。②[动](事变)突然发生;突然发作。例：埋藏在心中多年的愤怒终于~了。

暴力　　暴利

【暴力】bàolì　①[名]强制的力量;武力。例：反革命~终于被制止了。②[名]指国家的强制力量。例：军队是制止敌对阶级的~。

【暴利】bàolì　[名]用不正当的手段在短时间内获得的巨额利润。例：政府要制止不法商人哄抬物价、牟取~的行为。

暴戾　　暴烈　　爆裂

【暴戾】bàolì　[形]粗暴凶恶。例：敌人~成性,我们一定要予以有力的反击。

【暴烈】bàoliè　[形]暴躁刚烈。例：连长的性格~,就像他指挥的那几门山炮一样。

【爆裂】bàoliè　[动]物体突然炸裂。例：竹竿燃烧后,发出"晰晰"的~声,这就是最早的爆竹。

暴露　　曝露

【暴露】bàolù　[动]隐蔽的事物、缺陷、矛盾、问题等显露。例：你们不要大声说话,免得~目标。

【曝露】pùlù　[动]露在外面。例：保存这些货物要注意避光,不能~。

暴尸　　暴死

【暴尸】bàoshī　[动]死在外面尸体没有收殓埋葬。**例**：这个小流氓和老流氓～黄沙，一道去见阎王了。

【暴死】bàosǐ　[动]因患急病或遭到意外而突然死亡。**例**：冠状动脉疾病尤其是动脉粥样硬化为心脏病～中之最主要原因。

卑俗　　卑琐

【卑俗】bēisú　[形]卑鄙庸俗。**例**：这个青年行为～，大家都鄙视他。

【卑琐】bēisuǒ　[形]举止卑下；不大方。**例**：那胖子举止～，说起话来都不敢抬眼看人。

卑微　　卑猥

【卑微】bēiwēi　[形]地位低下。**例**：自感～的他一直振作不起来。

【卑猥】bēiwěi　[形]卑鄙下流。**例**：那流氓望着静子，做了一个～的手势。

背子　　背字　　褙子

【背子】bēi·zi　[名]用来背东西的细长背篓。**例**：这个～是他祖上传下来的。

【背字】bèizì　[名]不好的运气。**例**：他觉得人要是走～，什么砸锅事儿都能碰上。

【褙子】bèi·zi [名]用碎布或旧布加衬纸裱成的厚片,多用来制布鞋。例:他小时候穿鞋挺费的,母亲一空下来便糊~给他做鞋。

悲凄　　悲戚　　悲切

【悲凄】bēiqī [形]悲伤凄楚。例:花园里传来一阵~的二胡声。

【悲戚】bēiqī [形]哀痛忧伤。例:这篇悼念文章的字里行间都充满着~的感情。

【悲切】bēiqiè [形]哀痛悲伤。例:病房里传来一阵~的哭泣声。

悲恸　　悲痛

【悲恸】bēitòng [形]悲伤痛苦;极度悲哀。例:在父亲的墓前,他流下了~的泪水。

【悲痛】bēitòng [形]伤心。例:我怀着~的心情,参加了老战友的追悼会。

背离　　背理

【背离】bèilí ①[动]离开;离散。例:价格与价值的~应当有一定的限度,既不能幅度过大,也不能时间过长。②[动]违背。例:如果党员干部肆意违背职业道德,破坏行业纪律,那就~了党的宗旨,就会直接损害党和政府的威信。

【背理】bèilǐ [形]违反常理;不合理。例:在处理这件事情时,他的态度有点~。

背信　　背兴

【背信】bèixìn [动]不守信用。例:由于对方~,这家厂商蒙受了巨大损失。

【背兴】bèixìng [形]遇事不利;遭遇不好。例:她总是埋怨丈夫,说自己这一辈子~就背在他身上。

被服　　被覆

【被服】bèifú [名]衣着装备的总称(多指军用的),包括服装、鞋帽、手套、袜子、绑腿、被褥、毯子、蚊帐等。例:白求恩组织了一个疥疮医疗组,先把病人的~洗净消毒。

【被覆】bèifù ①[动]覆盖;蒙上。例:球场上~着一层厚厚的人造草皮。②[名]覆盖在地面的草木等自然物。例:滥伐森林,破坏了地面~。

奔驰　　奔驶　　奔逝

【奔驰】bēnchí [动]车、马等很快地跑。例:一匹匹骏马在望不到边际的草原上~。

【奔驶】bēnshǐ [动]车辆等快速行驶。例:解放牌汽车在道路上~。

【奔逝】bēnshì [动]时间、水流等飞快地过去。例:为了留住~的岁月,他爱上了摄影。

本部　　本埠

【本部】běnbù　［名］组织、机构等主要的、中心的部分。例：河上架着一道桥,这是通往～的唯一一途径。

【本埠】běnbù　［名］本地。多用于较大的城镇。例：晚报的第二版专载～新闻。

本题　　本体

【本题】běntí　［名］谈话或文章的主题或要解决的主要问题。例：这段文字与～关系不大,可以删去。

【本体】běntǐ　①［名］哲学名词。形成现象的根本实体,常与"现象"相对。例：亚里士多德认为哲学研究的主要对象是实体,而实体或～的问题是关于本质、共相和个体事物的问题。②［名］事物的本身。例：演员、角色、观众,这三者是戏剧～的核心。

本心　　本性　　本姓

【本心】běnxīn　［名］本意;原来的心愿。例：他想写一封公开信,说明自己的～,去消除误解,但又想到横竖没有发表之处,于是中止了。

【本性】běnxìng　［名］事物原来的性质和个性。例：他～善良,是一个容易相处的主管。

【本姓】běnxìng　［名］古代姓、氏有别,同一始祖母生下的子女及其后代是一姓,称"本姓"。又名正姓。例：祁显达～

关,父母早亡,一个人孤苦伶仃长大,十八岁上祁家入赘顶门,妻子大他五岁。

本义　　本意

【**本义**】běnyì　[名]词语的本来的意义。**例**:如"关"的～是门闩,引申为合拢。

【**本意**】běnyì　[名]原来的想法或意图。**例**:作者～也许是为了突出新闻事件的意义,但由于言过其实,反而使读者感到很虚假。

本原　　本源

【**本原**】běnyuán　[名]哲学上指一切事物的最初根源或构成世界的最根本实体。**例**:他们认为万物的～不可能是具体物,只能是一种不生不灭的永恒的存在。

【**本源**】běnyuán　[名]事物产生的根源。**例**:新闻的～是事实,新闻是事实的报道。

本真　　本证

【**本真**】běnzhēn　①[名]本性;本相;本来的面目。**例**:他又坐下了,咬紧着牙齿努力想要再度恢复他的～。②[形]真实;符合本色。**例**:他为人～,值得信赖。

【**本证**】běnzhèng　[名]负有证明责任的一方当事人证明自己主张所提出的证据。**例**:～和反证在刑事诉讼中是有罪证据和无罪证据的另一种称谓,本证即有罪证据,反证即无罪证据。

本子　　本字

【本子】běn·zi　①[名]用成沓的纸装订而成的东西。例：话说到一半,他从口袋里掏出一个～递给对方。②[名]书的版本。例：这是译者从十年来所译的近百篇的文字中选出的不很专门但大家可看之作,有望成为流传较广的～。③[名]演出的脚本。例：这个～将《牡丹亭》删改了许多。

【本字】běnzì　[名]一个字通行的写法或字义与原来的写法或字义不同,原来的写法或字义就称为本字。例：逢姓者,盖出于逢蒙之后,读当如其～,更无别音。

崩崩　　嘣嘣

【崩崩】bēngbēng　[拟声]形容弹拨弦乐器所发出的声响。例：他认为七弦琴发出的～的声音并不好听,感觉像弹棉花。

【嘣嘣】bēngbēng　[拟声]形容跳动或爆裂的声响。例：万如表面上假作镇静,心呢却～乱跳。

崩裂　　迸裂

【崩裂】bēngliè　[动]物体突然分裂成若干部分。例：一个可怕的～声突然响了起来,在一刹那间,那座精妙、庄严的二十三层的宝塔就开始散开。

【迸裂】bèngliè　[动]裂开而往外飞溅。例：一颗炮弹落地,顿时火光～。

逼宫　　逼供　　笔供

【逼宫】bīgōng　[动]大臣强迫国王或皇帝退位。例：在中国历史上诸多的～事件当中,袁世凯的手段可谓史无前例。

【逼供】bīgòng　[动]用酷刑或威胁等手段强迫招供。例：刑讯～是行为人在刑事诉讼过程中利用职权进行的一种犯罪活动。

【笔供】bǐgòng　[名]受审讯者用文字写出来的供词。例：这是中国首次系统公布日本侵华战犯～原文。

逼进　　逼近

【逼进】bījìn　[动]向前接近。例：洪峰～的时候,招待所的职工家属们还在熟睡之中。

【逼近】bījìn　[动]接近;靠近。例：他一路带球～球门。

逼仄　　笔直

【逼仄】bīzè　[形]地方狭窄。例：你沿着这条～的小巷往前走,就能找到他的家。

【笔直】bǐzhí　[形]很直。例：这条车道～,坐在车上可以看得很远。

比例　　比率

【比例】bǐlì　①[名]表示两个比相等的式子。例：1∶2=3∶6。②[名]比较同类数量的倍数关系。例：水泥和砂浆的~要适当。③[名]指一种事物在整体中所占的分量。**例**：经过调整,整个国民经济将建立合理的~关系,协调地、稳步地、健康地发展。

【比率】bǐlǜ [名]比值。**例**：按照恩格尔法则,当收入增加时,食物费所占的~趋向减少,教育、卫生、休闲支出的~将迅速上升。

比试　　笔试

【比试】bǐshì ①[动]相互较量高低、强弱。**例**：我们来~一下,看谁先登上山顶。②[动]模仿某一动作。**例**：他拿起剪刀~一下就剪裁起来。

【笔试】bǐshì [名]要求把答案写出来的考试方法。**例**：外语考试除~外还要进行口试。

比值　　笔直

【比值】bǐzhí [名]两数相比所得的值。也叫比率。**例**：16∶8的~是2。

【笔直】bǐzhí [形]非常直。**例**：你沿着这条水泥路~走,在第二个十字路口就能找到大商场。

笔伐　　笔法

【笔伐】bǐfá [动]写文章声讨。**例**：对这种祸国殃民的做法,人人应当口诛~。

【笔法】bǐfǎ [名]画画、写字、作文的技法或特色。**例**：这个梦一般的夙愿是以细腻的~描绘出来的。

笔记　笔迹

【笔记】bǐjì　[名]听课、听报告、读书时所做的记录。例：这是一本读书~。

【笔迹】bǐjì　[名]字迹。例：我能够辨认出他的~。

笔力　笔立

【笔力】bǐlì　[名]写字、画画、写文章时用笔行文的力量。例：就干湿两种用笔的得失加以比较，则湿笔比干笔难，干笔容易见~，又容易生苍莽的气韵，所以学画的人都喜欢用干笔。

【笔立】bǐlì　[动]笔直地站着或立着。例：一条条小船像一支支疾驶的箭，以惊人的速度，飞也似的冲向~的大佛岩。

笔译　笔意

【笔译】bǐyì　[动]用文字翻译。例：这家翻译公司拥有数名翻译，他们均有多年口译及~的经验。

【笔意】bǐyì　[名]指书画、诗文中表现出的风格、意境。例：这条标语，字迹秀拔，纵横吞吐，写得极好，大有毛泽东同志的~。

鄙人　敝人

【鄙人】bǐrén　①[名]对人谦称自己。例：多年来承蒙诸位对~的信赖与照顾,不胜感激!②[名]知识浅陋的人。例:我们很难想象,~会有深刻的思想和高雅的谈吐。

【敝人】bìrén 同"鄙人①"。

鄙夷　　鄙意

【鄙夷】bǐyí [动]轻视;看不起。例:忙乱的人们顾不上理睬他,有的向他投来~的一瞥。

【鄙意】bǐyì [名]谦辞,称自己的意见。例:他说的那些话并不代表~。

必须　　必需

【必须】bìxū ①[副]表示事理或情理上的必要;一定要。例:我们~遵守交通规则。②[副]增强命令语气。例:这次会议,你~参加。

【必需】bìxū [动]一定要有;不可缺少。例:硒是人体~的微量元素。

辟邪　　避邪

【辟邪】bìxié [动]辟除邪祟、邪说。多用作迷信语。例:迷信认为玉器是最好的~之物。

【避邪】bìxié [动]迷信的人指用符咒等避免邪祟。例:中国古代的佛教文物中,有许多有关镇宅或~的物品。

边限　　边线

【边限】biānxiàn [名]边际。例:人间的欢乐无平衡,人间的苦恼亦无~。

【边线】biānxiàn [名]球场两边的界线。例:这只球正好发在~内。

边缘　　边远

【边缘】biānyuán ①[名]沿边的部分。例:这只宋朝瓷碗的~上有几个缺口。②[形]接近沿边部分的。例:这个城市的经济腾飞,带动了~地区的发展。

【边远】biānyuǎn [形]靠近国界的;远离中心地区的。例:由于市政建设,他家搬到了~地区。

编排　　编派

【编排】biānpái ①[动]按一定的次序排列。例:这本书的装帧设计者在页面~上下了很大工夫。②[动]编写剧本并排演。例:这出戏是表演系大四学生自己~的。

【编派】biān·pai [动]捏造或夸大别人的缺点、过失。例:他们已经做得很不容易了,你不要再这样~他们了。

编织　　编制

【编织】biānzhī [动]把细长的东西交叉组织或勾连起来。例:她妈妈喜欢~毛衣。

【编制】biānzhì ①[动]把细长的东西交叉组织起来,制成器物。例:他这双手不但有力,而且灵巧,修补好了箩筐,又~了几双草鞋。②[动]根据资料做出规划、方案、计划等。**例**:各家出版社都在抓紧~五年出版规划。③[名]组织机构的设置和人员定额、职务分配。**例**:根据《公务员法》的规定,公务员使用行政~。

编撰　　编纂

【**编撰**】biānzhuàn　[动]编纂;撰写。**例**:著名经学家章太炎和古文字学家王国维,也曾一度参与《时务报》的~工作。

【**编纂**】biānzuǎn　[动]编辑资料较多、篇幅较大的著作。**例**:词汇学和语义学的成果,为词典~工作,如词条的选择和安排、义项的划分等,提供了理论依据。

鞭策　　鞭笞

【**鞭策**】biāncè　①[动]鞭打;用鞭子赶马。**例**:在他不停的~下,枣红马腾云驾雾般地飞驰。②[动]严格督促,使其进步。**例**:批评是对我的爱护,表扬是对我的~。

【**鞭笞**】biānchī　[动]用鞭子抽打。**例**:《碧玉簪》这部戏的主旨是~大男子主义。

贬责　　贬职

【**贬责**】biǎnzé　[动]指出过失并批评、责备。**例**:这部影片上映后没有遭到~。

【**贬职**】biǎnzhí　[动]降低官职级别。**例**:顺治皇帝执政后的第二年便下令没收多尔衮的财产,免去他的爵位,把依附他的王公大臣全部~、革职或者处死。

褊急　偏激

【褊急】 biǎnjí　[形]心胸狭隘,性情急躁。**例**:气量～的人往往行动的动力很强而周旋的空间很小,所以容易失败。

【偏激】 piānjī　[形]指语言、思想、认识等过于极端。**例**:青年人血气方刚,言行有时难免过于～。

变幻　变换

【变幻】 biànhuàn　[动]没有规律地改变。**例**:这层薄膜能显示出彩虹的各种颜色,而且从不同的角度观察,能看到奇妙的色彩～。

【变换】 biànhuàn　[动]事物的一种形式或内容换成另一种形式或内容。**例**:你只要～一下角度,它就显示出另外一种图案。

变形　变型

【变形】 biànxíng　[动]形状、格式发生变化。**例**:车上的货物看起来并不多,但却把两副胶皮轮胎都压得有点～。

【变型】 biànxíng　[动]类型发生改变。**例**:随着商品经济的发展和企业管理转轨～,不少企业引进国外企业的滚动式方法来编制生产计划。

变异　变易

【变异】 biànyì　①[动]同种生物后代与前代、同代生物不同个体之间在形体特征、生理特征等方面所表现出来的差别。例：一代一代的遗传~逐渐积累,终将会引起生物类型的变化。②［动］跟以前的情况相比发生变化。例：期货市场经历了数百年的发展历史,其性质随着交易方式的~发生了重大变化。

【变易】biànyì ［动］变化;改变。例：我国封建社会要求人"非礼勿视,非礼勿听,非礼勿言,非礼勿动",就是把"礼"当成一种不可~的规范。

辨明　　辩明

【辨明】biànmíng ［动］辨别清楚。例：车上没有导航系统,晚上开车你一定要~方向。

【辩明】biànmíng ［动］辩论清楚。例：有智慧的人激烈争论是为了~真理,无知的人激烈争论是因为固执己见。

辨证　　辩证

【辨证】biànzhèng ①［动］辨别症候。例：研究并掌握这个一般规律,可以进一步更深刻地理解个别疾病的本质,从而更有效地指导~与治疗。②［动］辨析考证。例：~结构与功能的关系,为我们认识世界和改造世界提供了重要的原则和方法。

【辩证】biànzhèng ①［形］合乎辩证法。例：对待这名学生身上的问题,我们要~地加以分析。② 同"辨证②"。

标底　　标的

【标底】biāodǐ ［名］招标工程的预期价格。例：在招投标时,~编制应遵循客观、公正的原则。

【标的】biāodì ①[名]练习射击或射箭的目标。例：这个游戏很简单,只要把箭射中~就可以了。②[名]要想达到的地点或境地。例：他无~地走过三条街,差一点被一辆飞跑下坡的人力车撞到。③[名]经济合同当事人双方权利和义务共同指向的对象。例：在提供劳务的合同中,~是当事人之间的劳务关系。

标明　表明

【标明】biāomíng [动]用符号或文字作出标记使人知道。例：超市售卖的食品一定要如实~食品出厂的日期。

【表明】biǎomíng [动]表示清楚。例：我在大会上~了自己的态度。

标志　标致

【标志】biāozhì ①[名]表明事物特征的记号。例：这个交通~示意这条路是单行道。②[动]表明事物的某种特征。例：这块纪念碑~着人民对先烈的怀念。

【标致】biāozhì [形]相貌、姿态美丽。例：她长得很~。

彪彪　瀌瀌

【彪彪】biāobiāo [形]颜色鲜丽的样子。例：随风而舞的经幡在雪山上~夺目。

【瀌瀌】biāobiāo [形]水流的样子。例：山林中,鸟儿啾啾,泉水~。

镖客　嫖客

【**镖客**】biāokè [名]给行旅或运输中的货物保镖的人。**例**:旧时的~虽是客串,但对送来的心意不会拒收,也不会去收保护费。

【**嫖客**】piáokè [名]玩弄妓女的男人。**例**:这次扫黄运动抓了不少寻欢的~。

秉性　禀性

【**秉性**】bǐngxìng [名]性格。**例**:老王的~很耿直。

【**禀性**】bǐngxìng [名]本性。**例**:江山好移,~难改。

秉正　秉政

【**秉正**】bǐngzhèng [动]秉持公正。**例**:法官必须怀着高度的敬畏心来对待审判工作,必须~无私地审理案件。

【**秉政**】bǐngzhèng [动]执政;掌握政权。**例**:明太祖朱元璋的皇后马秀英虽然并没有实际~,但她敢于劝谏皇帝的过失并提出良好的治国方略。

屏气　摒弃

【**屏气**】bǐngqì [动]暂时抑止呼吸。**例**:满园子的人都~凝神,不敢出声。

【**摒弃**】bìngqì [动]除掉;抛弃。**例**:在科学研究中,摩尔根~

了当时颇为流行的单纯描述法,运用了实验法和定量分析法。

并力　　并立　　并列

【并力】 bìnglì　[动]合力;一起用力。**例:** 哪怕只有一线希望,我们也要～坚守。

【并立】 bìnglì　[动]同时存在。**例:** 这种政权是一元化的,不是两权～的。

【并列】 bìngliè　[动]不分主次,并排平列。**例:** 他俩在男子跳远比赛中～第三名。

病历　　病例

【病历】 bìnglì　[名]医疗部门等记录病人病史、诊断和处理方法的档案。**例:** 林巧稚做了个请她稍候的手势后,随即把她的～交给一位护士。

【病例】 bìnglì　[名]医疗部门指某种疾病的实例。**例:** 腹膜炎的～大多数是一种继发症,此病的恶化及死亡在很大程度上取决于原发病的性质和病程。

病史　　病势

【病史】 bìngshǐ　[名]患者历次所患的疾病及治疗情况。**例:** 因慢性支气管炎引起的肺心病,都有慢性咳嗽、咯痰或伴有喘息的～,并有肺气肿的症状。

【病势】 bìngshì　[名]疾病的情势或轻重程度。**例:** 他患的是突发性脑溢血,～危急。

病原　　病源

【病原】bìngyuán　①[名]病原体。即能引起疾病的微生物和寄生虫的统称。例：当发现水源不适宜时,应另找水源或将其中有毒物质及~清除后才能使用。②[名]发生疾病的原因。例：当急性炎症消退后,应及时检查并消除~,以免炎症复发。

【病源】bìngyuán　①同"病原②"。②[名]产生缺点、毛病的原因。例：公式化、概念化的~在于脱离生活、脱离实际。

病征　　病症

【病征】bìngzhēng　[名]疾病在身体外部显示出来的征象。例：所谓无症状感染者是指病菌携带者自身不显示~但仍有传染性。

【病症】bìngzhèng　[名]疾病。例：随着病人的增多,病种的变化,他感到针灸已不能适应各种~的需要,为此他开始了对中草药的学习和钻研。

拨动　　波动

【拨动】bōdòng　①[动]用手指或工具弹动。例：老师这句充满信任和期望的话语,重重地~了刘善同的心弦。②[动]横向用力使物体移动。例：他轻轻地~了一下门闩,门便打开了。

【波动】bōdòng　[动]像波浪那样起伏不定;不稳定。例：企业也无法控制产品的价格,价格随市场~。

拨发　　播发

【拨发】bōfā ［动］分出一部分(物资)发给。例：政府无偿将土地使用权～给使用者使用,一般没有使用期限的限制。

【播发】bōfā ［动］通过广播、电视等发出。例：这条重要新闻将由电视台新闻联播频道统一～。

拨弄　　播弄

【拨弄】bōnòng ①［动］用手脚或棍棒等来回地拨动。例：他右手～着琴弦,轻轻地唱起了流行歌曲。②［动］摆布。例：他喜欢～别人,遭到大家的反对。③［动］挑拨。例：同学之间决不能～是非,要加强团结。

【播弄】bōnòng ①［动］翻动;拨弄。例：他整天扑在地里,～着那些小树苗。② 同"拨弄②"。③ 同"拨弄③"。

播洒　　播撒

【播洒】bōsǎ ［动］撒播水或似水的东西。例：在这块庄稼地里,农民们～了多少汗水啊。

【播撒】bōsǎ ［动］撒播粉状或颗粒状的东西。例：农民们正在地里～种子。

博采　　博彩

【博采】bócǎi ［动］广泛地采取;广泛地采纳。例：清朝有一部以问答体写的书叫《天经或问》,由游艺所著,是一部～

中西的通俗天文学,该书曾东传到日本。

【博彩】bócǎi [动]指赌博、摸彩、抽奖等类的活动。例:沉迷于～已使他倾家荡产。

搏命　　薄命

【搏命】bómìng [动]尽全力甚至不顾性命地干。例:他每天在建筑工地上～,就是为了能早日还清房屋贷款。
【薄命】bómìng [形]旧时形容女子命运不好,没有福分。例:大家都同情红颜～的林黛玉。

薄礼　　薄利

【薄礼】bólǐ [名]不丰厚的礼物。用于谦称自己送的礼物。例:我准备了一些～,请笑纳。
【薄利】bólì [名]不丰厚的利润。例:这个商品的定价定得低一点,可以～多销。

补仓　　补偿

【补仓】bǔcāng [动]投资者在持有一定数量的某种证券的基础上,又买入同一种证券。例:他多次～是为了摊低该股票的成本。
【补偿】bǔcháng [动]补足差额;抵销损耗。例:历史的每次灾难都以进步来～。

补养　　哺养

【补养】bǔyǎng [动]滋补。例:她身体很虚弱,需要～

一下。

【哺养】bǔyǎng [动]哺育；喂养。例：刚孵出的幼兽,全身无毛,眼睛闭着,由母兽用乳汁来～。

不比　不必

【不比】bùbǐ [动]不同于；不可相比。例：今年的收成～往年。

【不必】bùbì [副]无须；没有必要。例：这件事情已经过去多少年了,～再提。

不齿　不耻

【不齿】bùchǐ [动]不与并列；不视为同类。表示极端鄙视。例：奸商唯利是图,坑害顾客,历来为人们所～。

【不耻】bùchǐ [动]不以为可耻。例：年过七旬的老人,仍然～下问,大家都为他虚心好学的精神所感动。

不贷　不待

【不贷】bùdài [动]不饶恕；不宽恕。例：对犯罪分子严惩～。

【不待】bùdài [副]用不着；不必。例：～我详细介绍,大家就明白了。

不单　不但

【不单】bùdān ①[副]不止。例：超额完成任务的,～是这个生产队。②同"不但"。

【**不但**】bùdàn　[连] 用在表示递进关系复句的前一分句,后一分句里常有"而且""并且""也""还""又"等词相呼应,表示有更进一层的意思。**例**: 挨了批评以后,刘主任的思想～没有打通,反而还觉得怪不舒服的。

不单　不惮

【**不单**】bùdān　①[副] 不止。**例**: 超额完成任务的,～是这个生产队。②[连] 不但。**例**: 他～会拆会修内燃机,还触类旁通地弄明白了机器的原理,成了一个全把式的机械师。

【**不惮**】bùdàn　[动] 不怕。**例**: 他心理素质极好,不计较于得失,～于成败。

不端　不断

【**不端**】bùduān　[形] 行为不正派;举止不端庄。**例**: 这种品行～的人还是少用为妙。

【**不断**】bùduàn　①[动] 连续,不间断;没有停顿,没有终止。**例**: 每到夏秋之交,这里便洪水～。②[副] 表示连续地。**例**: 他觉得对一个人的了解,确实很不容易,只有～地探求对方、理解对方,才能做到知己知彼。

不防　不妨

【**不防**】bùfáng　①[形] 没有料想到。**例**: 倘有～的事情发生,你们该如何应对?②[动]没有防备。例:教练告诫球员一定要乘对方~时发起进攻。

【不妨】bùfáng [副]表示可以这样做,没有什么妨碍。例:你~去碰碰运气。

不服　不符

【不服】bùfú ①[动]拒绝服从。例:他因~一审判决而提起上诉。②[动]不适应。例:他因水土~而导致皮肤过敏。

【不符】bùfú [动]不相合。例:对于这件事情的报道,各报都有与事实~之处。

不合　不和

【不合】bùhé ①[形]合不来;不和。例:他俩一向~。②[动]不应该。例:早知道结果是如此的话,当初就~叫他去。③[动]不符合。例:他做了~社会标准的事,理应受到谴责。

【不和】bùhé [形]不和睦。例:夫妻俩感情~,已经分居多年。

不禁　不仅

【不禁】bùjīn [副]抑制不住;禁不住。例:听了他的报告,大家~鼓起掌来。

【不仅】bùjǐn ①[副]不止,表示超出某一数量或范围。例:喜欢上网聊天的~有年轻人,还有一些老年人。②[连]不但。例：妈妈~没去过杭州,连苏州这么近的地方也没去过。

不力　　不利

【**不力**】bùlì　[形]不尽力;不得力。**例**：班主任责备他办事~。

【**不利**】bùlì　[形]不顺利。**例**：社会动荡不安,对经济发展非常~。

不甚　　不胜

【**不甚**】bùshèn　[副]表示程度不很高。**例**：受禽流感的影响,肉鸡市场的前景~明朗。

【**不胜**】bùshèng　①[动]无法承担;承受不了。**例**：他因体力~,取消了后面的旅程。②[副]非常;十分。多用于感情。**例**：对于您给予的帮助,我~感激。③[动]不如。**例**：这家企业的生产经营状况一年~一年。

不时　　不识

【**不时**】bùshí　①[副]时时;经常不断地。**例**：有识之士早就对此忧心忡忡,~大声疾呼。②[名]随时。**例**：你最好把这些药全带上,以备~之需。

【**不识**】bùshí　[动]不知道;不认识。**例**：我是好心啊,你怎么~好歹。

不详　　不祥

【**不详**】bùxiáng　[形]不详细;不清楚。**例**：这封信因收件人地址~而无法投递。

【不祥】bùxiáng [形]不吉利。例：迷信认为天上出现彗星是~之兆。

不孝　　不肖

【不孝】bùxiào [动]不孝顺父母。例：对这种忤逆~之人，大家还有什么可说的呢？

【不肖】bùxiào [形]不成材；不正派。形容人品行不好。例：大家都痛恨这些见利忘义的~之徒。

不屑　　不懈

【不屑】bùxiè ①[动]认为不值得去做。例：他~与她们争论这个问题。②[形]轻视；瞧不起。例：我明显地看出她脸上露出~的神情。

【不懈】bùxiè [形]不松劲；不放松。例：经过全小区居民的~努力，那家污染环境的企业终于搬走了。

不宜　　不已

【不宜】bùyí [动]不适宜；不适合。例：这部影片血腥场面太多，~少儿观看。

【不已】bùyǐ [动]不停止；不停歇。例：他球技高超，令观众赞叹~。

不义　　不意

【不义】bùyì [形]不合乎道义。例：他装出一副慈祥的面孔,企图掩饰~与虚伪的本质。
- 【**不意**】bùyì ①[连]不料;没有想到。**例**:我们本来约好下午五点碰头,~遇上堵车,我迟到了整整一小时。②[形]空虚无防备。多用于军事攻守。**例**:我们要利用敌人的错觉和~来争取自己的主动和逼敌于被动的局面。

不在　　不再

- 【**不在**】bùzài ①[动]不在某处。**例**:她早已~那家公司上班了。②[动]婉称人去世。**例**:他的父母早就~了。
- 【**不再**】bùzài [副]表示停止、不重复。**例**:有一部分人口头上虽然~强调困难,但信心是不足的。

不支　　不知

- 【**不支**】bùzhī [动]支持不住;支撑不住。**例**:最后一个回合开始前,体力~的伦纳德向拳迷们举起了拳套示意,给哈格勒施加了沉重的精神压力。
- 【**不知**】bùzhī [动]不知道;不了解。**例**:有关这件事情的进展,我完全~。

不止　　不只

- 【**不止**】bùzhǐ ①[动]继续,不停止。**例**:他头痛~,只得服用止痛药。②[动]表示超过一定的数量和范围。**例**:参加运动会的~我们小学生,还有初中一年级的哥哥姐姐们。
- 【**不只**】bùzhǐ [连]不但;不仅。**例**:它们~具有平面性绘画的特征,也具有区别于平面绘画的所谓三度空间的浮雕性特征。

步伐　　步法

【**步伐**】bùfá ①[名]队伍操练中的步调。**例**:战士们一个个昂首挺胸,~越发显得威武雄壮了。②[名]行走的步子。**例**:鲁贵很老练地走着,迈着自以为是阔当差的~,进了书房的门。③[名]比喻事物进行的速度。**例**:我们要加快体制改革的~。

【**步法**】bùfǎ　[名]某些球类运动及武术、舞蹈中,脚步移动的大小、方向、快慢等的方法或程式。**例**:武术界历来有"传拳不传步,传步打师父"之说,可见~在实战中的重要性。

部属　　部署

【**部属**】bùshǔ　[名]部下;下属。**例**:黄维是陈诚最得意、最亲信的~,而且与蒋经国同过事。

【**部署**】bùshǔ　[动]安排;布置。**例**:会议对如何开展这次教育活动作了具体~。

Cc

才力　　财力

【才力】cáilì　[名]才华;能力。例:我辈即使～不及,不能创作,也该当学习。

【财力】cáilì　[名]经济实力。例:不少企业在人力不足和原材料紧缺的情况下,想方设法集中人力、物力、～,确保重点任务的完成。

才气　　财气

【才气】cáiqì　[名]才华;才能。例:这是个在业务上很有～的女专家。

【财气】cáiqì　[名]财运;获得金钱的运气。例:他把自己生意场上的失败归结为～不佳。

财务　　财物

【财务】cáiwù　[名]有关财产管理、经营和现金出纳、保管等的业务。例:技术经济测定法是直接测算有关～指标的各项技术经济因素,据以确定财务计划指标。

【财物】cáiwù [名]钱财和物资。例：这是公共~，我们大家都要爱护。

裁减　　裁剪

【裁减】cáijiǎn [动]削减机构、人员、装备等。例：为了应付经济不景气，公司又~了一批员工。

【裁剪】cáijiǎn ①[动]按尺寸剪裁衣料。例：这位服装设计师~技术很精到。②[动]写文章时对材料的取舍。例：这篇文章~得当。

采择　　采摘

【采择】cǎizé [动]选取；采用。例：作家既然在题材的~上有其一贯性，那么，在对于这些题材的处理，即对他所熟悉生活的认识和评价上也必然有联系性。

【采摘】cǎizhāi [动]摘取。例：近两年由于农民把传统栽培技术和科学管理方法巧妙地结合起来，有效地延长了葡萄的~和保鲜时间。

采撷　　采写

【采撷】cǎixié ①[动]摘取。例：愿君多~，此物最相思。②[动]收集；搜罗。例：旧石器时代的人们多以游居、~为生，而新石器时代的人们已经能够从事生产活动了。

【采写】cǎixiě [动]采访并写作。例：进报社一年多来，他参与了许多重要新闻的~。

菜圃　　菜谱

【菜圃】càipǔ　[名]菜园。例：这些洋葱是从我家后院~里拔来的。

【菜谱】càipǔ　①[名]菜单。例：我邀请她今晚来我家吃饭,早上我已经把~写好了。②[名]介绍菜肴制作方法的书。例：为了做好这顿年夜饭,他买了好几本~。

参合　　参劾

【参合】cānhé　[动]参考;综合。例：这部史书的编写主要~了《战国策》《竹书纪年》和《史记》。

【参劾】cānhé　[动]君主时代上奏章揭发官吏的罪状。例：当年上海道吴煦因劣迹昭著,被人~。

残败　　惨败

【残败】cánbài　[形]草木、景物等残缺衰败。例：进门后映入眼帘的是花园里一片~的景象。

【惨败】cǎnbài　[动]惨重失败。例：这场足球比赛客队~。

残骸　　残害

【残骸】cánhái　①[名]不完整的尸骨。例：荒野中到处可见战争年代留下来的~。②[名]指残破的车辆、机械、建筑物等。例：旷野里有一堆敌机的~。

【残害】cánhài　[动]伤害;杀害。例：日本战犯佐古龙佑~

多名抗日地下工作者。

惨厉　　惨烈

【惨厉】cǎnlì　[形]凄惨;凄凉。例:一声悠长的汽笛~地叫了起来。

【惨烈】cǎnliè　①[形]十分凄惨。例:这一张张照片,记载着汶川地震~的景象。②[形]十分壮烈。例:这些~的战役,带给我们的不仅仅是一串串触目惊心的伤亡数字。③[形]猛烈;厉害。例:斯大林格勒保卫战堪称世界战争历史上最~的战役。

灿然　　粲然

【灿然】cànrán　[形]明亮的样子。例:上过蜡的车身~一新。

【粲然】cànrán　①[形]明亮发光的样子。例:中秋之夜,月光~。②[形]笑时露齿的样子。例:说到得意处,小姑娘禁不住~一笑。③[形]显著明白的样子。例:晴空万里,海面上的船只~可见。

仓位　　舱位

【仓位】cāngwèi　①[名]指投资者所持的证券金额占其资金总量的比例。例:股市有风险,一定要合理控制~。②[名]仓库、货场等存放货物的地方。例:我们公司的仓库里已经没有~了,这批货物只能先堆放在露天。

【舱位】cāngwèi [名]船、飞机等舱内的铺位或座位。例：改建后的"挪威"号客轮,虽然船速降低了,但~和利润却增加了。

苍苍　　沧沧

【苍苍】cāngcāng ①[形]茫无边际的样子。例：一艘货船向着海天~的深处远航而去。②[形]颜色深绿。例：放眼望去,山上满是~的松树。③[形]须发灰白的样子。例：分别几十年后再次相聚,昔日同窗都已白发~。

【沧沧】cāngcāng ①[形]寒冷的样子。例：末班车早已开走,他只得顶着~的北风步行回家。②同"苍苍①"。

孱孱　　潺潺

【孱孱】chánchán ①[形]懦弱而无所作为的样子。例：他希望儿子能够坚强起来,不再是个~无能的人。②[形]人或动物消瘦露骨的样子。例：饱受贫病煎熬的灾民们瘦骨~。

【潺潺】chánchán [拟声]形容流水声。例：涨了水的山溪~地喧闹着。

操场　　草场

【操场】cāochǎng [名]供体育锻炼或军事操练的场地。例：欢笑声不断地在~上空回荡。

【草场】cǎochǎng [名]供放牧用的大片的草地。例：大姆山~周围有许多风景名胜。

草甸子　　草垫子

【草甸子】 cǎodiàn·zi　[名]长满野草的低湿地。例:在东北大平原已经很难看到以前~的优美风景。

【草垫子】 cǎodiàn·zi　[名]用稻秆、蒲草等编制的垫子。例:这些~是纯手工编织成的。

侧击　　侧记

【侧击】 cèjī　[动]从侧面攻击。例:他是一名擅长~的网球手。

【侧记】 cèjì　[名]对某一事件,从一个侧面加以记载或报道。例:这篇文艺会演专场~是新华社记者写的。

茬口　　碴口

【茬口】 chákǒu　①[名]在同一块土地上轮栽作物的种类和次序。例:这些农田分散而不规整,不但影响了拖拉机的耕种效率,而且~很难实行合理的轮换,影响作物的产量。②[名]农作物收割以后的土壤。例:西红柿~肥沃,种白菜很合适。③[名]时机;机会。例:他找准~,便温声细语地劝说起来。

【碴口】 chákǒu　[名]东西断裂或破损的地方。例:那个碗的碗沿上有个马牙子玉米粒那么大的~。

查房　　查访

【查房】 cháfáng　①[动]检查房间内住宿等的情况。例:半夜,荆营长来～,轻轻地走过每一个铺位,不时地给熟睡的战士们把被子披好。②[动]指医生定时到病房查看病人的病情。**例**:主治医生～时发现这名患者的心率异常。

【**查访**】cháfǎng [动]调查、打听案件、案情等。**例**:为了破获这起案子,他～了许多目击者。

查访　　察访

【**查访**】cháfǎng [动]调查、打听案件、案情等。**例**:为了破获这起案子,他～了许多目击者。

【**察访**】cháfǎng [动]通过观察和访问,了解情况。**例**:经过多次～,他终于把事情的真相弄清楚了。

查核　　察核

【**查核**】cháhé [动]查对;核实。**例**:这些报表已经～过两次了。

【**察核**】cháhé [动]审核;审察。**例**:去年的审计报告已经～通过。

查勘　　查看　　察看

【**查勘**】chákān [动]进行实地调查。**例**:水利专家正在大坝附近～水文地质环境。

【**查看**】chákàn [动]观察;检查。**例**:值班员四处～,没有发现异常情况。

【**察看**】chákàn [动]有目的地仔细查看。**例**:工程人员仔细～了工地周围的地形。

查寻　　查巡

【查寻】cháxún　[动]检查寻找。例：他通过互联网～失散多年的哥哥。

【查巡】cháxún　[动]来往各处查看。例：你叫他们两三人一队,分开在草棚前后后～。

查验　　察验

【查验】cháyàn　[动]检查验明。例：他的意思很明白,只要交了"保护费",这些货可以不必认真～,就可签证放行。

【察验】cháyàn　[动]察看检验。例：请你帮我～一下这颗钻石的成色。

汊子　　杈子　　岔子

【汊子】chà·zi　[名]水流的分支。例：这些小河～里长满了芦苇。

【杈子】chà·zi　[名]植物的分支。例：园林工人正在修剪公路两旁的树～。

【岔子】chà·zi　①[名]岔路。例：走过这座桥,有一条直通村委会的～。②[名]事故;错误。例：他办事大胆心细,从来没有出过～。

拆解　　拆借

【拆解】chāijiě　①[动]拆开;拆散。例：这个视频展示手机～全过程。②[动]指解析内情。**例**：这个大型魔术居然被他一一～了。

【**拆借**】chāijiè [动]指按天计息的借款。**例**：资金～是银行或其他金融机构之间在经营过程中相互调剂头寸资金的信用活动。

差使　　差事

【**差使**】chāishǐ [动]差遣；派遣。**例**：他～我去买一本书。

【**差事**】chāishì [名]被派遣去做的事情。**例**：大家都认为这是一个吃力不讨好的～，既要耽误自己的工夫，又容易得罪人。

缠扰　　缠绕

【**缠扰**】chánrǎo [动]纠缠打扰。**例**：他们忍受过饥渴，迷失过道途，尝过冬天的严寒，遭过蚊虻的～，终于发现了这几千平方公里的大油田，让克拉玛依从酣睡中苏醒过来。

【**缠绕**】chánrào ①[动]条状的东西一圈一圈地盘附在别的物体上。**例**：弯弯曲曲的、结了冰的运河，宛若一条绸带，～在大地的胸脯上。②[动]纠缠搅扰。**例**：这孩子就是喜欢～我，真拿他没办法。

长川　　常川

【**长川**】chángchuān ①[名]长的河流。**例**：这条～流域总面积达一百八十余万平方公里。② 同"常川"。

【常川】chángchuān [副]连续不断地;经常地。例:她最近情绪低落,~失眠。

长年　　常年

【长年】chángnián [副]一年到头;整年。例:父亲~累月在野外工作。

【常年】chángnián ①同"长年"。②[名]平常的年份。例:上海~在6月中旬进入梅雨季节。③[副]年年;复年一年。例:他~在基层做调研。④长时期。例:他是公司聘请的~律师。

长性　　常性

【长性】chángxìng [名]持久性。例:大家都说朱五四没~,参加工作不到两年,换了好几家单位。

【常性】chángxìng ①[名]一定的规律。例:天有~,人有常顺。②同"长性"。

常规　　常轨

【常规】chángguī [名]沿袭下来经常实行的规矩。例:每天长跑,已成了他生活中的~。

【常轨】chángguǐ [名]平常的、正常的途径或方法。例:预习、听课、复习、作业是学生学习的~。

常销　　畅销

【常销】chángxiāo [动]商品能经常不断地销售。例:他们在抓畅销书的同时,下力气抓~书,以此来推动图书的销售并提高市场的美誉度。

【畅销】chàngxiāo [动]商品因受欢迎而销路广、卖得快。**例**:由于宣传工作到位,这套书很~。

常住　　常驻

【常住】chángzhù ①[动]经常居住。例:本市~人口达两千多万人。②[动]佛教用语。指佛法无生灭变迁。例:佛教认为如来法身~。③[名]僧、道称寺观、田地、什物等为常住物,简称常住。例:这里原是十方~,不料被几个冒充云游和尚的人毁坏了。

【常驻】chángzhù [动]连续一段时间住在某地。例:这个集团在上海设有~办事机构。

敞快　　畅快

【敞快】chǎngkuài [形]直爽;爽快。例:他性格~,有什么就说什么。

【畅快】chàngkuài [形]舒畅快乐。例:与老师说说心里话,忧郁的李静感到心情~了一些。

超长　　超常

【超长】chāocháng [形]超过一定长度的。例:为了把这张~沙发搬运至七楼,大家动足了脑筋。

【超常】chāocháng [形]超过一般的;超出寻常的。例:在现代条件下,由于作战手段日新月异,战争规模和激烈程度有了~的突破。

超升　超生　超声

【**超升**】chāoshēng ①[动]佛教指人死后超脱凡尘,灵魂升入极乐世界。**例**:迷信认为做了恶毒事情的人死后将被禁锢于地狱,不再有~之日。②[动]越级提升。**例**:经过调查,这名90后处级干部系违规~。

【**超生**】chāoshēng ①[动]佛教以为人死之后,灵魂可以再投生为人,称"超生"。**例**:他们共同祈祷父亲的亡灵能够~。②[动]宽容。**例**:他俩恳求道:我们的性命,都在姐姐身上,只求姐姐~我们罢了!③[动]超过生育计划规定生育。**例**:这个县这几年~五百多人。

【**超声**】chāoshēng [名]与声音具有相同的物理性质但频率高于人耳听力范围的波动现象。**例**:这项发明,借助红外、~和微波全息摄影技术。

陈规　成规

【**陈规**】chénguī [名]陈旧过时的、已经不适用的规矩、办法或规章制度。**例**:人们呼吁进一步推进农村移风易俗,尽快破除~陋习。

【**成规**】chéngguī [名]现成的或久已通行的规矩、办法或规章制度。**例**:虽然做好疫情防控工作有~可依,但我们还是要有新举措和新办法。

尘世　　尘事

【尘世】 chénshì　[名]佛教、道教等指现实世界。**例:**《桃花源记》中那个远离～的仙境,那个男耕女织、丰衣足食、怡然自乐的太平盛世,在他脑海里留下了深刻的印象。

【尘事】 chénshì　[名]世俗之事;尘俗之事。**例:**他躲进山林,过起了不问～的隐居生活。

辰光　　晨光

【辰光】 chénguāng　[名]时候。**例:**这是件辛苦的工作,我常常为了找到合适的词,冥思苦想,甚至费上一天、半天的～。

【晨光】 chénguāng　[名]早晨的阳光。**例:**我睁开眼一看,～已透过玻璃窗射在我的枕头上。

辰星　　晨星

【辰星】 chénxīng　[名]我国古代指水星。**例:**五星古称五纬,是天上五颗行星,木曰岁星,火曰荧惑星,土曰镇星,金曰太白星,水曰～。

【晨星】 chénxīng　①[名]清晨稀疏的星。多用于比喻人或物之稀少。**例:**器官供体缺口巨大,捐献数量寥若～。②[名]指日出前在东方天空中出现的金星。**例:**夜色在黎明前化为～的光芒。

沉浸　　沉静

【沉浸】 chénjìn　[动]浸入水中。多比喻处于某种境界或思想活动中。例:毕业前夕,全班同学~在欢乐的气氛中。

【沉静】chénjìng ①[形]寂静。例:夜已经很深了,周围一片~。②[形]性格、心情、神色等沉稳、安静。例:她的性格很~。

沉静　　澄静

【沉静】chénjìng ①[形]寂静。例:夜已经很深了,周围一片~。②[形]性格、心情、神色等沉稳、安静。例:她的性格很~。

【澄静】chéngjìng [形]清澈,平静。例:一叶扁舟漂浮在~的湖面上。

沉绵　　沉湎

【沉绵】chénmián [形]深切;长久。多形容长期被疾病或琐事纠缠。例:他~病榻多日,影响了工作。

【沉湎】chénmiǎn [动]陷入某种不良的境地而不能自拔。例:网络游戏使许多学生~其中而不能自拔。

沉没　　沉默

【沉没】chénmò [动]沉下;淹没。例:这艘船因为超载而~。

【沉默】chénmò ①[形]性格沉静,不爱说笑。例:他一向~寡言,不好交际。②[动]不说话;不出声。例:他一言不发,用~表示他的愤怒。

沉抑　　沉毅

【沉抑】chényì　[形]沉默压抑。例：他一向很～,很少与人说话。

【沉毅】chényì　[形]沉稳坚毅。例：他是个～的人,再大的困难也压不倒他。

沉挚　　沉滞

【沉挚】chénzhì　[形]深沉真挚。例：《梁山伯与祝英台》描写了一段～感人的爱情故事。

【沉滞】chénzhì　[形]呆板;呆滞。例：舞台上她那～的表情使观众感到失望。

沉浊　　沉着

【沉浊】chénzhuó　[形]低沉粗浊。例：隔壁传来几声～的咳嗽声。

【沉着】chénzhuó　[形]不慌不忙;从容镇静。例：面对强大的对手,周鹤洋显得十分～。

陈情　　陈请

【陈情】chénqíng　[动]陈述自己的想法;陈诉衷情。例：台上的演员时而细语、时而高亢,或是饱含深情地～,或是激情高昂地表述。

【陈请】chénqǐng　[动]向上级或有关部门陈述情况,提出请求。**例**：有关索回孩子抚养权的问题,你可以在法庭上~。

陈述　　陈诉

【**陈述**】chénshù　[动]有条理地说出。**例**：侦察员~了捕捉逃犯的经过。

【**陈诉**】chénsù　[动]详细诉说痛苦或委屈。**例**：这些摊主们愤慨地~着地头蛇的非法行径。

称心　　成心　　诚心

【**称心**】chènxīn　[形]符合心愿;满意。**例**：妈妈给她买的这件衣服,她很~。

【**成心**】chéngxīn　[副]故意地。**例**：你这样做不是~欺负人吗?

【**诚心**】chéngxīn　①[名]真诚的心意。**例**：我到底还是被他的~给打动啦。②[形]真心诚意。**例**：我们国家需要有~为人民服务、为社会主义事业服务的人。

成才　　成材

【**成才**】chéngcái　[动]成为有才能的人。**例**：在同样的条件下,创造力决定着一个人能否~、是否有发展前途。

【**成材**】chéngcái　①[动]可以做材料用。**例**：林地施肥是改善土壤养分状况,提高林木生长量,缩短~年限的有力措施。②同"成才"。

成交　呈交

【成交】chéngjiāo　[动]买卖做成;交易成功。例：在这届交易会上,原料性商品、半成品的出口~量比前几届交易会大。

【呈交】chéngjiāo　[动]上交;递交。例：他已经向董事会~了辞职书。

成人　成仁

【成人】chéngrén　①[动]发育成熟。例：我们都已长大~了。②[名]成年的人。例：这小孩说话像~一样。

【成仁】chéngrén　[动]为正义或崇高的理想而牺牲生命。例：取义~今日事,人间遍种自由花。

成形　成型　成性

【成形】chéngxíng　①[动]自然生长或经过加工后成为某种形状。例：真菌大都是多细胞个体,细胞里的细胞核是~的。②[动]形成某种稳固的局面。例：这出话剧在演出之前,几乎还没有~的剧本,编剧、导演、演员就是演出集体,边编、边导、边演。

【成型】chéngxíng　[动]产品、工件等经过加工后成为所需要的形状。例：他们在钢筋混凝结构施工中采用预埋波纹套管的孔道~工艺。

【成性】chéngxìng　[动]形成某种不好的习性。例：对这种贪婪~的人,我们决不能姑息。

呈现　　呈献

【呈现】chéngxiàn　[动]显露;出现。例:青铜浮雕人物的一条手臂,由于长期被游人挽着留影而~出金黄色。

【呈献】chéngxiàn　[动]恭敬地献给。例:蚕吐完了丝,便结茧自缚,把自己的一切~给人类。

诚心　　诚信

【诚心】chéngxīn　①[名]真诚的心意。例:我到底还是被他的~给打动啦。②[形]真心诚意。例:我~向你讨教这方面的技巧。

【诚信】chéngxìn　[形]诚实守信。例:大家对你这种不~的表现很有意见。

承办　　惩办

【承办】chéngbàn　[动]接受办理。例:技巧比赛由市体校和我校联合~。

【惩办】chéngbàn　[动]处罚。例:对破坏社会治安的刑事罪犯,将严加~。

承包　　承保

【承包】chéngbāo　[动]接受工程或订货等任务并按合同规定完成。例:越江大桥建设工程由建工集团~。

【承保】chéngbǎo　[动]承担保险。例:凡是法律规定属于强制保险范围内的对象,投保人必须向保险公司投保,保险公司也不能拒绝~。

承建　　城建

【**承建**】chéngjiàn　[动]承担建筑任务。**例**:这项工程由市隧道公司~。

【**城建**】chéngjiàn　[动]城市建设。**例**:参加会议的有~、教育、物资部门的负责人。

承载　　乘载

【**承载**】chéngzài　[动]承受、支撑物体的重量。**例**:这座桥因为~车辆过重而断裂。

【**乘载**】chéngzài　[动]乘坐;运载。**例**:这辆大客车核定~人数五十人。

乘时　　乘势

【**乘时**】chéngshí　[副]利用时机。**例**:班主任~做好学生的德育工作,可起到事半功倍的效果。

【**乘势**】chéngshì　①[副]利用有利形势。**例**:努尔哈赤不待图伦兵列阵,即纵马直出,部众~跟上,仿佛是生龙活虎一般,图伦兵从未见过这般厉害,霎时间纷纷退走。②[动]凭借权势。**例**:该县某官员企图~影响县人民法院民事判决。

澄净　　澄静

【**澄净**】chéngjìng　[形]澄澈明净。**例**:这条小溪~见底。

【澄静】chéngjìng [形]清澈平静。例：一叶扁舟漂浮在~的湖面上。

吃紧　　吃惊

【吃紧】chījǐn ①[形]紧张。例：场上形势十分~,教练员又换队员了。②[形]重要;紧要。例：这场比赛十分~,你必须参加。

【吃惊】chījīng [形]受惊;感到惊奇又紧张。例：他~地问：这条河很宽吗?

吃香　　吃相

【吃香】chīxiāng [形]受重视;受欢迎。例：手艺高超的人在哪里都~。

【吃相】chīxiàng [名]吃东西时的姿态、样子。例：从一个人的~可以看出他的素质和背后的家庭教育。

弛缓　　迟缓

【弛缓】chíhuǎn [形]局势、气氛、心情等和缓、松弛。例：比赛结束,观众们紧张的心情终于~下来。

【迟缓】chíhuǎn [形]缓慢;不迅速。例：这个工地的施工速度非常~。

迟重　　持重

【迟重】chízhòng ①[形]动作迟钝、不敏捷。例：他动作~,

看上去像个老年人。②[形]声音迟缓、低沉。**例**：这段乐曲突出了大提琴~的旋律。

【持重】 chízhòng [形]谨慎稳重；不浮躁。**例**：别看他年纪小，办事情却相当~。

叱责　　斥责

【叱责】 chìzé [动]大声地斥责。**例**：你对孩子要有点耐心，不要总是大声~。

【斥责】 chìzé [动]用严厉的语言指出别人的错误或罪行。**例**：这种不文明行为，当然应该受到~。

赤忱　　赤诚

【赤忱】 chìchén ①[形]非常真诚。**例**：她有一颗~的心，愿意把有限的余年奉献给祖国的艺坛。②[名]真诚的心意。**例**：文章的字里行间透露出他对祖国教育事业的一片~。

【赤诚】 chìchéng 同"赤忱①"。

赤子　　赤字

【赤子】 chìzǐ ①[名]刚出生的婴儿。**例**：像父母爱~、孩子爱年老的父母，这才是自然之爱。②[名]热爱祖国、对祖国忠诚的人。**例**：在异国他乡的土地上，他真切地体会到海外~的命运与祖国的富强是休戚相关的。

【赤字】 chìzì [名]指经济活动中支出多于收入的差额数字。**例**：今年财政~比去年减少百分之十。

冲冲　忡忡

【冲冲】chōngchōng　[形]感情激动的样子。例：他怒气~地将手上的拖把往甲板上一丢。

【忡忡】chōngchōng　[形]忧愁的样子。例：股市为何"牛"不起来,投资者忧心~。

冲击　冲积

【冲击】chōngjī　①[动]撞击。例：江浪~着防洪大堤。②[动]发动攻势。例：他准备向世界纪录~。③[动]使人或事物受到影响或干扰。例：不少中小企业采取措施应对仿冒伪劣产品的~。

【冲积】chōngjī　[动]高地的泥沙等被水流冲到低洼地区沉积下来。例：绿洲主要分布在水源充足、土质较好的~平原上,这在塔里木盆地尤为明显。

重来　从来

【重来】chónglái　[动]再次进行,重新再来。例：发现不满意便推倒~是一种对自己、对工作、对企业高度负责的态度。

【从来】cónglái　[副]从过去到现在(多用于否定式)。例：成功之路~没有捷径可走。

重申　重审

【重申】chóngshēn　[动]再次申述。例：会谈中两国领导

【**重审**】chóngshěn ［动］上级法院认定原审法院审理不当，撤销原来的审理结果，发回重新审理。**例**：发回～制度在诉讼程序中发挥了一定的积极作用。

重印　　重影

【**重印**】chóngyìn ［动］书刊等重新印刷。**例**：这本书销路很好，已经～了多次。

【**重影**】chóngyǐng ［名］部分重叠在一起的模糊不清的图像或文字。**例**：他最近看东西的时候感觉视线有些模糊，有时还会出现～。

崇洋　　崇仰

【**崇洋**】chóngyáng ［动］崇尚洋风洋物。**例**：那时清王朝以及当权的洋务派～媚外，出卖国家主权。

【**崇仰**】chóngyǎng ［动］推崇敬仰。**例**：世界上许多古老的民族都～有关太阳神的传说。

宠信　　宠幸

【**宠信**】chǒngxìn ［动］偏爱和信任。**例**：宋徽宗先后～道士多人，赐号先生。

【**宠幸**】chǒngxìng ［动］旧指帝王对后妃、臣下的宠爱。后泛指地位高的人对地位低的人的宠爱。**例**：西太后～宦官，清室终于覆亡。

仇冤　　仇怨

【仇冤】chóuyuān　[名]受人侵害或侮辱而产生的仇恨。例：这部小说中隐含着两代人的情爱～。

【仇怨】chóuyuàn　[名]强烈的不满或仇恨。例：他的行为表达了他对自己处于被歧视地位的强烈不满和～。

丑史　　丑事

【丑史】chǒushǐ　[名]有损声誉的、使人丢脸出丑的历史。例：为了掩盖自己的～，她远离家乡、浪迹天涯。

【丑事】chǒushì　[名]有损声誉的、使人丢脸出丑的事情。例：他听到亲人的～，真比自己劈头挨了两记耳光还要难受。

丑星　　丑行

【丑星】chǒuxīng　[名]指擅长演滑稽角色或演技好而长相丑的著名演员。例：他属于娱乐圈中的实力派～。

【丑行】chǒuxíng　[名]丑恶的行为。例：对于著名演员吸毒的～不应该宽容,而应当严厉惩处。

出版　　初版

【出版】chūbǎn　[动]把书刊、图画、音像制品等编印或制作出来,向公众发行。例：他看到自己的新书～,心里有说不出的喜悦。

【初版】chūbǎn　①[动]书籍等出第一版。例：去年这家出版社~和重版这类读物共19种,已经发行八十多万册。②[名]书籍等的第一版。**例**:这本工具书~印了五万册。

出防　　出访

【出防】chūfáng　[动]出外驻防。**例**:当年他的祖上当兵~到外省,后来在那里安家。

【出访】chūfǎng　[动]出外访问。**例**:她曾随同总统一起~欧洲五国。

出阁　　出格

【出阁】chūgé　[动]旧指公主出嫁。后泛指女子出嫁。**例**:那个人,害羞得就像没~的大姑娘。

【出格】chūgé　①[动]言语行动超出常规。**例**:他说话办事谨慎小心,从不~。②[形]出众。**例**:在队里,他的射门技术是~的。

出家　　出嫁

【出家】chūjiā　[动]离开家庭到庙宇里去做僧尼或道士。**例**:她~为尼,专修佛学。

【出嫁】chūjià　[动]女子结婚嫁到男方家里去。**例**:花蕊早已~,或许已经当了母亲。

出境　　出镜

【出境】chūjìng　①[动]离开国境或边境。**例**:他正在办~

手续。②[动]离开某个地区。例：这条河是省界,过了桥中央就～了。

【出镜】chūjìng [动]在电影或电视中露面。例：青年演员频频～,演技提高很快。

出身　　出生

【出身】chūshēn [名]指个人的早期经历或由家庭经济情况所决定的身份。例：张老师是穷苦人家～。

【出生】chūshēng [动]胎儿离开母体,降生人世间。例：他～在一个农民家庭。

出示　　出世　　出事

【出示】chūshì ①[动]拿出来给人看。例：裁判员向他～黄牌警告。②[动]贴出布告。例：我们应该～居民合约,加强宣传。

【出世】chūshì [动]胎儿离开母体而生下来。例：他的儿子～了。

【出事】chūshì [动]出现意外的事故或损失。例：我们相互照应着,不会～的。

出现　　出线

【出现】chūxiàn ①[动]显现出来。例：雨过天晴,天空～一道彩虹。②[动]产生出来。例：加强精神文明建设以后,社会上～了许多活雷锋。

【出线】chūxiàn ［动］运动员、运动队在初赛、预赛等比赛中取得好成绩,获得参加下一轮比赛资格。例:只要这场球踢平,我们就能~了。

出新　　出行

【出新】chūxīn ［动］出现新的形式、内容;得到新的发展。例:文学作品中描写正面人物,如何才能~,是个值得研究的问题。

【出行】chūxíng ［动］到外地去。例:对于这次~,他非常后悔。

初时　　初始

【初时】chūshí ［名］刚开始的时候。例:这幢房子的样式是18世纪~的英格兰建筑。

【初始】chūshǐ ［名］起初;开始。例:这是银行卡的~密码,你登录后要及时修改。

初中　　初衷

【初中】chūzhōng ［名］初级中学的简称。例:同学们即将~毕业,对自己的前途和未来充满着憧憬。

【初衷】chūzhōng ［名］最初的愿望和心意。例:她从小喜欢文学,盼望将来进大学中文系,但那时的现实使她放弃了~。

处世　　处事

【处世】chǔshì ［动］在社会上跟人往来相处。例:他~为人是相当和善的。

【处事】chǔshì [动]处理事务。例：大公无私是他为人～的原则。

处治　　处置

【处治】chǔzhì [动]处罚;惩治。例：如果对这些责任人～不当,就会影响社会的稳定。

【处置】chǔzhì ①[动]处理。例：这件事情如果～不当,后果将不堪设想。②同"处治"。

传诵　　传颂

【传诵】chuánsòng ①[动]流传诵读。例：这首长诗的艺术水平和思想内容都达到了很高的境界,是～至今的名作。②[动]流传称道。例：她的模范事迹在青年中～。

【传颂】chuánsòng [动]传播颂扬。例：全村人～着他英勇救人的事迹。

创口　　疮口

【创口】chuāngkǒu [名]皮肤、肌肉、黏膜等受伤破裂的地方。例：有了这种药物,病人在手术中不会感到疼痛,也不会再流血,～感染机会也大大减少。

【疮口】chuāngkǒu [名]疮的破口。例：～已经化脓,赶快去医院治疗。

创见　　创建

【创见】chuàngjiàn　[名]独到的见解。例：他是一个富有想象力和～的人。

【创建】chuàngjiàn　[动]初次建立。例：旧社会的灭亡,新社会的～,是一个翻天覆地的变化。

创立　　创利

【创立】chuànglì　[动]初次建立。例：张老师～了一个艺术学校。

【创利】chuànglì　[动]创造利润。例：这家出版社是出版系统中的～大户。

创议　　创意

【创议】chuàngyì　①[动]首先建议。例：在现代戏发展历史上有重要意义的1964年全国京剧革命现代戏的观摩演出,是由周恩来～举行的。②[名]首先提出的建议。例：高一(3)班的～得到了全校同学的一致响应。

【创意】chuàngyì　[名]有创造性的构思、想法等。例：文学家在自己的作品的～和风格上,应该充分地表现出自己的个性。

垂吊　　垂钓

【垂吊】chuídiào　[动]垂直地悬挂。例：屋里的天花板上～着两个篮子。

【垂钓】chuídiào　[动]钓鱼。例：他独自一人在河边～。

春训　春汛

【春训】chūnxùn　[动]春季训练。例：运动员们正集中进行～。

【春汛】chūnxùn　[名]春天发生的河水暴涨。例：大家正忙于筑坝,防治～。

纯美　淳美　醇美

【纯美】chúnměi　[形]心灵纯洁美好。例：她～的心灵深深地打动了我。

【淳美】chúnměi　[形]风俗、人品淳朴美好。例：这个乡的民风～。

【醇美】chúnměi　[形]味道纯正甜美。例：雀巢咖啡的味道很～。

纯贞　纯真　纯正　醇正

【纯贞】chúnzhēn　[形]纯洁忠贞。例：他俩的爱情是那样的～。

【纯真】chúnzhēn　[形]纯洁真挚。例：她虽然是个残疾人,但她有一颗美好～的心。

【纯正】chúnzhèng　[形]纯粹。例：他说的是～的美式英语。

【醇正】chúnzhèng　[形]味道浓厚纯正。例：这种葡萄酒的味道很～。

纯挚　　纯稚

【纯挚】chúnzhì　[形]纯洁真挚。例：小说描写了梁山伯与祝英台～的感情。

【纯稚】chúnzhì　[形]纯洁幼稚。例：他俩青梅竹马,感情～无邪。

淳厚　　醇厚

【淳厚】chúnhòu　[形]风俗、人品等淳朴厚道。例：东巴舞刚健柔婉、明快舒放、变化灵活,保持着～而典雅有致的特色。

【醇厚】chúnhòu　[形]气味、滋味等纯正浓厚。例：如果说春茶喝的是那股清新的香气、淡淡的青草味,那么秋茶喝的则是一种浓郁、～的味道。

婥婥　　绰绰

【婥婥】chuòchuò　[形]女子姿态柔美的样子。例：她尽得杭州西湖山水之灵气,出落得丰姿～。

【绰绰】chuòchuò　[形]宽裕。例：这台电脑的配置,应付日常办公～有余。

词典　　辞典

【词典】cídiǎn　[名]收集词汇加以注音解释,以供人们查阅参考的工具书。多用于语文性的。例：这本成语～是我学习语文的好老师。

【辞典】cídiǎn [名]收集词汇加以注音解释,以供人们查阅参考的工具书。多用于百科性的或专科性的。例:我经常翻阅这本百科~。

词形　　词性

【词形】cíxíng [名]词的书写形式。例:背诵英语单词时,如将~相似的词放在一起记,可以提高记忆效果。

【词性】cíxìng [名]作为划分词类根据的词的特点。如"一瓶胶"的"胶"可以跟数量词结合,是名词,"胶柱鼓瑟"的"胶"可以带宾语,是动词。例:"纯洁"和"纯净"两词的~相同,意义不同。

此时　　此事

【此时】cǐshí [名]这个时候。例:海上生明月,天涯共~。
【此事】cǐshì [名]这件事情。例:人有悲欢离合,月有阴晴圆缺,~古难全。

次序　　秩序

【次序】cìxù [名]事物在空间或时间上排列的先后。例:这些文件已经整理好了,请你不要把~弄乱。
【秩序】zhìxù [名]有条理;不混乱。例:人类社会经济的发展不是漫无~的,而是有规律的过程。

匆匆　　葱葱

【匆匆】cōngcōng [形]急急忙忙的样子。例:住在这家旅店的客人都是行色~的公务出差人员。

【葱葱】cōngcōng [形]草木青翠茂盛或气象旺盛的样子。例：展现在眼前的是一片~郁郁的崇山峻岭。

从俭　从简

【从俭】cóngjiǎn [动]用俭省的方式或办法办理。例：他一直认为婚礼可以~,但不能从简。

【从简】cóngjiǎn [动]用简单的方式或办法办理。例：他们决定遵从死者的遗愿,丧事~。

从征　从政

【从征】cóngzhēng [动]随军出征。例：他终于实现了~入伍的梦想。

【从政】cóngzhèng [动]参与政事。例：中央政法委机关决定开展廉洁~专题教育活动。

从中　从众

【从中】cóngzhōng [副]在其中；在其间。例：杭州市调整房屋限购政策,使广大购房者~受益。

【从众】cóngzhòng [动]按多数人的意见或通行的做法行事。例：广告宣传、新闻报道本属平常之事,但有~心理的人就会跟着凑热闹。

粗厉　粗砺

【粗厉】cūlì [形]粗暴严厉。例：他用~的口吻命令道："你们都给我站住!"

【粗砺】cūlì [形]粗糙,不光滑。例:机器开动后,~的轮石飞转着。

粗劣　　粗略

【粗劣】cūliè [形]粗糙低劣。例:从~的纸张上可以判断,这些都是盗版书。

【粗略】cūlüè [形]大致;不精确。例:封底刊登的四幅作品可以使我们对这名画家的作品风格有一个~的了解。

粗疏　　粗俗

【粗疏】cūshū [形]疏略;不精细。例:这件工艺品的质地不错,只是做工太~。

【粗俗】cūsú [形]粗野庸俗。例:~的举止为人们所鄙视。

蔟蔟　　簇簇

【蔟蔟】cùcù [形]丛集的样子。例:顾村公园里游客如织,樱花~。

【簇簇】cùcù ①同"蔟蔟"。②[形]衣衫鲜明整洁的样子。例:他今天穿了一双~新的皮鞋。

窜改　　篡改

【窜改】cuàngǎi [动]改动。例:我们不能任意~文件。

【篡改】cuàngǎi [动]故意改动原文、原意或歪曲事实。

例:日军侵华历史不容~。

崔巍　崔嵬

【崔巍】cuīwēi [形]高大;雄伟。例:他终于实现了登上~的天安门的愿望。

【崔嵬】cuīwéi ①[名]有石头的土山。例:他从小生活在这里,在一片~中长大成人。②[形]高耸的样子。例:这一带山谷峻峭,站在近处往上看,觉得格外~。

错讹　错愕

【错讹】cuò'é [名]文字、记载中的错误。例:本书中的~,敬请读者批评指正。

【错愕】cuò'è [形]仓促间感到惊愕。例:他的突然到来使大家大为~。

错失　错时

【错失】cuòshī ①[名]错误;过失。例:他工作中很少有~。②[动]错过;失去。例:类似的~良机而引起人们苦恼的实例不少。

【错时】cuòshí [动]错开时间。例:为了避开早晚交通拥堵时段,不少单位~上下班。

Dd

搭班　　搭伴

【搭班】dābān ①[动]旧时戏曲江湖艺人参加某一班社演出。例:农忙时他们忙着庄稼活,农闲时便~唱戏。②[动]临时合伙或临时一起工作。例:老钱什么活都抢着干,跟他~最省心。

【搭伴】dābàn [动]结伴。例:他也去广州,你俩正好~。

答理　　答礼

【答理】dā·li [动]对别人的言语、行为表示态度。多用于否定式。例:他俩吵架了,在路上碰见互不~。

【答礼】dálǐ [动]回礼;还礼。例:参加婚宴的宾客们都收到了主人准备的~。

达观　　达官

【达观】dáguān [形]心胸开朗,见解通达。例:淑华生性~,看事比较透彻,又能自持。

【达官】dáguān [名]旧指显贵的官吏。例:在古代扶危济困受到人们的推崇,一些~贵人通过多种渠道来帮助那些陷入困境的人。

打叉　　打岔

【**打叉**】dǎchā　〔动〕在试题、公文、调查表等上面画"×",表示错误、否定、不认可等。**例**:调查结果显示,近六成学生对自己的实习满意度~。

【**打岔**】dǎchà　〔动〕打断别人的说话或工作。**例**:大人说话小孩别~。

打泡　　打炮

【**打泡**】dǎpào　〔动〕手脚等部分皮肤由于磨损而起泡。**例**:你赶紧把鞋子里的砂土倒干净,要不走到家脚会~的!

【**打炮**】dǎpào　〔动〕发射炮弹。**例**:他们~的地点就在该国的眼皮底下,但该国三军总指挥却毫不知情。

打样　　打烊

【**打样**】dǎyàng　①〔动〕建造房屋或制造器具前画出设计图样。**例**:~在首饰定制流程中属于比较重要的一部分。②〔动〕书、报等排完版后打出样张供校对、审读用。**例**:这份~稿已经校对完了。

【**打烊**】dǎyàng　〔动〕商店晚上关门停止营业。**例**:这家百货商店晚上10点钟~。

打战　　打仗

【打战】dǎzhàn　［动］因为冷、害怕或施加的外力而战栗、颤抖。**例**：贾母听说宝玉又挨打了,气得浑身~。

【打仗】dǎzhàng　［动］进行战斗;进行战争。**例**：明朝天启年间,兵部尚书袁可立,统兵渡海~。

大关　　大观

【大关】dàguān　①［名］重要的关口。**例**：居庸关在北京昌平境内,是万里长城的一个~。②［名］用在较大的数量后面,表示不易达到或逾越的标准。**例**：他终于突破了百米十秒的~。

【大观】dàguān　［名］盛大壮观的景象。**例**：乡村风景,甚觉宜人,野外花园,殊有清趣,树木蔚为~。

大局　　大举

【大局】dàjú　［名］整个局势;整个局面。**例**：宣传思想工作一定要把围绕中心、服务~作为基本职责。

【大举】dàjǔ　①［名］重大的举动。**例**：中俄海军将在日本海举行的军演,是两国海军的~,是维护东亚和平与世界和平的最强音。②［副］大规模地。**例**：敌人~进攻,红军奋起反抗。

大气　　大器

【大气】dà·qi　①［名］大的气度;大的气势。**例**：人格魅力中有一种成分叫~。②［形］有气派;度量大。**例**：他心胸宽广,很~,从不计较个人得失。③[形]色彩、样式等大方、不俗气。例:这条连衣裙的款式很~。

【大器】dàqì ①[名]珍贵的器物。例:这件禽兽纹壶是1982年淳化县夕阳乡秋社村春秋墓出土的~,属于国家一级文物。②[名]有很高的才能、能干大事业的人。例:我们对于青年应该充分地给以营养资料,不时地对于外来灾害加以防护,让其自然发展,那他一定是可以成为~的。

大权　　大全

【大权】dàquán [名]处理重大事情的权力。例:以前他做起事来谨小慎微,如今~在握,便耀武扬威起来。

【大全】dàquán [名]内容丰富,完备无缺的事物。多用作书名。例:请买一本作文~。

大势　　大事

【大势】dàshì [名]政治局势发展演化的基本形势。例:实力强弱分明的冬运会男子冰球赛罢两轮,一切都按人们预料的~发展,甚至连最后的座次也大致相同。

【大事】dàshì [名]重大的事件;重要的事情。例:婚姻乃终生~,一定要慎重对待。

大事　　大肆

【大事】dàshì [名]重大的事件;重要的事情。例:婚姻乃终生~,一定要慎重对待。

【大肆】dàsì [副]无顾虑地(多指干坏事)。例：这些贪污腐化分子～挥霍浪费国家的财产。

大洋　大样

【大洋】dàyáng [名]银圆。例：～是清末到民国期间各种流通的"壹圆"银币的统称。
【大样】dàyàng ①[名]工程中指对设计中一些细部的重点按比例放大画出来的图。例：等室内装修～到手，就可以开工了。②[名]报纸印刷前的整版清样。例：总编已在～上签完字，可以付印了。

大义　大意

【大义】dàyì [名]大道理。例：罗贯中根据真实的历史材料，运用文学手法刻画了刘备晚年顾小义而失～，为报弟仇、泄私愤、不听众人劝谏的固执性格。
【大意】dàyì ①[形]不细心；不注意。例：由于我粗心～，这次考试错了好几道题目。②[名]主要的意思。例：这篇文章我看过，～还记得。

大旨　大指

【大旨】dàzhǐ [名]基本的意思；主要的含义。例：《四库全书总目提要》论述各书～及著作源流，考得失，辨文字，为清代目录学巨著。
【大指】dàzhǐ [名]大拇指。例：大家纷纷竖起～表示对他的赞赏。

呆滞　　呆子

【呆滞】dāizhì　①[形]迟钝;不灵活。例:他们四肢瘦弱,身躯萎缩,神态～,麻木得像石头人一样,使人看一眼就感到不寒而栗。②[形]不流通;不周转。例:无视消费需求,背离客观经济规律的要求,购销业务就会陷入～,甚至会偏离经营方向。

【呆子】dāi·zi　[名]傻子。例:有不少人笑他是～,有钱不懂得花。

代购　　待购

【代购】dàigòu　[动]代理购买。例:海外～最热门的当属各种服装鞋子类时尚品牌。

【待购】dàigòu　[动]等待时机购买。例:不少生产紧俏商品的厂家因为缺少资金不能尽快发展生产,而有些单位和个人却持币～。

代领　　带领

【代领】dàilǐng　[动]代替领取。例:他的劳防用品由我～了。

【带领】dàilǐng　①[动]在前面带头,使后面的人跟随着。例:王老师～我们克服困难,一鼓作气爬上了黄山。②[动]领导指挥一群人进行集体活动。例:老师～我们参观了历史博物馆。

单薄　　淡泊　　淡薄

【单薄】dānbó ①[形]身体瘦弱。例：你身体很~，一定要加强锻炼。②[形]指天气寒冷时身上穿的衣服又薄又少。例：你穿得太~了，小心着凉。

【淡泊】dànbó [形]形容对个人名利看得很轻而不去追求。例：他热爱田园山水，喜欢~宁静的生活。

【淡薄】dànbó ①[形]云雾等稀薄、不浓密。例：浓雾渐渐地变得~了。②[形]印象不深刻。例：时间隔得久了，当时的印象已经~了。③[形]感情、兴趣等不浓厚。例：他对下棋的兴趣越来越~了。④[形]味道不浓。例：牛奶的味道~，好像掺了不少水。

单子　　单字

【单子】dān·zi ①[名]分项记载事物的纸条。例：请你把要购买的东西开列个~给我。②[名]用以覆盖床、桌或张挂在门、窗上的布片。例：这条床~上的花色很别致。

【单字】dānzì ①[名]单个的汉字。例：王羲之的《兰亭序》从章法、行气、~的结体到体现出来的书法造诣都是出类拔萃的。②[名]外语中一个一个的词。例：他已经掌握了两千多个外语~。

蛋青　　蛋清

【蛋青】dànqīng [形]像青鸭蛋壳一样的颜色。例：影片中的女主角穿着一件~色的旗袍。

【蛋清】dànqīng [名]蛋内的半透明液体,遇热后会凝成白色固体。例:~中含有蛋白质、蛋氨酸及维生素、磷、铁、钾、镁、钠、硅等矿物质多种营养成分。

淡淡　澹澹

【淡淡】dàndàn ①[形]颜色浅淡的样子。例:他到底等什么来着?是舍不得那~的月儿吗? ②[形]轻淡、淡薄的样子。例:天边~地浮着两三片白云。③[形]冷淡、不热情的样子。例:人来客往,她总是~的,话也不多。④[形]不经意、漫不经心的样子。例:听了他的自我介绍,她只是~的问了几句话,便起身告辞了。

【澹澹】dàndàn [形]水波微微荡漾的样子。例:云青青兮欲雨,水~兮生烟。

当机　当即

【当机】dāngjī [动]抓住时机。例:嫦娥~立断,疾步上前,取出仙药,一口吞了下去。

【当即】dāngjí [副]立即;马上。例:老残问了店家,居然还有两间屋子空着,~搬了行李进去。

当时　当世

【当时】dāngshí ①[名]过去发生某件事情的时候。例:因为~很忙,所以这件事情就一直拖下来没办。

②[动]处于合适的时期。例：今年夏天天气不太热,外出旅游正~。

【当世】dāngshì [名]当代。例：他是京剧界~无双的旦角。

当中　　当众

【当中】dāngzhōng ①[名]正中。例：一辆小轿车抛在那空阔的马路~。②[名]中间;之内。例：猛地从街边人堆里跳出个人来,像根大柱子似的往他俩~一站。

【当众】dāngzhòng [副]当着众人的面。例：给你一篇短文,你得~在很短的时间内用手语翻译出来。

珰珰　　铛铛

【珰珰】dāngdāng [拟声]形容金属、玉器等相击的声音。例：几块玉佩碰在一起发出~的声响。

【铛铛】dāngdāng [拟声]形容撞击金属器物的声音。例：他把钟撞得~响。

挡子　　档子

【挡子】dǎng·zi [名]遮挡用的东西。例：这块布又大又厚实,用作门~很合适。

【档子】dàng·zi ①[量]用于事件。相当于件、桩。例：虽然爱情不是他们兄弟俩这~事的中心,可是还得由这儿说起。②[量]用于成组的曲艺杂技等。例：这~节目未经审查,还不能公演。

叨叨　忉忉

- 【叨叨】dāo·dao ［动］唠叨;啰唆。例:这老太太嘴碎,特别爱～。
- 【忉忉】dāodāo ①［拟声］忧愁的样子。例:树枝上的相思鸟发出～的鸣叫声。② 同"叨叨"。

倒闭　倒毙

- 【倒闭】dǎobì ［动］工厂、商店等因亏本而关闭。例:你说的这家私营企业早已～。
- 【倒毙】dǎobì ［动］倒在地上死去。例:他因酗酒过度而～街头。

倒手　到手

- 【倒手】dǎoshǒu ①［动］把提着的东西从一只手上换到另一只手上。例:他也没～,一口气就把沉重的箱子提到了五楼。②［动］转手倒卖。例:这批货经他这么一～,不知赚了多少。
- 【到手】dàoshǒu ［动］拿到手;得到。例:已经～的粮食又给洪水冲走了。

倒账　到账

- 【倒账】dǎozhàng ①［动］欠账不还。例:银行贷款给这家公司,是因为他们财力雄厚,不怕~。②[名]收不回来的账款。例:这笔贷款有可能成为~。

【到账】dàozhàng [动]钱款到达账户。例:经查核货款已经~。

倒序　　倒叙

【倒序】dàoxù [名]跟通常相反的排列次序。例:这本词典的正文按~排列。

【倒叙】dàoxù [名]文学作品的一种表现手法。把后发生的关键情节或结果提前叙述介绍,然后回过来交代发生在先的情节。例:这部电影采用~的手法,情节安排扣人心弦。

倒影　　倒映

【倒影】dàoyǐng [名]倒立的影子。例:水中~是生活中较为常见的现象,它具有恬淡、宁静之美。

【倒映】dàoyìng [动]一个物体的形象倒着映射到另一个物体上。例:我仿佛记得曾坐小船经过山阴道,两岸边的乌桕、新禾、野花、鸡、狗……都~在澄碧的小河中。

得力　　得利

【得力】délì ①[形]做事能干;有才干。例:他真是一个~的助手,缺少他可不行。②[形]坚强有力。例:由于他领导~,才使我们克服重重困难取得成功。③[动]得益。例:他的进步,~于平时的勤奋好学。

【得利】délì [动]取得利益。例：如果这次合作能够成功的话,将会多方~。

得宜　　得以

【得宜】déyí [形]适当。例：你当着全班同学的面说这番话不太~。

【得以】déyǐ [动]可以；能够。例：民族艺术在与世界各民族的交往中~传播与发展。

得益　　得意

【得益】déyì [动]得到好处；受到利益。例：这个水库建成后,很多地区~。

【得意】déyì [动]自满自足；称心如意。例：他听了哥哥的一番称赞,很~。

登陆　　登录

【登陆】dēnglù [动]渡过江河或海洋登上陆地。例：部队进行~实战演习。

【登录】dēnglù ①[动]登记。例：他正在~公司的财务报表。②[动]计算机用户输入用户名和密码,以取得网络系统的认可。例：未经注册~,你上不了那个网站。

等分　　等份

【等分】děngfēn [动]将物体按等量划分。例：请把这个圆弧~成三段。

【等份】děngfèn [名]把一个物体平均分成几份,每一份叫作一个等份。例:他把蛋糕切成八~。

等式　　等视

【等式】děngshì [名]表示两个量或两个表达式的相等关系而用等号(=)联结的式子。例:3×2=3+3。

【等视】děngshì [动]同等看待。例:两位教授在学术界的地位不可~。

低级　　低贱

【低级】dījí [形]等级在下的。例:这种~消费品是最不值钱的。

【低贱】dījiàn ①[形]地位低下;卑贱。例:他出身~,品德却很高尚。②[形]价格便宜。例:这批蔬菜的价格非常~。

低下　　底下

【低下】dīxià ①[形]在一般标准之下。例:这支球队技术水平~,很难在联赛中取得好成绩。②[形]低俗。例:这套连环画整体格调~,不受人们欢迎。

【底下】dǐxià ①[名]位置较低的地方。例:夜晚从上海中心最高层远望,~是一片璀璨的灯海。②[名]次序靠后的部分;文章或讲话中后于现在所叙述的部分。例:~老师会讲这道数学题的解题方法。

堤防　　提防

【堤防】dīfáng　[名]沿河或沿海的防水构筑物。**例**：潮汛马上就要来临,要抓紧修筑~。

【提防】dī·fang　[动]小心防备。**例**：天雨路滑,~着别摔倒。

底限　　底线

【底限】dǐxiàn　[名]同"底线②"。

【底线】dǐxiàn　①[名]足球、排球、羽毛球等运动场地两端的端线。**例**：守门员双手一托,球出了~。②[名]最低的条件;最低的限度。**例**：这个价格已经是~了,没有再让步的可能了。③[名]潜藏在敌人内部的人。**例**：他们都说,把重伤号藏在洞里,本村没有~,没人会露口风,万无一失。

地标　　地表

【地标】dìbiāo　[名]地面上的显著标志。**例**：金茂大厦是上海十大时尚~之一。

【地表】dìbiǎo　[名]地球的表面,即地壳的最外层。**例**：~温度超过50℃,执勤民警全然不顾,继续站在马路中间指挥着过往的车辆。

地积　　地极

【地积】dìjī　[名]土地的面积。通常用顷、亩、分等单位来计算。现在用平方米来计算。**例**：这块宅基地的～约九百平方米。

【地极】dìjí ［名］地球的南极和北极。**例**：～是地球自转轴与地面的交点。

地里　　地理

【地里】dìli ①［名］两地相距的里程。**例**：一行官兵已过袁州，～稍远。②［名］田地里。**例**：他刚从～拔起来一筐萝卜。

【地理】dìlǐ ①［名］全世界或一个地区的山川、气候等自然环境及物产、交通、居民点等社会经济因素的总的情况。**例**：上海所处的～位置是很重要的。②［名］地理学。**例**：他爷爷是～教师。

地力　　地利

【地力】dìlì ［名］土壤肥力；土壤供应作物营养的能力。**例**：有的植物可连作，但是有的植物不宜连作，连作后生长不良，使～衰退。

【地利】dìlì ①［名］地理的优势。**例**：对付这支球队要格外小心，在他们家门口打球，人家占天时、～、人和的优势，要多加防范。②［名］土地有利于种植作物的条件。**例**：要充分发挥～，确保收成。

地狱　　地域

【地狱】dìyù ①［名］某些宗教指人死后灵魂在地下受折磨

的地方。例：也宝睁大了眼,她怕,她觉得恐怖,她想起人们常说的十八层～,其中有一层是上刀山下油锅。②[名]黑暗、混乱而悲惨的生活环境。例：上饶集中营是暗无天日的活～!

【地域】dìyù [名]面积相当大的一块地方。例：我国的～相当广阔。

点拨　　点播

【点拨】diǎnbō [动]指点;启发。例：教学中教师的主导作用,主要就是通过教师的言语～来实现的。

【点播】diǎnbō [动]指定节目请电台或电视台播送。例：我为奶奶的生日～了一首歌。

点名　　点明

【点名】diǎnmíng ①[动]按名册查点人员时一个个地叫名字。例：班长开始～了。②[动]指名。例：他被队长～批评。

【点明】diǎnmíng [动]指出来使人知道。例：老师～了这次考试的要点。

电气　　电器

【电气】diànqì [名]有电荷存在和电荷变化的现象。例：我在一家～商店找到了更便宜的电表。

【电器】diànqì ①[名]用来接通、断开、控制或调节电路以及保护电路、电机的器具或设备。如开关、继电器、熔断器等。例：电线和～使用年久,会发生绝缘破损或老化现象等。②[名]日常生活中的电气器具,如电灯、电铃、电炉、电冰箱等。例:这套房子里家用~齐全。

电信　　电讯

【电信】diànxìn　[名]利用电话、电报或无线电设备传递信息的通信方式。例:科学技术的飞速发展,改良了~系统。

【电讯】diànxùn　[名]用电话、电报或无线电设备等传播的消息。例:兹摘录近日来津沪报纸所载各地~如下。

垫背　　垫被

【垫背】diànbèi　①[动]比喻代人分担过失或罪责。例:事已至此,你却想找个~的,你安的什么心呀? ②[名]指代人分担过失或罪责的人。例:让一个无辜的人做~,太没道德了吧!

【垫被】diànbèi　[名]铺在床上、人睡在上面的褥子。例:她今天早上帮宝宝叠被子的时候,发现~上有一大块湿了的痕迹。

雕凿　　雕琢

【雕凿】diāozáo　[动]雕刻,凿空。例:古代虔诚的佛教信徒,~了一座又一座的石窟寺院,将中国的传统文化与印度文化乃至希腊古罗马的雕塑艺术,有机地融合为一体。

【雕琢】diāozhuó　①[动]在玉石或木器上雕刻。例:这件西瓜摆件是用翡翠~成的。②[动]对语言、文字等过分地修饰。**例**：这几篇文章辞采华丽,极尽~之能事。

吊杆　　钓竿

【**吊杆**】diàogān　[名]一种用来从井中汲水的工具。**例**：用~打水省力不少。

【**钓竿**】diàogān　[名]用来钓鱼或其他水生物的细长竿子。**例**：这副电~是老夏花了将近两个月的时间装配成功的。

吊具　　钓具

【**吊具**】diàojù　[名]起重用的工具。**例**：真没想到这一简易~还派上了大用场。

【**钓具**】diàojù　[名]钓鱼用的各种器具。**例**：这家渔业商店供应各种~。

吊销　　调销

【**吊销**】diàoxiāo　[动]收回并取消发出的证件。**例**：这个卖盗版书的书商被~了营业执照。

【**调销**】diàoxiāo　[动]调拨销售。**例**：他们从其他渠道~了几百吨建筑材料。

吊运　　调运

【**吊运**】diàoyùn　[动]用起重机把重物吊起来运送到一定地点。**例**：一台起重机正在~钢板。

【**调运**】diàoyùn　[动]调拨、运输物资。**例**：对边远地区、交通不便的山区更要抓紧有利时机提前~生活物资,以免影响生产和人民生活。

调转　　掉转

【调转】diàozhuǎn ①[动]调动转换。例:大学毕业后,他~了好几次工作。②同"掉转"。

【掉转】diàozhuǎn [动]改变成相反的方向。例:他~头就朝林子里走去了。

喋喋　　蹀蹀

【喋喋】diédié [形]没完没了地说话的样子。例:对裁判~不休的张辛昕最终被主裁判出示黄牌警告。

【蹀蹀】diédié [形]缓慢行走的样子。例:他拄着拐杖~前行。

顶风　　顶峰

【顶风】dǐngfēng ①[名]逆风;跟人、车、船等前进方向相反的风。例:船刚驶出港,就遇上了一阵~。②[动]迎着风。例:为了勘察不同时间的潮水深度,验潮兵们经常~冒雨地站在水尺旁边,忠实地记录着。③[动]公然违犯正在大力推行的法令、法规、政策等。例:对于~作案的犯罪分子一定要严惩不贷。

【顶峰】dǐngfēng ①[名]山的最高处。例:喜马拉雅山的~是珠穆朗玛峰。②[名]事物发展进程中的最高点。例:我们要奋力攀登科学的~。

顶针　　顶真

【顶针】dǐngzhēn　［名］由金属或塑料做的环形指套,表面有密麻的凹痕,在将缝针顶过衣料时用以保护手指。例:她外祖母的那只银～,不知是哪辈子女人传下来的,有人说那是个乾隆年间的物件。

【顶真】dǐngzhēn　①［形］认真。例:他写的诗,没有一首不具有一种极～的生活意义。②［名］一种修辞手法。用前面结尾的词语或句子做下一句的起头。例:运用～的修辞手法,可以使邻接的句子头尾蝉联而产生上递下接的趣味。

鼎力　　鼎立

【鼎力】dǐnglì　［副］大力。对人有所请托,表示感谢的敬辞。例:多蒙～相助,不胜感激。

【鼎立】dǐnglì　［动］三方势力像鼎的三条腿一样对立。例:武汉是著名的江城,伴江而起,三镇～。

订金　　定金

【订金】dìngjīn　［名］订购商品等预付的款项。例:他只知道六折订房间划算,却不明白如果交了～而不去住的话订金不再退还的道理。

【定金】dìngjīn　［名］一方当事人为了保证合同的履行,向对方当事人给付一定数量的款项。定金具有担保作用和证明合同成立的作用。例:如果委托方不履行合同的话,就无权请求承包方返还~。

订数　　定数

【订数】dìngshù　[名]预先约定购买数量。**例**：这次订货会教材~很大。

【定数】dìngshù　①[名]规定的数额。**例**：包工实行三定,就是~、定质和定时。②[名]迷信认为人世间的祸福皆由天命或某种不可知的力量所决定,因称为"定数"。**例**：宝玉听了点头道:"是呀,可惜我都不记得那上头的话了,这么说起来,人都有个~的了,但不知林妹妹又到哪里去了?"

定礼　　定理

【定礼】dìnglǐ　[名]旧俗订婚时男家送给女家的彩礼。**例**：婚前给付~的现象在我国还相当盛行,已经形成了当地的一种约定俗成的习惯。

【定理】dìnglǐ　[名]通过证明具正确性并能用来作为原则或规律的命题或公式。**例**：教师传授给学生的概念、规律、~、原则等,都应该是正确无误的。

定理　　定例

【定理】dìnglǐ　[名]通过证明具正确性并能用来作为原则或规律的命题或公式。**例**：教师传授给学生的概念、规律、~、原则等,都应该是正确无误的。

【定例】dìnglì　[名]沿袭下来经常实行的规矩。**例**：~与变异也不是绝对的,有时还可以相互转化。

定时　　定式　　定势

【定时】dìngshí ①[副]按规定的时间。例:你能～吃药,病就会好得快。②[副]一定的时间。例:他～去医院针灸。

【定式】dìngshì [名]固定的方式或格式。例:这种思维～在实业家面前碰了壁,不知他能否真正吸取教训。

【定势】dìngshì ①[名]确定的发展态势。例:逆顺有大体,强弱有～。②同"定式"。

定刑　　定型　　定性

【定刑】dìngxíng [动]审判机关认定犯人应判处某种刑罚。例:被告律师认为这个案件～过重。

【定型】dìngxíng [动]事物的特点逐渐形成并固定下来。例:这个产品还未～,不能马上生产。

【定性】dìngxìng ①[动]测定物质包含的成分和性质。例:在坚持～研究与定量研究统一的大前提下,也应允许根据研究对象的不同而侧重于不同的研究方法。②[动]确定错误或罪行的性质。例:他曾经被错误地～为右派。

斗志　　斗智

【斗志】dòuzhì [名]战斗的意志。例:还有什么能比这意外的胜利更鼓舞～呢?

【斗智】dòuzhì [动]用智谋争斗。例：小说《李自成》使我们看到在千军万马的战场上,不光有双方将士的搏斗,更有主帅间的～。

毒犯　　毒贩

【毒犯】dúfàn [名]制造、运输、贩卖毒品的罪犯。例：两名～被判处无期徒刑。

【毒贩】dúfàn [名]贩卖毒品的人。例：警方抓获四名～,缴获三十余公斤毒品。

毒计　　毒剂

【毒计】dújì [名]毒辣的计策。例：二战时德军使用～,从陆海两方面严密封锁列宁格勒,同时日夜不停地轰击,企图迫使城内的军民整天待在防空洞里无法进行抵抗。

【毒剂】dújì [名]军事上指有毒害作用的杀伤人、畜的化学物质。例：～在战场上的大规模使用,始于第一次世界大战。

独力　　独立

【独力】dúlì [副]仅仅依靠自己的力量。例：这幕话剧是由学生们～编排的。

【独立】dúlì ①[动]单独地站着。例：她～在大树下向远处眺望。②[动]一个国家或一个政权不受别的国家或别的政权的统治而自主地存在。例：二战后许多国家～了。③[动]不依靠他人。例：你应该～思考,不要受他人左右。

赌局　赌具

【赌局】dǔjú　[名]进行赌博的场所或集会。例：罪犯供认了长期参与赌博活动、为牟取暴利开设～的犯罪事实。

【赌具】dǔjù　[名]赌博的用具,如麻将、纸牌、色子等。例：这家娱乐用品公司自成立以来,专门销售各类～。

肚量　度量

【肚量】dùliàng　①[名]饭量。例：现在你可以恣情畅饮了,但不知你的～有多大？② 同"度量"。

【度量】dùliàng　[名]指宽容人的限度。例：你这样的做法,～也实在太大了。

度过　渡过

【度过】dùguò　[动]在时间上过了一段时候,多指时间在工作、生活、休息等中消失。例：我在农村～了一个快乐的暑假。

【渡过】dùguò　[动]在空间上过了一段距离,多指由此岸到彼岸或通过困难、危机等。例：我们～了长江。

短处　短促

【短处】duǎnchù　[名]缺点;不足的地方。例：我们要学习别人的长处,弥补自己的～。

【短促】duǎncù　[形]时间极短;急促。例：由于时间～,准备活动来不及做了。

短路　　断路

【短路】duǎnlù ［名］在正常电路中电势不同的两点不正确地直接碰接或被阻抗（或电阻）非常小的导体接通时的情况。短路时电流强度很大，往往会损坏电气设备或引起火灾。例：在电气设备中，绝缘层脱落会造成～。

【断路】duànlù ［动］断开电路。例：为防止短路造成的危害，可以使用符合建筑和电气使用规范的电路、保险丝或其他过载保护器，在电流过大时～。

短浅　　短欠

【短浅】duǎnqiǎn ［形］智虑、见识等狭窄而浅薄。例：面对美国及欧盟国家施加的新一轮制裁，俄罗斯选择回击，并称制裁行为是虽有破坏性但属目光～的行为。

【短欠】duǎnqiàn ［动］欠缺；不够。例：承绪那人，平素言语～，只知低头干活。

断决　　断绝

【断决】duànjué ①［动］裁决；判决。例：此案庭审已经结束，下周就可作出～。② 同"断绝"。

【断绝】duànjué ［动］原来有联系的失去联系；原来连贯的不再连贯。例：因音讯～，她的情况我不太了解。

堆积　　堆集

【堆积】duījī ［动］聚集成堆。例：他的书桌上～着许多报纸。

【堆集】duījí [动]成堆地聚在一起。例:他用铲子把散落在场地上的泥土~起来。

对付　兑付

【对付】duì·fu ①[动]对人或事采取一定的方法或态度。例:凭他多年的经验,~这种事应当不成问题。②[动]将就;凑合。例:别买新的了,我~着用吧!

【兑付】duìfù [动]以票据为凭证支付现金。例:他们还实行签发汇票三级审批制度,设立企业汇票保付户办法,保证承兑汇票的到期~。

对换　兑换

【对换】duìhuàn [动]相互交换;对调。例:老师示意我们两人的座位~一下。

【兑换】duìhuàn [动]用证券换取现金或用一种货币换取另一种货币。例:你知道近期美元~人民币的比率吗?

对局　对决

【对局】duìjú [动]下棋。亦指球类等比赛。例:这是一份特级大师胡荣华与许银川~时的棋谱。

【对决】duìjué [动]彼此进行决定最后胜负的比赛或对抗。例:这场辩论赛是双方实力的~

对垒　对擂

【对垒】duìlěi ①[动]两军相持。例:这两家企业仿佛~

的两军,可能在很长一段时间内会拔剑相向。②[动]用于下棋、球赛等。**例**:两国乒乓球队的名将~,打得十分精彩。

【对垒】duìlèi [动]互相对抗、竞争。**例**:两支球队都排出了最强阵容准备~。

对证　对症

【对证】duìzhèng [动]核对证实。**例**:这件事情要等他来了才能当面~。

【对症】duìzhèng [动]针对具体的病情。**例**:这种病如果能~治疗,就可以减轻患者的痛苦。

对质　对峙

【对质】duìzhì [动]打官司的人在法庭上面对面互相质问。也指与问题有关的各方当面对证。**例**:他们俩当庭~起来。

【对峙】duìzhì [动]相对而立。**例**:在群峰掩映、峭壁~的入山处,耸立着一座木制的大彩门。

多时　多事

【多时】duōshí [名]很长的时间。**例**:她已经在这里等候你~了。

【多事】duōshì ①[动]做多余的或不应该做的事。**例**:这件事情已经在董事会上通过了,你何必~。②[形]事故或是非多的。**例**:我估计了一下,以工具艇的最大航速,越过~的"小百慕大三角"到达观测点,最少需要一个小时。

讹传　　讹舛

【**讹传**】échuán　[名]与事实、事件等不相符的谣言。**例**：这个消息纯系～,切勿轻信。

【**讹舛**】échuǎn　[名]错误;误谬。多指文字方面。**例**：这本书校对粗疏,～甚多。

恶心　　恶性

【**恶心**】ěxīn　①[形]要呕吐的感觉。**例**：我闻到一股令人～的味道。②[动]使人厌恶。**例**：他那副卑躬屈膝的样子真叫人～。

【**恶性**】èxìng　[形]能导致严重后果的。**例**：这起～事件为即将到来的圣诞节蒙上了一层阴影。

厄运　　噩运

【**厄运**】èyùn　[名]不幸的命运;困苦的遭遇。**例**：这名男子三年内两患重病又遇车祸,连遭～,生死未卜。

【**噩运**】èyùn　[名]坏的运气。**例**：他虽然被免于起诉,但他的公司却难逃破产的～。

恶战　　恶仗

【恶战】èzhàn ①[动]激烈残酷地战斗。例：战士们已经做好了充分的思想准备,要～一场。②[名]激烈残酷的战斗。例：焦裕禄这个善于打～、打硬仗的人,哪能被这点困难吓倒!

【恶仗】èzhàng [名]激烈残酷的战斗。例：他多谋善断,率领部队打了许多～、硬仗、巧仗,立下了赫赫战功。

遏止　　遏制

【遏止】èzhǐ [动]用力阻止。例：经过了半小时的扑救,火势总算被～住了。

【遏制】èzhì [动]制止;控制。例：政府要采取措施有效～一些部门的乱收费现象。

而后　　尔后

【而后】érhòu [连]表示一件事情之后接着又发生另一件事情。例：汽车缓缓驶进古老的城堡,绕过新建的邮局、商店和学校,～驶向笔直宽阔的马路。

【尔后】érhòu [连]从此以后。例：大学毕业后我们见过一面,～就不知他去哪里了。

发包　　发报

【发包】fābāo　[动]发出承包任务。例:如果我们的工程不能按期完成,~单位就要追究违约责任。

【发报】fābào　[动]把文字消息和情报转化为电信号,用无线电或有线电装置发射给接收者。例:他祖父曾是解放军电台~高手。

发标　　发表

【发标】fābiāo　[动]招标人向投标人发放标书。例:国家计委《工程建设项目招标范围和规模标准规定》对必须通过招投标方式~的工程项目作了界定。

【发表】fābiǎo　①[动]在报刊上登载出来。例:他是这家报社的专栏作家,经常~各种体裁的文章。②[动]在公开场合说出。例:大家先认真思考一下,再~各自的意见。

发奋　　发愤

【发奋】fāfèn　①[动]精神振作起来。例:在老师与同学的帮助下,他~努力,取得了很大的进步。②[动]下决心积极努力。例:他从科学发现中尝到了甜头,从此更加~学习。

【发愤】fāfèn [动]下决心积极努力。例:他~学习,要用优异的成绩感谢社会对他的关心。

发狠　　发横

【发狠】fāhěn ①[动]下决心。例:李老四养蚕亏本,~下一年决不养蚕了,改做其他营生。②[动]发怒;耍横。例:你至于为了这点小事~吗?

【发横】fāhèng [动]发怒;耍横。例:有道理你就讲出来,何必~。

发急　　发迹

【发急】fājí [动]着急。例:这位病人说自己最近一段时间经常会莫名其妙地~。

【发迹】fājì [动]指人由卑微而得志显达或由贫困而富裕。例:这篇小说描写了一名保安神奇的~史。

发觉　　发掘

【发觉】fājué [动]开始知道。例:既然你们已经~了问题的关键所在,就应该立即整改。

【发掘】fājué [动]把埋藏在地下的东西挖掘出来。例:未经国家文物局批准,任何单位或个人都不得以任何方式私自勘探或者~文物。

发源　　发愿

- 【**发源**】fāyuán ①[动]指河流开始流出。**例**：红河~于云南省的崇山峻岭间。②[动]事物的开端。**例**：诗是从民歌~的,或多或少地从民歌中吸取了养料和形式。
- 【**发愿**】fāyuàn [动]表明心愿或愿望。**例**：政府机关的工作人员不能以起誓~的形式干工作。

法理　　法力

- 【**法理**】fǎlǐ ①[名]法律的理论依据。**例**：这篇论文是针对公序良俗原则的~研究。②[名]法则。**例**：宇宙中所有的存在都依赖于~。③[名]佛法的义理。**例**：佛学大师向佛教徒传授~。④[名]法律与情理。**例**：这家生产单位如此污染环境~难容。
- 【**法力**】fǎlì ①[名]佛法的威力。**例**：《西游记》是我国四大文学名著之一,书中描述的如来佛无所不能,~无边。②[名]神奇的力量。**例**：令人感到奇怪的是他看上去只是一个普普通通的人,居然会有这等~。

法式　　法事

- 【**法式**】fǎshì [名]标准的格式。**例**：喻皓的《木经》,直接影响到宋代的建筑业,宋代的《营造~》就据此编定。
- 【**法事**】fǎshì [名]佛道拜忏、打醮等仪式。**例**：地藏庵内摆着李家几代灵位,正在做超度亡灵的~。

法治　　法制

【**法治**】fǎzhì　①[名]先秦时期法家的政治思想,主张以法治国。例:在当时那种残酷压迫的情况下,～无存,是非不论。②[动]依法治理国家和社会。例:渔业资源保护是一项依据有关法规,通过渔政管理,实行～的宏观管理工作。

【**法制**】fǎzhì　[名]通过政权机关建立起来的法律制度,包括法律的制定、执行和遵守。例:每个公民都要增强～观念。

番番　　翻翻

【**番番**】fānfān　[副]一次又一次地。例:长老怒声叫道:"悟空!你这猢狲,～害我!"

【**翻翻**】fānfān　[形]翻腾的样子。例:看～巨浪涌红旗。

凡事　　凡是

【**凡事**】fánshì　[名]一切事情;所有的事情。例:～都大包大揽的领导绝不是一名称职的领导。

【**凡是**】fánshì　[副]总括某个范围内的一切。例:～今天要做的事,决不拖到明天去做。

凡响　　反响

【**凡响**】fánxiǎng　①[名]平凡的音调。例:从前听过孙琴秋先生弹琴,有一曲《汉宫秋》,绝非～。②[名]平凡的事物。例:这本书中展示了一系列不同~的广告实例。

【反响】fǎnxiǎng [名]反应;回响。例:这个决定一宣布,立即引起了强烈的~。

反攻　　返工

【反攻】fǎngōng [动]防御的一方向进攻的一方发起进攻。例:为了组织~,楚怀王合并吕臣、项羽两军,归自己统帅。

【返工】fǎngōng [动]因质量不符合要求而重做。例:要认真做好质量检验工作,不合格的产品要坚决~。

反响　　反向

【反响】fǎnxiǎng [名]反应;回响。例:这个决定一宣布,立即引起了强烈的~。

【反向】fǎnxiàng [动]与原来的或规定的方向相反。例:侧逆型思维包括~思维和侧向思维。

反应　　反映

【反应】fǎnyìng ①[名]事情发生后引起的意见、态度或行动。例:他听到这个消息后的第一个~是:工夫不负有心人。②[动]打针或吃药所引起的呕吐、发烧、头痛等症状。例:此药对皮肤有过敏~。

【反映】fǎnyìng ①[动]把客观事物的实质表现出来。例:这些异常现象~了生态环境出现了不平衡。②[动]把情况和意见告诉上级部门。例:学生代表把大家的意见向学代会作了～。③[名]反映的意见。例：这些人滥用职权，群众有许多～。

反正　　反证

【**反正**】fǎnzhèng　①[副]表示情况虽然不同，但结果并无区别。**例**：不管是你还是他，～都要达到体锻标准。②[副]表示肯定、坚决的语气。**例**：不管多晚，～这个实验我是要完成的。

【**反证**】fǎnzhèng　①[名]可以驳倒原论证的证据。**例**：你方如果对此论据有异议，可以提出～。②[动]由证明与论题相矛盾的判断是不真实的来证明论题的真实性，是一种间接论证。**例**：关于魏延这个建议的正确性可以从司马懿的一段话中得到～。③[名]诉讼中当事人为推翻对方主张的事实而提出的相反事实的证据。**例**：他人主张占有人没有其就占有物所行使的权利时，必须提出～。

方阵　　方正

【**方阵**】fāngzhèn　①[名]古代军队作战时采用的一种队形。**例**：远古～有方、圆、雁行、钩行等多种队形。②[名]方队。**例**：由陆海空三军女兵组成的～以整齐划一的步伐，向全世界展示了中国女兵的风采，接受人民的检阅。

【**方正**】fāngzhèng　①[形]成正方形；不歪斜。**例**：她口音清楚，写的字也很～。②[形]正直不阿。**例**：我对他很恭敬，因为我早听到，他是本城中极～、质朴、博学的人。

芳名　　芳茗

【**芳名**】fāngmíng　①[名]美好的名声。**例**：大雄宝殿东侧后墙上嵌有一碑,上刻捐款者~。②[名]对年轻女性名字的美称。**例**：他的女儿,~明慧,名实相副,以美艳聪慧饮誉于宗室之中。

【**芳茗**】fāngmíng　[名]香茶。**例**：他们曾同饮过抱朴庐内的~。

防暴　　防爆

【**防暴**】fángbào　[动]防止暴乱的发生。**例**：他是一名~警察。

【**防爆**】fángbào　[动]防止破坏性爆炸的发生。**例**：技术员告诉我,这是一台~压缩机。

防止　　防治

【**防止**】fángzhǐ　[动]预先想方法制止。**例**：为了~疾病蔓延,当地医院采取了一系列的措施。

【**防治**】fángzhì　[动]预防和治疗、治理疾病、灾害等。**例**：保护水质,首先要查清有哪些污染源,再制定具体的~措施。

妨碍　　妨害

【**妨碍**】fáng'ài　[动]阻碍使事情不能顺利进行。**例**：自修课上大声说话会~别人的学习。

【妨害】fánghài [动]损害。例:生产、流通、分配、消费是一个连续运转的整体,任何一个环节的阻滞都会~社会经济的正常循环。

仿造　仿照

【仿造】fǎngzào [动]模仿一定的样式制造。例:通过对一些青铜器的测定、研究、~,可以比较准确地了解当时的冶炼方法和技术水平。

【仿照】fǎngzhào [动]模仿已有的方法、式样去做。例:伪造国家货币罪是指~国家货币,制造假币的行为。

放达　放大

【放达】fàngdá [形]言行豪放豁达,不拘礼俗。例:他的思想也是这个样子,非常的~和浪漫。

【放大】fàngdà [动]使图样、图像、声音、功能等变大。例:他打算把这张照片~后挂在客厅里。

放情　放晴

【放情】fàngqíng [动]纵情;尽情。例:这首诗如此~地赞美着青春。

【放晴】fàngqíng [动]雨雪后天气转晴。例:一连下了几天雨,今天终于~了。

放生　放声

【放生】fàngshēng [动]把捉住的野生动物放掉。信佛者视放生为善举。**例**:~是体现慈悲与践行修学的佛教传统之一,是佛教慈悲心的直观体现。

【**放声**】fàngshēng [副]放大嗓门尽量出声。**例**:何慎庵眉毛一挺,~大笑起来。

放松 放送

【**放松**】fàngsōng [动]对事物的控制或注意由紧变松。**例**:也许是我温和的态度和同情的语调解除了她的戒心,她的紧张表情~了一些。

【**放送**】fàngsòng [动]播送。**例**:收音机里~的是匈牙利作曲家韦哈尔的《舞会圆舞曲》。

飞红 飞鸿

【**飞红**】fēihóng ①[形]脸很红。**例**:知道自己说漏了嘴,她脸颊~。②[动]脸上飞快地现出红晕。**例**:她~着脸,低着头走了出去。

【**飞鸿**】fēihóng ①[名]鸿雁。**例**:一群~队列整齐地从校园上空飞过。②[名]比喻书信。**例**:虽然我俩多年未见,却是~不断。

飞身 飞升

【**飞身**】fēishēn [动]身体腾空飞行。**例**:他从松木上爬上墙头,~跳进院子里。

【**飞升**】fēishēng ①[动]往上飞;往上升。**例**:那只~的大雁拍了两下翅膀,忽然从半空掉了下来。②[动]迷信指修炼成功,飞向仙境。例:凡人的世界再也禁锢不住这些迷信者渴望~的心。

飞腾　　沸腾

【飞腾】fēiténg　[动]迅速飞起;很快地向上升。例:一条条山脉被白雪掩盖,蜿蜒起伏,好像无数条银蛇在~起舞。

【沸腾】fèiténg　①[动]液体受热到一定温度,急剧转化成气体,产生大量气泡的现象。例:锅里的水~了。②[动]比喻事物蓬勃发展或情绪高涨。例:大堤上呈现着一派~的劳动景象。

飞跃　　飞越

【飞跃】fēiyuè　①[动]事物从旧的物质到新的物质的转化。例:从原始社会过渡到母系社会,是人类社会发展史的一次~。②[动]比喻突飞猛进。例:改革开放使社会经济~发展。③[动]飞腾跳跃。例:麻雀从这棵树上~到另一棵树上。

【飞越】fēiyuè　[动]飞着从上空越过。例:他打算驾驶热气球~台湾海峡。

菲菲　　霏霏

【菲菲】fēifēi　①[形]花草茂盛、美丽的样子。例:春月娟娟,春花~。②[形]花草香气浓郁。例:花园里的花草吐芳扬烈,郁郁~。

【霏霏】fēifēi ①[形]雨、雪纷飞的样子。例:天仍在下着~细雨,天空里墨黑的云层仍未消散,似乎在酝酿着另一场新的暴雨。②[形]烟、云等很盛的样子。例:放眼望去,云雾~,不见春的明丽,却见秋的阴郁。

废话　费话

【废话】fèihuà ①[名]没有用的话。例:这些~删掉后,文章的中心思想就突出了。②[动]说废话。例:你别与他~。

【费话】fèihuà [动]耗费言辞,多说话。例:不用我~,他已经明白了。

废料　费料

【废料】fèiliào [名]生产过程中剩下的而对本生产过程没有用的东西。例:必须将这些含放射性物质的~,装入特制的容器进行处理。

【费料】fèiliào [动]耗费材料。例:这种生产工艺太~,必须尽快改进。

废止　废址　废置

【废止】fèizhǐ [动]取消;停止使用。例:标准的修改、~,由标准的审批机关批准、发布。

【废址】fèizhǐ [动]已经废弃的故址。例:随着各地的工业遗产旅游点的开发,老工厂虽然淡出公众的记忆,游人却在工业~上"听到"了历史回响。

【**废置**】 fèizhì ［动］废弃；搁置。**例**：他们正在处理~在仓库里的建筑材料。

费时　　费事

【**费时**】 fèishí ［动］耗费时间。**例**：这么多的焊接点，靠人工焊接的话，既~又保证不了质量。

【**费事**】 fèishì ①［动］做事费周折。**例**：加工这种零件确实比较~。②［形］事情麻烦，不容易办。**例**：冬季橘子很多，做一盏小橘灯并不~。

分辨　　分辩

【**分辨**】 fēnbiàn ［动］把不同的事物区分开来。**例**：这台仪器能~纸币的真伪。

【**分辩**】 fēnbiàn ［动］为消除误会、指责而进行辩白。**例**：你不要再~了，事实已摆在眼前了。

分汊　　分杈　　分岔

【**分汊**】 fēnchà ［动］水流出现分支。**例**：这条河在村口~，分成两条小河，一条向东流，一条向南流。

【**分杈**】 fēnchà ［动］树枝出现分支。**例**：这棵树~后，树冠也变大了。

【**分岔**】 fēnchà ［动］道路出现分支。**例**：前面的路~了，他不知道该走哪条路。

分割　　分隔

【分割】fēngē ［动］把整体或有联系的事物强行分开。例：中国的主权和领土绝不容许～。

【分隔】fēngé ［动］从中间隔断,使不相联系。例：还在吃奶期的牛仔,一只只被～在宛如小孩铁床似的白色栅栏里。

分列　　分裂

【分列】fēnliè ［动］分别排列。例：你从东部新辟的大门进去,迎面就可看到新叠的湖石～三面,点缀得楚楚可观。

【分裂】fēnliè ①［动］整体分开。例：每对染色体纵向～为两组。②［动］使整体分开。例：因为他的挑唆已经在船员中造成了不和,而他还在制造～。

分派　　分配

【分派】fēnpài ①［动］分别指定人去做某事。例：任务～到各部门以目标确立的形式得以落实。②［动］分摊;摊派。例：这次活动的费用由各小组～。

【分配】fēnpèi ①［动］安排;分派。例：他刚刚从部队转业回来,工作还没有～。②［动］按一定标准分给。例：这土地已经～出去了,不能调拨。③［动］经济学上指把生产资料分给生产单位或把消费资料分给消费者。例：计划经济时期,生产资料以国家计划～为主。

分争　　纷争

【分争】fēnzhēng　[动]分辩争论。例：会场上辩论双方据理～,场面非常热闹。

【纷争】fēnzhēng　①[动]争论;争执。例：春秋战国时代,列国～,许多诸侯国互相并吞和联合。②[名]争端;纠纷。例：这场～是由于劳资双方对分配方案意见的不一致而引起的。

芬芬　　纷纷

【芬芬】fēnfēn　[名]芳香。例：他取出一小盒,启香蒸之,香虽不多,～满室。

【纷纷】fēnfēn　①[形]多而杂乱的样子。例：听说航班继续延误,乘客便议论～起来。②[副]接二连三地。例：为了赈救灾民,大家～捐钱捐物。

分子　　份子

【分子】fèn·zi　[名]属于一定阶级、阶层、集团或具有某种特征的人。例：该书是目前国内所见的第一部系统研究青年知识～教育问题的专著。

【份子】fèn·zi　①[动]集体送礼时各人分摊的钱。例：老太太出主意让凑～给凤姐过生日。②[名]做礼物的现金。例：他自己没有特别的嗜好,只是应酬不少,每月的～至少是收入的一半。

奋激　愤激

【**奋激**】fènjī ［形］奋发激昂。**例**：誓师大会上,～的口号此起彼伏。

【**愤激**】fènjī ［形］愤怒而激动。**例**：～的路人把企图开溜的交通事故肇事者团团围住。

奋然　愤然

【**奋然**】fènrán ［形］精神振作的样子。**例**：伟大的中华民族在新征程中～前行。

【**愤然**】fènrán ［形］气愤发怒的样子。**例**：为了表示对研讨会主办方的抗议,他～离去。

丰采　风采

【**丰采**】fēngcǎi ［名］同"风采①"。

【**风采**】fēngcǎi ①［名］美好的仪表、举止。**例**：在欢迎外宾的人流中,我瞻仰过周恩来、陈毅、宋庆龄等伟人的～。②［名］文采。**例**：这首民歌展示了作曲家特有的民间文艺的～。

丰腴　丰裕

【**丰腴**】fēngyú ［形］丰盈。**例**：她～的脸颊上嵌着一对深深的酒窝。

【**丰裕**】fēngyù ［形］富裕。**例**：如今,农民的收入增加了,日子过得更～了。

风致　　风姿

【风致】fēngzhì　①[名]美好的容貌和举止。例：他望了白华一眼,觉得她在不分明的灯影里,有着特别迷人的～。②[名]事物的特色、特性。例：这种兰科植物生根在悬崖罅隙间,长叶飘拂,花朵下垂成一长串,别有～。

【风姿】fēngzī　[名]举止;姿态。例：微风将她脖子上系着的丝巾撩到肩后,使她得到几分潇洒的～。

肤浅　　浮浅

【肤浅】fūqiǎn　[形]学识浅;理解不深。例：人类对自身的了解还很～。

【浮浅】fúqiǎn　[形]浅薄;肤浅。例：一个演员如果仅仅是模仿,那么他的表演一定会流于～。

伏法　　服法

【伏法】fúfǎ　[动]依法处决罪犯。例：这起杀人案的罪犯已于昨日～。

【服法】fúfǎ　[动]服从法院判决。例：法庭上,被告表示～,不再上诉。

伏帖　　伏贴　　服帖

【伏帖】fútiē　①[形]舒适。例：在如此安静的环境中生活,她非常～。②[形]驯服;顺从。例：这些马被他训练得很~。

【伏贴】fútiē ①[形]贴得平伏而紧。例：这件衣服的领子做得很~。② 同"伏帖①"。

【服帖】fútiē ①[形]驯服；顺从。例：小运动员被他训练得很~。②[形]妥当。例：请放心，事情均已安排~。

扶持　扶植

【扶持】fúchí ①[动]用手轻轻架住对方的手或胳膊。例：在他的~下,老人顺利地走下了舷梯。②[动]帮助护持。例：林业部门积极~户办小林场,向户办小林场提供技术服务。

【扶植】fúzhí [动]扶助培植；扶持培养。例：老一代艺术家满腔热情地~青年一代。

扶养　抚养

【扶养】fúyǎng [动]照顾养活。例：奶奶年纪大了,全靠父亲~。

【抚养】fǔyǎng [动]关心爱护并教育培养。例：~子女是父母的责任,赡养父母是子女的义务。

拂尘　浮尘

【拂尘】fúchén [名]一种掸尘土、驱蚊蝇的用具。例：这把~是用鸡毛做成的。

【浮尘】fúchén [名]飘浮在空中或附吸于器物表面的灰尘。

例：屋顶的四周布满带着~的蜘蛛网。

服式　　服饰

【**服式**】fúshì　[名]服装的式样。例：这家服装店的~很新潮。
【**服饰**】fúshì　[名]衣着和装饰。例：这些~经过黑白对比的色彩描绘,显得格外美观。

浮华　　浮滑

【**浮华**】fúhuá　[形]讲究表面上的华丽或阔气,不务实际。例：他在现实的洪流中蜕去了~,出落得坚强而稳重。
【**浮滑**】fúhuá　[形]轻浮;油滑。例：他言行举止过于~,我与他合不来。

符合　　附和

【**符合**】fúhé　[动]相合。例：你所说的情况与事实不完全~。
【**附和**】fùhè　[动]随着别人说或做。例：他是个没有主见的人,对别人的提议往往随声~。

付出　　复出

【**付出**】fùchū　[动]交出。例：每获得一个准确的数据,他们都得~巨大的代价。
【**复出**】fùchū　[动]不再担任职务或停止社会活动的人又重新担任职务或参加社会活动。例：人们从邓小平同志~后大刀阔斧的整顿工作中,看到了国家振兴的希望。

付款　　附款

【付款】fùkuǎn　[动]支付款项。**例**:没有按合同规定的日期~或提货,应偿付违约金。

【附款】fùkuǎn　[名]附带条款或款项。**例**:这几项~是对前一份合同内容的补充。

付印　　复印

【付印】fùyìn　[动]稿件经出版社排版校对后交付印刷。**例**:您的书稿已经总编签字~了。

【复印】fùyìn　[动]用复印机照原样重印。**例**:这些书稿都不是原件,是~的。

付与　　赋予

【付与】fùyǔ　[动]交给。**例**:你只要按时把这封信~对方就行了。

【赋予】fùyǔ　[动]交给重大的任务、使命等。**例**:新时代的青年一定要完成历史~的使命。

负载　　负债　　附载

【负载】fùzài　[名]机械设备以及生理组织等在单位时间内所担负的工作量。**例**:电路中不应没有~而直接把电源两极相连。

【负债】fùzhài ①[动]欠人钱财。例：该公司由于连年亏损,早已～累累,将宣告倒闭。②[名]会计用语。资产负债表的一方,表现营业资金的来源。例：～一般按其偿还速度或偿还时间的长短划分为流动和长期两类。

【附载】fùzǎi [动]附带记载。例：这份总报告后面还～了三份专题调查报告。

附议　复议　腹议

【附议】fùyì [动]作为共同提议人,附和别人的提议。例：这个议案共有30位代表签字～。

【复议】fùyì [动]对已做决定或裁决的事重新讨论、裁决。例：事关全体员工的权益,董事会还要专门召开会议进行～。

【腹议】fùyì [动]嘴上没说但心里对人有看法。例：在我国古代封建专制制度之下,不仅有诽谤、妖言等罪名,连～也是不允许的。

复本　副本

【复本】fùběn [名]收藏的同一种书刊或文件第一本或第一份以外的称为复本。例：我校图书馆《汉语大词典》的～有六部。

【副本】fùběn ①[名]著作原稿以外的誊录本。例：这部书稿流入民间后,出现了好几种～。②[名]文件正本以外的其他本子。例：起诉书的～已经送达被告人。

复合　　复核

【复合】fùhé　[动]结合在一起。**例**：入射光一般都是白光，是由各种不同波长的单色光~而成的。

【复核】fùhé　[动]复查核对。**例**：他向有关方面建议重新~检查结果。

复刊　　副刊

【复刊】fùkān　[动]报刊停刊后恢复刊行。**例**：粉碎"四人帮"后，《笔会》~了。

【副刊】fùkān　[名]报纸上刊登文学艺术作品、理论性文章的专栏或固定版面。**例**：各地的报纸均设有文艺~。

复员　　复原　　复圆

【复员】fùyuán　①[动]战争结束后，国家的武装力量和经济、政治、文化等各个领域由战时状态转入平时状态。**例**：当年为做好人防工程~工作，专门成立了人防工程平战转换工作领导小组。②[动]军人因服役期满或战争结束而解除军职。**例**：~军人回参军地区后，由地方政府对他们进行妥善安置。

【复原】fùyuán　①[动]病后恢复健康。**例**：病人快速~的方法很多，但最主要的是具有良好的饮食习惯和作息习惯。②[动]恢复原状。**例**：灾后~所需时间依灾情大小、社会经济结构、自有资源、外部资源投入而有不同，一般约需数周到数年。

【复圆】 fùyuán ［动］日食或月食过程的结束。例：一次日全食的过程可以包括以下五个时期：初亏、食既、食甚、生光、~。

复职　　副职

【复职】 fùzhí ［动］解职后又恢复原职。例：他~后所做的第一件事情就是解决职工的生活福利问题。

【副职】 fùzhí ［名］部门中副的职位。例：这个单位在他的操纵把持之下，~几乎处于有职无权的地位。

富余　　富裕

【富余】 fùyú ①［形］足够而有剩余。例：这位老共产党员将~的钱捐献给希望小学。②［动］多余出来。例：我还~两张进博会入场券。

【富裕】 fùyù ［形］财物充裕丰富。例：改革开放以后，有一部分人过上了~的生活。

改订　　改定

【改订】gǎidìng　[动]对书籍文字、规章制度等加以修改订正。例：教工代表大会正在讨论学校规章制度～事宜。

【改定】gǎidìng　①[动]修改;订正。例：通知已经拟好,请你最后～。②[动]另行确定。例：会议内容、出席对象都已明确,具体时间～。

改编　　改变

【改编】gǎibiān　①[动]对原作品进行重新编写(前后作品的体裁往往不同)。例：这部小说已经被～为电视剧本。②[动]改变原有机构或组织的编制或人员。例：大裁军时这个师被取消番号,～为高炮旅。

【改变】gǎibiàn　①[动]事物发生显著的变化。例：～自己是一个自我完善的过程。②[动]改换;变动。例：这几天的作息时间有所～,请大家相互转告。

概率　　概略

【概率】gàilǜ　[名]又称或然率、机会率或几率。表示随机事件发生可能性大小的量,是事件本身所固有的不随人的主观意愿而改变的一种属性。**例**:进入三季度国内各主要城市的房价出现松动的~大增。

【概略】gàilüè ①[名]大概情况。**例**:这只是故事的~,详细情节可以看原书。②[形]大致;大略。**例**:通过介绍,我们对这部影片的情节有了一个~的了解。

概述　　概数

【概述】gàishù [动]大概地叙述。**例**:当事人~了事故发生的过程。

【概数】gàishù [名]大概的数目。可以用几、多、来、左右、上下等表示,如几天、三个多月、一百来步、四百斤左右、二十岁上下;可以将数词连用来表示,如两三个、三四天、五六十人。**例**:你办这件事需多少天?说个~就可以了。

干脆　　甘脆

【干脆】gāncuì ①[形]爽快;直截了当。**例**:他拒绝得很~,不留一点余地。②[副]索性。**例**:过去那些不愉快的事~忘掉吧。

【甘脆】gāncuì [形]香甜松脆。**例**:这种青枣吃起来~爽口。

干锅　　坩埚

【干锅】gānguō [名]川菜的制作方法之一,相对于火锅而得名,口味麻辣鲜香。**例**:这本食谱汇集了各类~的做法,每一道都含有详细的步骤。

【**坩埚**】gānguō [名]熔化金属或其他物质的器皿,多用黏土、石墨等耐火材料制成。**例**:~是化学仪器的重要组成部分,是保证化学反应顺利进行的基础。

干涩　　干涉

【**干涩**】gānsè ①[形]又干又涩。**例**:这个梨子的品种不好,吃在嘴里~得很。②[形]声音嘶哑,不圆润。**例**:禁声休息是治疗声音~的最佳方法。③[形]表情、动作生硬而做作。**例**:他在公开场合说话时总是表情~。

【**干涉**】gānshè ①[动]过问别人的事或制止别人的行动。**例**:父母不准~儿女的婚姻。②[动]关涉;关系。**例**:他俩平时水米无交,并无~。

甘心　　甘辛

【**甘心**】gānxīn ①[动]愿意。**例**:他~情愿做这件事情。②[动]称心满意。**例**:不办好这件事,他绝不~。

【**甘辛**】gānxīn [名]工作或生活中体会到的滋味。多指辛苦的一面。**例**:没有参加过这项工作的人就体会不到其中的~。

杆子　　秆子

【**杆子**】gǎn·zi [名]直立在地上的有一定用途的细长的木头或类似的东西。**例**:他竟然把广告牌安装在电线~上。

【秆子】gǎn·zi [名]某些植物的茎。例：这些高粱~可以当柴烧。

赶到　　赶道

【赶到】gǎndào [动]加快行动，及时到达。例：李大海健步如飞，在天亮时就~了。

【赶道】gǎndào [动]赶路。例：早点歇着吧，明天还得~呢。

感奋　　感愤

【感奋】gǎnfèn [动]因受感触而精神振奋。例：校长的讲话令人~。

【感愤】gǎnfèn [动]因受感触而愤慨。例：暴徒的行径令人~痛切。

感喟　　感愧

【感喟】gǎnkuì [动]因受感触而叹息。例：他为自己能在强烈的地震中幸免于难而深深地~。

【感愧】gǎnkuì [动]既感激又惭愧。例：收到老师寄的参考书他~万分。

刚要　　纲要

【刚要】gāngyào [副]正要；将要。例：他~离开就被我拦住了。

【纲要】gāngyào [名]大纲；要领。例：读了本书~，就可以大致了解书的内容了。

高超　　高潮

【高超】gāochāo　[形]好得超过一般水平。例：他球技～，是队中的主力。

【高潮】gāocháo　①[名]在潮的一个涨落周期内,水面上升的最高潮位。例：每年7月这条河的水位处于～期。②[名]比喻事物高度发展的阶段。例：经济建设的～到来,必将带动文化建设的发展。③[名]小说、戏剧、电影情节中矛盾发展的顶点。例：这段描写使故事情节发展到～阶段。

高低　　高地

【高低】gāodī　①[名]高低的程度。例：那座山离得太远,估量不出它的～。②[名]高下。例：他俩的球技差不多,很难争出～。③[名]说话做事的深浅轻重。例：小孩子说话不知～,您千万不要放在心上。④[副]无论如何。例：我快把嘴皮说破了,他～不肯收下这些东西。⑤[副]终究；到底。例：这些资料我找了好几天,～被我找到了。

【高地】gāodì　①[名]地势高的地方。例：潮水汹涌而来,他急忙向附近一块裸露的～奔去。②[名]军事上特指地势较高能够俯视、控制周围的地方。例：只要守住这块无名～,我们就算胜利了。

高价　　高架

【高价】gāojià　[名]高出正常价格或市场价格的价格。

例：真正的高精技术,花~也买不到。

【高架】gāojià [形]架在地面或道路上空的。例：为了发展城市快速交通,这些城市都修建了~道路。

高深　　高升

【高深】gāoshēn [形]学问、技术的造诣高、程度深。例：在艺术上,他具有~的见解。

【高升】gāoshēng [动]职务由低向高提升。例：他真是官运亨通,步步~。

高危　　高位

【高危】gāowēi [形]发生某种不良情况的危险性高的。例：高空作业属于~工种,一定要有切实的安全防护措施。

【高位】gāowèi ①[名]显贵的职位。例：他在这个山城里没有一个居~或有势力的亲戚朋友。②[名]肢体靠上的部位。例：他遭遇车祸,刚做了~截肢手术。

高新　　高薪

【高新】gāoxīn [形]新兴的、在一般标准或平均程度之上的。例：~技术是指那些对一个国家或一个地区的政治、经济和军事等各方面的进步产生深远影响并能形成产业的先进技术群。

【高薪】gāoxīn [名]高额的工资、报酬。例：他们准备~聘请技术人员。

高原　　高远

【**高原**】gāoyuán　[名]海拔在500米以上、地形起伏较小的大块平地。**例**：东部沿海城市人口密集,西部～地区人口稀少。

【**高远**】gāoyuǎn　[形]高而深远。**例**：这首诗顺应时代潮流,传达人民心声,立意非常～。

稿纸　　稿子

【**稿纸**】gǎozhǐ　[名]供写稿用的纸,多印有一行行的直线或小方格。**例**：老王的书桌上堆满了～。

【**稿子**】gǎo·zi　①[名]诗文、图画等的草稿。**例**：小何正在写～。②[名]写成的诗文。**例**：这篇～是你写的吗?

割断　　隔断

【**割断**】gēduàn　[动]截断;切断。**例**：她竭力控制住自己的感情,始终不能～对他的思念之情。

【**隔断**】géduàn　[动]阻隔;遮断。**例**：河流～了两县,但隔不断两县人民的友谊。

隔膜　　膈膜

【**隔膜**】gémó　①[名]彼此情意沟通的障碍。**例**：通过思想政治工作缓解矛盾、消除～,疏通感情可以促进企业内部的团结。②[形]情意不相通,互不了解。**例**：那辆车给祥子以最顺心的帮助,他与它之间没有一点~别扭的地方。③[形]对事物的了解停留在表面,看不清实质。**例**:我对电子计算机一点也不懂,实在~得很。

【膈膜】 gémó [名]人或哺乳动物胸腔和腹腔之间的膜状肌肉。也称横膈膜。**例**:~收缩时胸腔扩大,松弛时胸腔缩小。

个别　　各别

【个别】 gèbié ①[形]单个;单独。**例**:教练又让他留下来,对他~指导。②[形]极少数的。**例**:班上有~同学上课不认真听讲。

【各别】 gèbié ①[形]各不相同;有所区别。**例**:对于不同情况,应该~处理,不能搞一刀切。②[形]别致;奇特。**例**:这把雨伞的样子~。③[形]特别。**例**:这老头的行为、举止真~。

个个　　各个

【个个】 gègè [代]一个一个;每一个。**例**:同学们听说学校要组织郊游,~喜出望外。

【各个】 gègè ①[代]每个;所有的单个。**例**:全面计划管理是指企业的~部门、各项工作都实行计划化。②[副]逐个;一次一个。**例**:对付这些人,我们可以采取~击破的办法。

个人　　各人

【个人】 gèrén ①[名]单独一个人。与"集体"相对。**例**:人不是单靠吃饭活着,人活着也不是为了~的享受。②[名]本人。在正式场合自称之词。例:以上这些意见只是~观点,请大家批评指正。

【各人】gèrén [代]各个人;每个人。例:春游时老师关照学生~看管好自己的东西。

个位　各位

【个位】gèwèi [名]十进制计数法的一位。个位以上有十位、百位等,以下有十分位、百分位。例:这两个数字的~数相加等于9。

【各位】gèwèi ①[代]大家。例:请~注意,下面播报一个通知。②[代]一定人群中的每一位。例:我代表全校师生对~领导和来宾的到来表示热烈欢迎。

个子　各自

【个子】gè·zi ①[名]人的身材。例:刘四爷的~几乎与祥子一边儿高,头剃得很亮,没留胡子。②[名]方言中指某些捆在一起的条状物。例:板车上装满了高粱~。

【各自】gèzì ①[代]各人自己。例:区领导分别前往~联系点参加指导专题民主生活会。②[代]各个方面自己的一方。例:春秋战国时期,诸侯~为政长达五百余年。

更深　更生

【更深】gēngshēn [形]夜深。指后半夜。例:他们到达旅店时已~。

【更生】 gēngshēng ①[动]新生;重新获得生命。**例:** 我们的方针要放在什么基点上?放在自己力量的基点上,叫作自力~。②[动]对废品加工使重新能够使用。**例:** 这种劳防手套都是用~布缝制的。

哽塞　梗塞

【哽塞】 gěngsè [动]因感情激动等原因喉咙阻塞发不出声音。**例:** 他心里一酸,喉咙便~了。

【梗塞】 gěngsè ①[动]有障碍而不能通过。**例:** 前面道路~,车辆只能绕道而行。②[动]局部血管堵塞,血流停止。**例:** 他因脑部~而住院治疗。

哽噎　哽咽

【哽噎】 gěngyē ①[动]食物堵住食管,难以下咽。**例:** 吃饭常~是食管癌警报。② 同"哽咽"。

【哽咽】 gěngyè [动]不能痛快地哭出声。**例:** 颖石说到这里,已经哭得~难言。

工厂　工场

【工厂】 gōngchǎng [名]直接进行工业生产活动的单位,由不同的车间组成。**例:** 我们已经建立了很多新~。

【工场】 gōngchǎng [名]集合在一起的手工业者从事生产的场所。**例:** 从~手工业发展成为近代机器大工业,在历史上被称作产业革命或工业革命。

工读　　攻读

【工读】 gōngdú　①[动]用本人劳动所得供自己读书。**例**:他年轻时去过美国,在那里~自助。②[动]有较轻违法犯罪行为的青少年边劳动改造边学习文化。**例**:他在一所~学校任教。

【攻读】 gōngdú　[动]勤奋学习、钻研某门学问。**例**:他让爷爷给寄来了好多的中医医书,刻苦~。

工房　　公房

【工房】 gōngfáng　[名]由政府有关部门或企事业单位等建造、分配给职工居住的房屋。**例**:最近有一批统建和自建的~将陆续竣工并交付使用。

【公房】 gōngfáng　[名]所有权属于国家或集体的房屋。**例**:这几排~建于20世纪70年代。

工分　　公分

【工分】 gōngfēn　[名]某些集体经济组织计算员工工作量和劳动报酬的单位。**例**:在其他条件不变的情况下,农产品收购价格的提高,可以增加~值。

【公分】 gōngfēn　①[量]公制长度单位。厘米的旧称。**例**:过去1公顷地种1万株葡萄,各株之间距离90~,地里的活只能由人操作,不能用机器。②[量]公制重量或质量单位。克的旧称。**例**：在当时纯银 23.493 448~，加缴造币费 2 分 2 厘 5,可请代造银本位币 1 元。

工夫　　功夫

【**工夫**】gōng·fu　①[名]空闲时间。**例**：今天我没~陪你逛大街。②[名]做事所需要的时间和精力。**例**：做这道菜既费油盐又费~。

【**功夫**】gōng·fu　①[名]本领或技艺。**例**：这位魔术演员~不错。②[名]指武术。**例**：他精通中国~。③同"工夫②"。

工会　　公会

【**工会**】gōnghuì　[名]工人阶级的群众性组织,最早出现于 18 世纪中叶的英国,后各国相继建立。**例**：暑假期间,校~组织全体教师去黄山旅游。

【**公会**】gōnghuì　[名]即同业公会。同行业间的社会组织。**例**：台北市电脑~提出的赴沪建立"台湾电子一条街"的计划已得到同业界的广泛响应。

工价　　公价

【**工价**】gōngjià　[名]营造、制作某项物品时用于支付人工方面的费用。**例**：这项工程总预算中,~占了不少比例。

【**公价**】gōngjià　[名]公正、合理的价格。**例**：为了体现买卖公平的原则,这家农贸市场给每种蔬菜都定了~。

工交　　公交

【**工交**】gōngjiāo　[名]工业和交通运输业的合称。**例**：这次全国新产品展览会是对近年来我国～系统科研、创新、开发、生产成果的一次检阅。

【**公交**】gōngjiāo　[名]公共交通。**例**：交通部门正开展～专项规划编制。

工力　　功力

【**工力**】gōnglì　①[名]完成一项工程所需的人力或人工。**例**：这项工程需要大量～，现有人手肯定不够。② 同"功力②"。

【**功力**】gōnglì　①[名]功能；效率。**例**：这种杀虫剂～强大。②[名]在技艺或学术上的造诣。**例**：老舍的旧体诗写得很好，有才情，也有～。

工伤　　公伤

【**工伤**】gōngshāng　[名]生产劳动过程中受到的意外伤害。**例**：一定要注意安全生产，尽量减少或避免～事故的发生。

【**公伤**】gōngshāng　[名]因公事受到的意外伤害。**例**：这起～事故发生在他出差途中。

工事　　公事

【**工事**】gōngshì　[名]军中所构筑的掩体、碉堡、障碍等。

例：我们的炮火在猛轰敌人的～，敌人的炮火也在拼命地拦截我们的步兵。

【公事】gōngshì ［名］公家的事；集体的事。例：他总是～公办,不徇私情。

工效　　功效

【工效】gōngxiào ［名］工作效率。例：改进了生产工艺后,～提高了一倍多。

【功效】gōngxiào ［名］功能；效率。例：悠扬清新的乐曲对情绪性高血压患者有降低血压的～。

工休　　公休

【工休】gōngxiū ①［动］工作一段时间后休息。例：这些天他～在家。②［动］工间休息。例：～时,女工们聚在一起聊天。

【公休】gōngxiū ［动］节假日等集体休假。例：员工～时间加班可以获得加班费。

工业　　功业

【工业】gōngyè ［名］采取自然物质资源,制造生产资料、生活资料或对农产品、半成品等进行加工的生产事业。例：～可分为采掘工业和加工工业,又可分为重工业和轻工业。

【功业】gōngyè ［名］功勋事业。例：祖国和平统一,乃千秋～。

工用　　功用

【工用】gōngyòng　[形]为工业或工人所使用的。**例**：这些都是～物资,必须尽快运送到目的地。

【功用】gōngyòng　[名]功能;作用。**例**：在静寂的夜里,他的耳朵会有类似眼睛的～,楼下的一切,好像看得异常清楚。

公安　　公案

【公安】gōng'ān　①[名]社会整体(包括社会秩序、公共财产、公民权利等)的治安。**例**：～机关是政府的一个职能部门。②[名]公安人员。**例**：他们一家三代都是～。

【公案】gōng'àn　①[名]旧时指审理案件时用的桌子。**例**：～上堆满了这起案子的卷宗。②[名]疑难案件。泛指有纠纷或离奇的事情。**例**：关于这段～历史会给予公正的评判。

公关　　攻关

【公关】gōngguān　[名]公共关系的简称。指团体、企业或个人在社会活动中的相互关系。**例**：她在公司的～部门任经理。

【攻关】gōngguān　[动]集中力量研究、攻克某一课题或难点。**例**：有了规划就有了前进的方向,有了～的目标。

公里　　公理

【公里】gōnglǐ　[量]公制长度单位。1公里等于1千米,合

2市里。例：我们的厂房在郊区,离这儿至少有10~路程。

【公理】gōnglǐ ①[名]已为实践所反复证明而被认为无须再证明的真理。例："等量加等量其和相等"这是~。②[名]依据人类理性和愿望发展起来而共同遵从的道理。例：世界有强权,但不能没有~啊!

公认　　供认

【公认】gōngrèn [动]公众所认为;大家一致地认为。例：我国外交部发言人希望日本遵从国际社会~的规则,而不是自己臆想的"国际"规则。

【供认】gòngrèn [动]受讯者对于某一事实或断言的真实性予以承认。例：他对自己偷盗事实~不讳。

公示　　公事

【公示】gōngshì [动]公开宣示,让公众了解并征求意见。例：根据《党政领导干部选拔任用工作条例》规定,对拟提拔担任领导职务的干部予以任职~。

【公事】gōngshì [名]公家的事;集体的事。例：他总是~公办,不徇私情。

公务　　公物

【公务】gōngwù [名]国家或集体的事务。例：国家~人员应该也必须成为没有特权的公职人员。

【公物】gōngwù [名]属于国家或集体的东西。例：要教育学生热爱党、热爱社会主义、爱祖国、爱人民、爱劳动、爱科学、爱~,牢记人民的利益高于一切。

公用　　功用

【公用】gōngyòng　[动]共同使用。**例**:近年来我国人民的居住条件和~生活设施有了很大的改善。

【功用】gōngyòng　[名]功能;用处。**例**:拖拉机有耕地、播种、收割等~。

公元　　公园

【公元】gōngyuán　[名]国际通用的公历纪元,是大多数国家纪年的标准,从传说中的耶稣诞生之年算起。我国从1949年正式规定采用公元纪年。**例**:今年是~2023年。

【公园】gōngyuán　[名]供公众游览休息的园林。**例**:星期天,~里的游客特别多。

公正　　公证

【公正】gōngzhèng　[形]公平正直;不偏袒。**例**:办事~的领导总是受大家拥护的。

【公证】gōngzhèng　[动]有关权力机关对于民事上权利义务关系所做的证明。如合同、遗嘱等都可申请公证。**例**:这些财产如何分割,最好能~一下。

公职　　供职

【公职】gōngzhí　[名]现多指在党政机关和各种企事业单

位中所任之职。例:每一位~人员都要全心全意地为人民服务。

【供职】 gòngzhí [动]担任职务。例:他目前~于一家外资银行。

功力　　功利

【功力】 gōnglì ①[名]功能;效率。例:这种杀虫剂~强大。②[名]在技艺或学术上的造诣。例:老舍的旧体诗写得很好,有才情,也有~。

【功利】 gōnglì ①[名]功名和利禄。多含贬义。例:一个世俗~欲望极强的人,其审美力必然是迟钝的。②[名]功业所带来的利益。例:这是一项~显著的工程。

恭谨　　恭敬

【恭谨】 gōngjǐn [形]恭敬、谨慎的样子。例:那个男子伸出头和站在车外的警察说话,警察对他的态度是很~的。

【恭敬】 gōngjìng [形]对人谦恭有礼貌。例:有的人对上级领导极其~,而对下级或群众则相当傲慢。

共时　　共识

【共时】 gòngshí [形]历史发展中同一时代的。跟"历时"相对。例:语言体系从历时和~的观点看是相对的,语言是不断变化的,不可能一刀切下一个界限分明的体系。

【共识】 gòngshí [名]共同的认识。例:经过多次讨论,双方消除分歧,达成了～。

共事　　供事

【共事】gòngshì　[动]在一起工作。例:他俩～多年,合作得很愉快。

【供事】gòngshì　[动]担任职务。例:他的祖上曾在衙门内～。

共通　　共同

【共通】gòngtōng　[形]适用于各个方面的。例:"发展才有出路"对各行各业来说是一个～的道理。

【共同】gòngtóng　①[形]大家都具有的。例:这可是左邻右舍～的喜事啊!②[副]一起;一齐。例:我们～战斗,经受了考验。

贡奉　　供奉

【贡奉】gòngfèng　[动]向朝廷或官府进贡物品。例:当年这宫里的一应陈设盆景都是他家～的。

【供奉】gòngfèng　①[动]敬奉;供养。例:从事狩猎的鄂伦春人虔诚地～山神、猎神。②[名]以某种技艺侍奉帝王的人。例:他的祖先中曾有人当过内廷～。

贡品　　供品

【贡品】gòngpǐn　[名]古时臣子或属国进贡给帝王的物品。例:旧时代的封建统治者向这个极北的省份勒索了名目繁多的～。

【供品】 gòngpǐn ［名］供奉神佛祖先用的瓜果、酒食等物品。**例**：清明节时汤河流域的庄稼人提着竹篮,带着供品、香和纸给已故的亲人上坟。

贡献　供献

【贡献】 gòngxiàn ①［动］把物资、才智、力量等献给国家或集体。**例**：环卫工人为城市建设～自己的力量。②［名］为国家或集体所做的有益事。**例**：大家不会忘记他为大桥建设所做的～。

【供献】 gòngxiàn ①［动］供奉;奉献。**例**：在他们家族里,过年时～祖宗是一件非常庄重的事情。②［名］供品。**例**：躲在山洞里的白毛女穿的是不遮身体的破布烂草,吃的是庙里的～和山上的野果。

勾通　沟通

【勾通】 gōutōng ［动］勾结串通。**例**：不法商贩暗中～,企图哄抬物价。

【沟通】 gōutōng ［动］使各方面互相连通。**例**：大桥～了南北交通,繁荣了两岸经济。

构件　构建

【构件】 gòujiàn ①［名］机械中构成整体的部件、零件。**例**：这种竞赛机器人的～都是学生自己加工制作的。②［名］

组成建筑物某一结构的单元,如梁、柱、板材等。例:他们没有向国家要一分钱,自己办起了砖瓦、水泥、白灰、预制~等附属工厂。

【构建】gòujiàn [动]建立。多用于抽象事物。例:他们试图~一种新的学科体系。

构置　　购置

【构置】gòuzhì [动]建构;设置。例:这幢大楼的消防系统设计得不合理,需要重新~。

【购置】gòuzhì [动]购买;置办。例:那时美术书不算很贵,个人还~得起的。

孤单　　孤胆

【孤单】gūdān ①[形]孤独;无依无靠。例:她一个人坐在那里,显得很~。②[形]单薄。例:我们这几个人的力量太~,你们能不能增援几个过来?

【孤胆】gūdǎn [形]胆量出众。例:杨子荣是多次深入敌穴的~英雄。

谷底　　谷地

【谷底】gǔdǐ [名]比喻下降到的最低点。例:产品销量大幅度下降,目前已跌至~。

【谷地】gǔdì [名]地面低洼并向某一方向倾斜的山谷、河谷等。例:陡峻的~常常会有泥石流发生。

固态　　故态

【**固态**】gùtài　［名］物质呈固体的状态。是物质存在的一种形态。**例**：～物质不经过转变成液态而直接变成气态的现象叫作升华。

【**故态**】gùtài　［名］旧日的情况或态度。**例**：只要一端起酒杯，他便～复萌。

故世　　故事

【**故世**】gùshì　［动］去世；死去。**例**：他的双亲早已～。

【**故事**】gùshì　［名］有连续性、有吸引力、能感动人、可用作讲述对象的事情，包括真实的和虚构的。**例**：小时候我最喜欢听奶奶讲～。

顾怜　　顾恋

【**顾怜**】gùlián　［动］顾念爱怜。**例**：我知道你是～她而不想揭她的伤疤。

【**顾恋**】gùliàn　［名］顾念留恋。**例**：如果你还～这个家，就赶紧回去吧！

顾主　　雇主

【**顾主**】gùzhǔ　［名］商店称购买货物的人；服务行业称服务的对象。**例**：我看那边月台的栅栏外有几个卖东西的在等着～。

【雇主】gùzhǔ　[名]雇用雇工或车、船等的人。**例**：这名～经常克扣工人的工资。

雇佣　　雇用

【雇佣】gùyōng　[动]用货币购买劳动力。**例**：这名小老板～了几个帮工。

【雇用】gùyòng　①同"雇佣"。②租用。**例**：为了做好搬迁工作,该公司～了几辆集装箱卡车。

怪癖　　怪僻

【怪癖】guàipǐ　[名]古怪的、与众不同的癖好。**例**：这是她从生下来就有的～,这辈子怕是改不掉了。

【怪僻】guàipì　[形]古怪孤僻。**例**：你性情如此～,叫别人怎么与你相处?

关隘　　关碍

【关隘】guān'ài　[名]险要的关口。**例**：又过了两座～,他们才到了寨门口。

【关碍】guān'ài　[动]妨碍;阻碍。**例**：他们各自唱着、跳着,是那样的快乐、自由,彼此毫无～。

关照　　观照

【关照】guānzhào　①[动]关心照顾。**例**：她十分～那个腿部有残疾的学生。②[动]提醒。**例**：请你～小李,明天早上7点出发。

【观照】 guānzhào [动] 观察审视。**例**：深入对人的精神世界的深层～,是现实主义在当代发展的又一标志。

关注　　贯注　　灌注

【关注】 guānzhù [动] 关心重视。**例**：大家都非常～国家足球队的情况。

【贯注】 guànzhù [动] 精神集中。**例**：他全神～地观看球赛。

【灌注】 guànzhù [动] 浇进；注入。**例**：现在城市高层建筑打桩普遍采用振动小、噪声低的～桩。

管治　　管制

【管治】 guǎnzhì [动] 管辖治理。**例**：他们负责～这条河道的清洁工作。

【管制】 guǎnzhì ①[动] 强制性的管理。**例**：国庆节晚上南京路要进行交通～。②[动] 对狂人或不法分子施行强行管束。**例**：对这批罪犯采取的～措施已经下达。

贯穿　　贯串

【贯穿】 guànchuān ①[动] 贯通、联结在一起。**例**：京沪铁路是～我国南北的一条大动脉。② 同"贯串①"。

【贯串】 guànchuān ①[动] 从头到尾穿过一个或一系列事物。**例**：马克思主义认为,矛盾存在于一切事物之中并且～于每一个事物发展的全过程。②[动] 连贯。**例**：把上下联～起来看,它的意思更加明显,就是说一面要致力读书,一面要关心政治。

光束　　光速

【光束】guāngshù　[名]成束状的光线。**例**：多伦多夜空现神秘～,网友戏称外星人入侵。

【光速】guāngsù　[名]光波传播的速度,在真空中每秒约三十万千米,在空气中光速与此数值相近。**例**：～是自然界物体运动的最大速度。

光纤　　光线

【光纤】guāngxiān　[名]光学纤维的简称。**例**：～通信是现代化通信的主要支柱,被认为是新的技术革命的基础技术之一。

【光线】guāngxiàn　[名]照在物体上使人能看见物体的那种物质。因光沿直线传播,故称光线。**例**：大雪迷漫,与月亮的～相映,白茫茫的一片。

光艳　　光焰

【光艳】guāngyàn　[形]明亮艳丽。**例**：化妆师以炉火纯青的技巧为演员在话剧舞台上留下～照人的美丽妆容。

【光焰】guāngyàn　①[名]火焰;火光。**例**：桌上的油灯只有黄豆大小的一粒～。②[名]光辉;光芒。**例**：一个红彤彤的新中国屹立在世界的东方,全人类都以惊喜的目光注视着这辉煌的～。

广播　　广博

【广播】guǎngbō　[动]电台、电视台向外发射无线电波;电台播送节目。**例**:电台正在～重要新闻。

【广博】guǎngbó　[形]范围大;方面多。**例**:张教授具有～的知识。

归程　　规程

【归程】guīchéng　[名]返回的路程。**例**:离开家乡多年,今天他们终于踏上了～。

【规程】guīchéng　[名]规则;章程。**例**:这些操作～他们早已烂熟于心。

归公　　归功

【归公】guīgōng　[动]上交集体、公家。**例**:一切缴获要～。

【归功】guīgōng　[动]把功劳归于某人或集体。**例**:他们把一切成就和荣誉都～于党和人民。

归依　　皈依

【归依】guīyī　①[动]投靠;依靠。**例**:这是一群无所～的流浪者。②同"皈依"。

【皈依】guīyī　[动]原指佛教的入教仪式。后多指虔诚信奉佛教或参加其他宗教组织。**例**:明代的大学士徐光启～了天主教。

规整　　规正

【规整】guīzhěng　[形]整齐;有规则。**例**:这座古塔全部用黑色的石头砌成,四边呈现不十分～的正方形。

【规正】guīzhèng　[形]整齐;规整。**例**:这个圆画得很～。

瑰奇　　诡奇

【瑰奇】guīqí　[形]瑰丽奇特。**例**:在这幅画中我领略了～的东方艺术。

【诡奇】guǐqí　[形]诡异。**例**:这个人做事～得很。

轨迹　　诡计

【轨迹】guǐjì　[名]比喻人和事物发展变化的道路。**例**:市区地图和着时代的步伐,记录着城市发展的～。

【诡计】guǐjì　[名]狡诈的计策。**例**:她～多端,你可要防着点。

诡怪　　鬼怪

【诡怪】guǐguài　[形]奇异怪诞。**例**:关于飞碟,流行着许多～的传说。

【鬼怪】guǐguài　[名]鬼魅妖怪。**例**:她想起自己所听到过的一篇关于塔的童话,幻想着在那座塔里面住着各种神奇的～。

呱呱　蝈蝈

【呱呱】guōguō ［拟声］形容青蛙的叫声。例：月亮出来了,夜风清凉,蛙鸣～。

【蝈蝈】guō·guo ［名］一种昆虫,俗称叫哥哥。身体绿色或褐色,腹大,翅短,善跳跃,吃植物的嫩叶和花。雄的借前翅基部摩擦发声。例：～、蟋蟀和没有睡觉的青蛙、知了,在草丛中、池塘边、树隙上轻轻唱出抒情的歌曲。

国都　国度

【国都】guódū ［名］一国最高政权机关所在地,是全国的政治中心。例：从夏朝开始,有十三个王朝的～在河南洛阳。

【国度】guódù ［名］国家。例：我们以生活在这个英雄的～而自豪!

国事　国是

【国事】guóshì ［名］国家重要的事务。尤指与政治有关的事。例：清廷从雍正朝开始,在收买利诱的同时,实行高压愚民政策,大兴文字狱,严禁读书人议论～。

【国是】guóshì ［名］国家大计。例：中央召开统战对象会议,与统战对象共商～。

果子　馃子

【果子】guǒ·zi ① ［名］可以吃的果实。例：也许是阳光水分更充足一些的缘故,靠近大路的一棵苹果树意外地结了超出其他果树数倍的～。②同"馃子"。

【馃子】guǒ·zi [名]一种油炸的面食。例：煎饼～是天津的著名小吃。

裹胁　裹挟

【裹胁】guǒxié [动]用胁迫的手段使人跟从做坏事。例：毛主席说，我们要把被敌人～去的人们都从敌人营垒中和敌对战线上拉回来。

【裹挟】guǒxié ①[动]风、水流等把别的东西卷入，使其随着移动。例：狂风～着尘土肆虐地飞舞着。②[动]形势、潮流等把人卷进去，迫使其采取某种明确的态度。例：他的外部表现的是"左"的狂热，而骨子里却～着封建主义的灵魂。③同"裹胁"。

过度　过渡

【过度】guòdù [形]超过一定的限度。例：营养～，又不运动，会导致体重超标。

【过渡】guòdù [动]从一个阶段到另一个阶段。例：这是一段～期，我们要坚持到最后。

过房　过访

【过房】guòfáng [动]本人无子而将兄弟之子或他人之子转为己后。例：旧时～是件十分纯正甚至严谨的事。

【过访】guòfǎng [动]登门探视访问。例：市领导先后～文化老人、文史馆高龄馆员。

过虑　　过滤

【过虑】guòlǜ　[动]忧虑不必忧虑的事。例：这件事情就交给我吧,你不必～。

【过滤】guòlǜ　[动]用滤纸或其他多孔材料分离悬浮在液体或气体中的固体颗粒、有害物质的一种方法。例：这里的空气是那么清新,简直像用什么～过似的。

过甚　　过剩

【过甚】guòshèn　[形]过分。例：你难道不觉得自己欺侮别人已经～了吗?

【过剩】guòshèng　①[动]数量远远超过限度,剩余太多。例：这几名学生整天吵吵嚷嚷的,真是精力～。②[动]供给远远超过需要或市场购买力。例：由于电视机生产～,市场价格一跌再跌。

过时　　过世

【过时】guòshí　①[动]过了规定的时间。例：这些食品早已经～,他吃了险些丢掉性命。②[形]陈旧;不合时宜。例：她穿的那条黑线呢长裙样式已～。

【过世】guòshì　[动]去世。例：他父亲前几天～了。

过往　　过望

【过往】guòwǎng　①[动]经过;来去。例：他把网兜里的东西拿出来摊在地上,吆喝着叫~的人看。②[动]来往;交往。例:冰心和老舍~较密的时期,是在抗战期间的重庆。③[名]过去;以往。例:邻居们早已把以前住在那里的主人忘记,再没有人去谈论他们~的历史了。

【过望】guòwàng [动]超过自己原来的希望。例:友人送了两斤牛肉来,他大喜~,多喝了两杯。

过瘾　　过硬

【过瘾】guòyǐn [形]对某种癖好感到十分满足。例:今年暑假他去了峨眉山,玩得很~。

【过硬】guòyìng [形]禁得起严格的考验或试验。例:我们设备科有一支技术水平非常~的队伍。

Hh

酣然 悍然

【酣然】 hānrán [形] 畅快尽兴的样子。**例**：我昨天累了整整一天,回到家倒在床上便～入睡。

【悍然】 hànrán [形] 粗暴、蛮横的样子。**例**：帝国主义～入侵我国领空。

酣睡 鼾睡

【酣睡】 hānshuì [动] 熟睡;沉睡。**例**：一只老猫躺在一棵树荫下～。

【鼾睡】 hānshuì [动] 熟睡而打呼噜。**例**：也许是白天太累了,他一倒在床上便安然～。

含义 含意

【含义】 hányì [名] 说话、诗文等包含的意义。**例**：在老师的启发指导下,我们理解了作者这段话的深刻～。

【含意】 hányì [名] 说话、诗文等含有的意思。**例**：应该说这是一个～深远又比喻贴切的标题。

号叫　嗥叫

【号叫】háojiào　[动]拖长声音大声叫唤。**例**：她一边哭,一边大声地～。

【嗥叫】háojiào　[动]豺狼等大声叫。**例**：狼群～着,那声音苍凉而恐怖。

浩浩　皓皓

【浩浩】hàohào　①[形]水盛大的样子。**例**：～长江水,奔流向东海。②[形]广大无际的样子。**例**：～的宇宙蕴藏着无穷的奥秘。

【皓皓】hàohào　[形]洁白、明亮的样子。**例**：他梦见自己对着～明月弯弓劲射。

浩茫　浩莽

【浩茫】hàománg　[形]广阔无际。**例**：宇宙是多么的～无际啊!

【浩莽】hàomǎng　[形]广大无际。**例**：一群勇敢的海燕在～无际的大海上飞翔。

合计　核计

【合计】héjì　[动]合在一起计算;总计。**例**：麻烦你把这几栏的数字～一下。

【核计】héjì　[动]核查计算。**例**：你如果觉得这份预算单有问题,可以请其他人~一下。

合理　　合力

【合理】hélǐ ［形］合乎道理或事理。例：这种不~的情况再也不能继续下去了。

【合力】hélì ①［动］共同出力。例：几个村的干部同心~,准备带领村民自筹资金修路。②［名］一个力的作用与另外几个力同时作用的效果一样时,这个力就是那几个力的合力。例：求几个已知力的~叫作力的合成,求一个已知力的分力叫作力的分解。

合称　　合成

【合称】héchēng ①［动］合起来叫作。例：教师和学生~师生。②［名］合起来的名称。例：师生是教师和学生的~。

【合成】héchéng ①［动］由几个部分合并成一个整体。例：这种软件是通过各项图像处理技术,对多张照片进行~。②［动］通过化学反应使成分比较简单的物质变成成分复杂的物质。例：为了得到性能更好的机油,人类利用化学方法~了各种机油。

合龙　　合拢

【合龙】hélóng ［动］修筑堤坝或桥梁时从两端开始施工,最后在中间接合,称"合龙"。例：经过两年的施工,大桥终于~。

【合拢】hélǒng ［动］合在一起;闭合。例：他把桌上翻开的书本一一~后,便起身向外走去。

合十　　合时

【合十】héshí ［动］佛教的一种敬礼方式。两掌在胸前对合。例：他双手~,默默地祈祷。

【合时】héshí ［形］合乎时尚。例：她的衣着很~。

合式　　合适

【合式】héshì ［形］合乎规格;合乎程式。例：这个模具开得很~。

【合适】héshì ［形］符合实际情况;符合客观要求。例：我一时找不到~的话安慰她。

合算　　核算

【合算】hésuàn ①［形］以较少的人力、物力、财力取得较大经济效果。例：这笔买卖很~。②［动］算计。例：你每天要花多少钱,自己~一下。

【核算】hésuàn ［动］核查计算。例：填制、审核会计凭证是提供真实、正确、完整的会计~资料的基础,也是会计监督的重要内容。

合一　　合宜　　合意

【合一】héyī ［形］一致。例：他嘴上说得好听,其实言行并不~。

【合宜】héyí [形]合适;恰当。例:这件事让他去做不太~。

【合意】héyì [形]合乎心意;中意。例:现在要找一部十分~的书稿出版,确实要下大工夫。

合约　　和约

【合约】héyuē [名]多指条文比较简单的合同。例:对于订立的~,双方都没有什么异议。

【和约】héyuē [名]交战双方订立的结束战争、恢复和平的条约或协定。例:凡尔赛~是1919年6月在巴黎和会上由英、法、美、意、日等战胜国同战败国德国签订的结束第一次世界大战的条约。

合子　　盒子

【合子】hé·zi [名]一种类似馅饼的食品。例:我国北方有风俗曰:初一的饺子、初二的面、初三的~往家转,含有团团圆圆的美好寓意。

【盒子】hé·zi [名]一种可盛放物体的器物,多为方型且有盖。例:这家网站为用户提供各种塑料~的供求信息。

何须　　何许

【何须】héxū [副]用反问的语气表示不需要。例:羌笛~怨杨柳,春风不度玉门关。

【何许】héxǔ [代]疑问代词。何处;哪里。例:贾二是~人,竟敢什么事情都想管。

和议　和易

【和议】héyì　[名]交战双方关于停战、讲和的谈判。例：历史上宋金～共有绍兴、隆兴、嘉定三次。

【和易】héyì　[形]温和平易。例：她那～的话语、灿烂的笑容始终洋溢着一股难以抗拒的亲和力。

黑心　黑信

【黑心】hēixīn　①[名]阴险狠毒的心肠。例：大家都没想到这个房地产开发商竟起～，将募集的资金卷跑了。②[形]心肠阴险狠毒。例：看似温柔娴静的王小姐其实是个～的家伙。

【黑信】hēixìn　[名]匿名信。例：大家一致认为这封～是他写的。

黑油油　黑黝黝

【黑油油】hēiyóuyóu　[形]黑得发亮的样子。例：这位白胖富态、脑后梳着～独根辫子的媳妇是北方来的。

【黑黝黝】hēiyǒuyōu　①[形]光线昏暗，看不清楚。例：房间里～的，你们把窗帘拉开。②同"黑油油"。

很久　恒久

【很久】hěnjiǔ　[形]时间相当长。例：他心情激动，～不能平静。

【恒久】héngjiǔ　[形]永久；持久。例：旅居国外，而我们的爱国之心～不变。

恒山　　衡山

【恒山】héngshān ［名］五岳中的北岳。在山西省东北部。例：那些名山上保存有丰富的历史文物和寺庙等古建筑,如～有悬空寺,嵩山有中岳庙、少林寺,都是旅游胜地。

【衡山】héngshān ［名］五岳中的南岳,在湖南省东南部。例：井冈山、庐山、黄山、～等名山,它们或以革命纪念地闻名,或以风景优美著称。

恒心　　恒星

【恒心】héngxīn ［名］持之以恒的毅力和决心。例：做一件事,无论大小,如果没有～,是做不好的。

【恒星】héngxīng ［名］本身能发光和热的天体。例：太阳是离地球最近的～。

恒心　　横心

【恒心】héngxīn ［名］持之以恒的毅力和决心。例：做一件事,无论大小,如果没有～,是做不好的。

【横心】héngxīn ［动］下决心不顾一切;横下一条心。例：只要你～去做一件事,总有成功的一天。

横批　　横披

【横批】héngpī ［名］与对联相配的横幅。例：他家的门楣上贴着新的～,上书"天作之合",两边的对联是"庄稼传家久,翻身继世长"。

【横披】héngpī ［名］长条形横幅字画。例：东边的墙壁上，挂着一幅泥金小～，草书七言绝句两首。

横心　　横行

【横心】héngxīn ［动］下决心不顾一切；横下一条心。例：只要你～去做一件事,总有成功的一天。

【横行】héngxíng ［动］倚仗势力,毫无顾忌地干坏事。例：旧社会贪官污吏～霸道。

轰然　　哄然

【轰然】hōngrán ［形］大声的样子。例：～一声,房屋倒塌了。

【哄然】hōngrán ［形］许多人同时发出议论或欢呼的声音。例：王汝刚的滑稽表演,不时引得观众～大笑。

哄哄　　烘烘

【哄哄】hōnghōng ［形］嘈杂纷乱的样子。例：场内秩序相当混乱,场外也闹～地挤着一帮等待入场的球迷。

【烘烘】hōnghōng ［形］火旺的样子。例：一阵风过,遍地的枯草～地燃烧着。

红亮　　洪亮

【红亮】hóngliàng ［形］红润有光亮。例：刚上过油漆的家具发出～的光。

【洪亮】hóngliàng ［形］声音大而响亮。例：每逢新年,龙华古寺都会传来～的新年钟声。

红心　　红星

【红心】 hóngxīn ［名］比喻忠于革命事业的思想。例：从课文中,我们认识了许多人物,有面对敌人坚贞不屈的革命先烈江姐,有一颗～为人民服务的烈士雷锋。

【红星】 hóngxīng ［名］红色五角星。例：这辆出租车的顶灯上粘贴着一颗～,表明这辆车的驾驶员是"星级驾驶员"。

红颜　　红眼

【红颜】 hóngyán ［名］美貌的女子。例：他想找一位有高尚的文化品位、厚实的知识底蕴、良好的心理品质和正确的价值取向的～知己。

【红眼】 hóngyǎn ①［动］指发怒或发急。例：上菜场买菜,他常常为了多要一棵葱、一头蒜而与小贩～。②［形］发怒或发急的样子。例：仇人相见,分外～。③［名］红眼病。例：他因害～而休假几天。

红运　　红晕

【红运】 hóngyùn ［名］好的运气。一般人认为当官、发财、生子为走红运。例：袁世凯的～实在短得可怜,没当几天皇帝便一命呜呼。

【红晕】 hóngyùn ［名］中心浓而四周渐淡的一团红色。例：姑娘有点害羞,脸上泛起了一团～。

宏大　　洪大

【宏大】hóngdà　[形]宏伟,巨大。例:这所学校新制定的发展规划目标非常~。

【洪大】hóngdà　[形]水势、声音等大。例:这段钢琴曲表现了黄河~的波涛声。

洪亮　　洪量

【洪亮】hóngliàng　[形]声音大而响亮。例:每逢新年,龙华古寺都会传来~的新年钟声。

【洪量】hóngliàng　①[名]宽宏的胸襟、气量。例:廉颇对蔺相如说:"您如此~,真是个深明大义的人啊!"②[名]大的酒量。例:宪太太从前给人家代酒代惯的,是酒桌上著名的~。

后备　　后辈

【后备】hòubèi　[形]为补充而准备的。例:他们召之即来,来之能战,战之能胜,是强大的~力量。

【后辈】hòubèi　①[名]后代;子孙。例:为了~,我们一定要爱护环境。②[名]同行中年轻或资历浅的人。例:如果不是站在前辈巨大的肩膀上,~又怎能站得更高看得更远呢?

后幅　　后福

【后幅】hòufú　[名]后襟。例:潘先生关照大孩子拉着他的长衫~,他自己一只手牵着小孩子,另一只手牵着母亲。

【后福】hòufú [名]将来的或晚年的幸福。例:一生善良,必有~!

后记　　后继

【后记】hòujì [名]著作、书刊之后用来说明写作原因、经过或补充说明某个问题的短文。例:看了~我才知道本书的作者当过空军飞行员。

【后继】hòujì [动]后面接着跟上来。例:这位老中医的医术没有得到应有的重视,而且~无人。

后进　　后劲

【后进】hòujìn ①[名]后辈。亦指学识或资历较浅的人。例:她不仅对我,对其他年轻人,诸如她的学生和文学~,也都慷慨相助。②[形]进步比较慢的;水平比较低的。例:他能够公正地对待每一名战士,特别是对~战士从不会嫌弃他们。③[名]进步比较慢、水平比较低的集体或个人。例:在他的带领下,这个连里形成了一种"见先进就学,见~就帮"的好风气。

【后劲】hòujìn ①[名]用在后一阶段的力量。例:一批大、中型企业实施专利技术后,增加了活力,增添了~。②[名]显露较慢的作用或力量。例:这种酒的~很大,你少喝点。

后期　　后起

【后期】hòuqī [名]指某一时期的后一阶段。例:他出生于

20世纪60年代~。

【后起】hòuqǐ [形]后来出现或新成长起来的。例:他们几位是越剧界的~之秀。

后人　　后任

【后人】hòurén ①[名]后代的人。例:他们决定把这些宝贵的经验记录下来,留给~看。②[名]子孙。例:曾家的~恪守先祖遗言,洁身自好,远离尔虞我诈钩心斗角的政界、军界。

【后任】hòurèn [名]在原来担任某个职务的人之后担任这个职务的人。例:该公司总经理结束了在中国的任期,~总经理已经到岗。

后身　　后生

【后身】hòushēn ①[名]身体后面的部分。例:我只看见他的~,不知道他长什么模样。②[名]上衣等的背后部分。例:这件T恤的~印有广告图案。③[名]房屋等的后边。例:这些高楼大厦的~是贫民窟。④[名]佛教称人或动物的转世之身为"后身"。例:张衡刚死,蔡邕的母亲就怀孕了,因两人的才貌相似,当时的人就认为蔡邕是张衡的~。⑤[名]事物由早先的一个转变而成的另一个。例:我打算在列宁格勒逗留几天,对这个十月革命重要策源地的圣彼得堡的~作较详细的观察。

【后生】hòushēng ①[名]青年男子;小伙子。例:这几个~,

个个武艺精强、枪法高明。②[形]相貌年轻。例:他长得很~,看不出已经是五十岁的人了。

后世　　后事

【后世】hòushì　①[名]后代子孙。例:从家谱上看他还是贵族的~。②[名]佛教认为人死后会重新投生,因称转生之世为"后世"。例:因为他身世孤苦,为要修福~,他的行为用心,确实忠厚良善。③[名]某一时代以后的时代。例:这些文学作品无论在思想上和艺术上都十分成熟,对~的影响极大。

【后事】hòushì　①[名]后来发生的事情。例:欲知~如何,且听下回分解。②[名]丧事。例:老人的儿孙们正在商办他的~。

后手　　后首

【后手】hòushǒu　①[名]接替的人;后继之人。例:他正在为自己的绝技没有~而犯愁。②[名]下棋时被动的形势。例:这一步很关键,如果走错的话就变成~了。③[名]回旋的余地。例:做任何事情都须留下~。

【后首】hòushǒu　[名]后来。例:青少年时代的刻苦学习和广泛阅读,为他~从事的科学研究工作奠定了牢固的基础。

厚谊　　厚意

【厚谊】hòuyì　[名]深厚的情谊。例:真正的交情,看来素淡,却自有超越死生的～。
- 【厚意】hòuyì ［名］深厚的情意。例：从一封封来信中他感觉到读者们给予自己的鼓励和～。

忽忽　唿唿

- 【忽忽】hūhū ［形］形容时间过得很快。例：下乡的日子过得很快,～已有一个多礼拜了。
- 【唿唿】hūhū ［拟声］形容火烧声。例：大火烧得～的,幸亏消防人员及时赶到。

忽闪　霍闪

- 【忽闪】hūshǎn ［动］光线突然一闪或忽明忽暗。例：一颗流星～着坠向大地。
- 【霍闪】huòshǎn ［名］闪电。例：这道光是微弱的,但在豹子看来,却是黑暗的夜空中的一个～。

花费　话费

- 【花费】huāfèi ［动］因使用而消耗掉。例：在大学生中,男生和女生的生活～差距较大。
- 【话费】huàfèi ［名］电话的使用费。例：他每个月的～竟高达五百元。

花工　花功

- 【花工】huāgōng ［名］花匠。例：一名老～正在花园里拾掇着花木的断枝残叶。

【花功】huāgōng [名]用花言巧语讨好别人的功夫。例：她被他的～所迷惑。

花卉　　花会

【花卉】huāhuì ①[名]花草。例：和园丁们一起工作让我们学到许多关于～的知识。②[名]以花草为题材的中国画。例：这幅清代～拍卖价格又创新高。

【花会】huāhuì ①[名]在春节等节日进行的各种游艺活动的统称。例：从2000年开始，公园每年都举办菊展、迎春～和中秋灯会。②[名]花卉展销大会。例："国色天香"六和塔牡丹～圆满落幕。

花境　　花镜

【花境】huājìng [名]运用艺术手法模拟自然界中林地边缘地带多种野生花卉交错生长状态而设计的一种花卉应用形式。例：～布置一般以树丛、绿篱、矮墙或建筑物等作为背景，根据组景的不同特点形成宽窄不一的曲线或直线花带。

【花镜】huājìng [名]矫正花眼用的眼镜。例："光明行进社区"活动免费为社区60岁以上的老年人验光、配～。

花境　　化境　　画境

【花境】huājìng [名]运用艺术手法模拟自然界中林地边缘地带多种野生花卉交错生长状态而设计的一种花卉应用形

式。例：～布置一般以树丛、绿篱、矮墙或建筑物等作为背景,根据组景的不同特点形成宽窄不一的曲线或直线花带。

【化境】huàjìng [名]奇妙的、极其高超的境界;幽雅清新的境地。例：杨丽萍跳的孔雀舞已达～。

【画境】huàjìng [名]图画中的境界。例：公园里风景优美,如入～。

花期　　花旗

【花期】huāqī ①[名]植物开花的季节或月份。例：梅花的～在早春。②[名]植物开花持续的时间。例：由于先花后叶,～较长,所以梅花盛开的时候,实际上给人一种不是冷清、反而是繁花似锦的感觉。

【花旗】huāqí [名]指美国。因美国国旗的形象得名。例：因为美国国旗看起来较为花哨,故中国人以前称美国为～。

花枪　　花腔

【花枪】huāqiāng ①[名]一种似矛而比矛短的兵器。例：他唱完"擒不住刘备不回东吴"一句后便把～丢向一边,翩然而下。②[名]欺骗人的狡猾手段、计策等。例：你先不要理他,看他究竟又要耍什么新～。

【花腔】huāqiāng ①[名]基本唱腔加花,成为一种特定的华彩腔调。例：她的音质还是那么纯净,～应用得更加自如。②[名]花言巧语。例：他不是个实诚人,尽结交些爱耍～的朋友。

花市　　花事

【花市】huāshì　[名]集中售卖花卉的市场。例：在各地兴起的～中,并不是个个都赚大钱。

【花事】huāshì　[名]关于花的情事。例：这一年他们都沉浸在失去亲人的悲痛之中,毫无兴致去关心～。

花坛　　画坛

【花坛】huātán　[名]种植花卉、装点美化环境的土台子,四周用砖石砌成矮墙或堆成梯田的形式。例：这个大型～里摆放着十万盆鲜花。

【画坛】huàtán　[名]指绘画界。例：20世纪60年代初期,她就在首都～上崭露头角。

花心　　花信

【花心】huāxīn　①[名]指爱情上不专一的感情。多指男性。例：两人谈恋爱不久,那男的就起了～。②[形]指爱情上不专一。例：当她发现他是个～男人后,便决定与他分手。

【花信】huāxìn　[名]指花期。例：凤仙花的～长达四五十天。

花序　　花絮

【花序】huāxù　[名]花在轴上的发育和排列方式。例：橡树已经长出绿叶来了,而且还挂下一串一串的菜荑～。

【花絮】huāxù　[名]各种零星而有趣的新闻。**例**:《体育报》开辟了比赛～专栏。

划行　　滑行

【划行】huáxíng　[动]拨桨行船。**例**:我们的船沿着湖边慢慢～。

【滑行】huáxíng　①[动]飞机、汽车等不用发动机的动力而依靠本身的惯性或利用下坡的冲力向前行驶。**例**:飞机着陆后要在跑道上～一段时间才能停下来。②[动]在冰、雪等面上平稳移动。**例**:她们在冰上的～速度和战术配合并不比男儿逊色。

滑溜　　滑熘

【滑溜】huá·liu　[形]非常光滑。**例**:这两天雨水较多,客人进店时,他们总少不了提醒客人地面～,要注意脚下。

【滑熘】huáliū　[动]一种烹调方法。把切好的鱼、肉等用淀粉拌匀后用油炒,并加葱、蒜等作料,再勾上芡,使汁变浓。**例**:这道～鱼片口感鲜嫩。

化妆　　化装

【化妆】huàzhuāng　[动]用脂粉修饰等使容貌美丽。**例**:丽丽上班前,总要精心～一番再出门。

【化装】huàzhuāng　[动]演员为了适合扮演的角色形象而修饰容貌。**例**:小王正在～,演出马上开始。

画工　　画功

【画工】huàgōng　①[名]以绘画为职业的人。例：北宋初年建造玉清照应宫,需要制作大量壁画,画院画家人手不足,便临时招募民间~共同完成。② 同"画功"。

【画功】huàgōng　[名]绘画技法。例：每一个画家,都十分重视~的研究和探索。

画夹　　画架

【画夹】huàjiā　[名]用来夹画纸并同时作为画板使用的工具。例：他派人取来~,无非是要向人展示里面的画。

【画架】huàjià　[名]绘画时用来放置画板的架子。例：屋子一角的~上绷着一块从未落过笔的画布。

怀抱　　环抱

【怀抱】huáibào　①[动]抱在怀里。例：嫣然~一只可爱的波斯猫。②[名]胸前;怀里。例：今天,我终于回到祖国的~。③[动]心里怀有。例：当年他们~着振兴中华的远大理想,到国外学习先进科学。

【环抱】huánbào　[动]围绕。例：这幢小木楼被绿树~着。

欢心　　欢欣

【欢心】huānxīn　[名]对人或物赏识或喜爱的心情。例：棒球和排球是日本人喜爱的两大体育项目,其中尤以棒球最得日本大众的～,是名副其实的国球。

【欢欣】huānxīn [形]欢乐;欣喜。例:看到小明学习年年进步,妈妈感到无比～。

欢娱　　欢愉

【欢娱】huānyú [动]欢欣娱乐。例:广场上的人们载歌载舞,沉浸在节日的～中。

【欢愉】huānyú [形]欢乐愉快。例:她的脸上常常浮泛着～的微笑。

欢悦　　欢跃

【欢悦】huānyuè [形]欢乐喜悦。例:他俩心情～,边走边唱。

【欢跃】huānyuè [动]欢喜雀跃。例:战士们为取得胜利而～。

还原　　还愿

【还原】huányuán ①[动]事物恢复到原来的状况或形状。例:现场已被破坏,无法～了。②[动]指含氧物质被夺去氧。例:铁矿石的～是通过燃烧焦炭产生的一氧化碳而得以实现。

【还愿】huányuàn [动]迷信指求神保佑的人偿还对神许下的诺言。例:两位信佛的老太太相约明日一早上观音殿～。

环保　　环抱

【环保】 huánbǎo ①[名]环境保护。**例**：砍掉那片树不利于～。②[形]符合环境保护要求的。**例**：这种再生纸很～。

【环抱】 huánbào [动]环绕；围绕在中间。**例**：古老的寺庙处于绿树～之中。

环行　　环形

【环行】 huánxíng [动]绕着圈子走。**例**：他们规划修建一条城市～地铁。

【环形】 huánxíng [名]圆环的形状。**例**：北京的地铁年年增加新的线路，有南北向的，东西向的，～的。

缓刑　　缓行

【缓刑】 huǎnxíng [名]对触犯刑律、经法定程序确认已构成犯罪、应受刑罚处罚的行为人，先行宣告定罪，暂不执行所判处的刑罚。**例**：在～的考验期限内，犯罪分子如果没有再犯新罪，考验期满，原判的刑罚就不再执行。

【缓行】 huǎnxíng ①[动]慢慢地走或行驶。**例**：我们轻步～，以免惊动栖息在这大森林怀抱里的珍禽异兽。②[动]暂缓实行。**例**：这项规章制度～的原因是部分条款不够完善。

幻景　　幻境

【幻景】 huànjǐng [名]虚幻的景象；幻想中的景物。**例**：买了彩票后发财的~开始在他的脑中浮动。

【**幻境**】huànjìng　[名]虚幻神异的境界。**例**：山下金黄的麦浪和山上苍翠的青松,随着阵阵清风,奏出了一曲麦浪松涛唱和成韵的乐章,这仙乡的~使我们陶醉。

幻想　　幻象

【**幻想**】huànxiǎng　①[动]以理想或愿望为依据,对还没有实现的事物有所想象。**例**：我们的祖先在历史的黎明时期便~出一个神话式的人物叫大禹。②[名]没有道理的想象;没有根据的看法或信念。**例**："人飞出地球去"曾经被人们当作一种~,今天已经实现了。

【**幻象**】huànxiàng　[名]从幻想、幻觉或梦境中产生的形象。**例**：全息~能把万里以外的景象送到你身边,看得见,听得清,只是摸不着。

换发　　焕发

【**换发**】huànfā　[动]把旧的证件等收回换成新的。**例**：他的信用卡即将过期,银行给他~了新卡。

【**焕发**】huànfā　①[动]光彩四射。**例**：孩子考上大学,爸爸妈妈容光~,喜气洋洋。②[动]精神抖擞。**例**：参加运动会的学生们精神~。

涣涣　　焕焕

【**涣涣**】huànhuàn　①[形]水势盛大的样子。**例**：渭河的支流小南河、榜沙河、西河、山丹河纵横交错,流水~。②[形]消释的样子。例:他俩之间的误会早已~而释。

【焕焕】huànhuàn ①[形]光明、发亮的样子。例:节日的外滩,灯光~,令游客流连忘返。②[形]显赫的样子。例:他曾经是名声~的足球明星。

涣然　焕然

【涣然】huànrán [形]消散的样子。例:经过交换意见,他俩之间的误会~冰释。

【焕然】huànrán [形]鲜明光亮的样子。例:自从有了中国共产党,中国革命的面目就~一新了。

荒乱　慌乱

【荒乱】huāngluàn [形]指社会秩序极不安定。例:这部小说描绘~年月老百姓生活的艰苦。

【慌乱】huāngluàn [形]慌张忙乱。例:时间很紧急,但~中,他又走错了路。

惶惶　遑遑　煌煌

【惶惶】huánghuáng [形]恐惧不安的样子。例:这家企业快要倒闭的消息令员工们~不安。

【遑遑】huánghuáng [形]匆忙的样子。例:他行色~,一定有急事。

【煌煌】huánghuáng [形]明亮辉煌的样子。例:车到外滩时,那里早已是灯火～了。

惶然　煌然

【惶然】huángrán ［形］恐惧不安的样子。例：如果一天看不到文龙,她就～不安。

【煌然】huángrán ［形］明亮辉煌的样子。例：他坐上电车一直到达书店时,店里已经是灯光～了。

恢复　回复

【恢复】huīfù ①［动］回到原来的样子。例：经过治理,小龙河又～了原样。②［动］使回到原来的样子。例：～健康后,他又回到工作岗位。

【回复】huífù ①［动］回答;答复。例：你应该给大家有一个明确的～。②［动］恢复。例：这个模型是很难～原状的。

回报　汇报

【回报】huíbào ①［动］报告任务的执行情况。例：我向校长～班级创三好活动的情况。②［动］报答。例：你的恩情我无以～。

【汇报】huìbào ［动］汇集材料向上级或群众报告。例：街道领导向群众～了综合治理的情况。

回话　会话

【回话】huíhuà ［动］回答别人问话。例：我们坐在这边,要等你的～。

【会话】huìhuà [动]对话。多用于学习别种语言或方言时。**例**：要掌握英语口语,课后应该经常～。

回还　回环

【回还】huíhuán [动]回到原处。**例**：岁月如梭,失去的青春不再～。

【回环】huíhuán [动]曲折环绕。**例**：一条～曲折的田园小径通向农庄。

回升　回生　回声

【回升】huíshēng [动]下降后又往上升。**例**：五一节期间,旅游的势头又～了。

【回生】huíshēng ①[动]死后又活过来。**例**：天地之间只有贪生怕死之人,并无起死～之药。②[动]对前一阶段已经学会的东西又感到生疏。**例**：几个月不弹琴,我的指法又～了。

【回声】huíshēng [名]声波遇到障碍物反射或散射回来再度被听到的声音。**例**：在大自然中有许多奇妙的～。

回手　回首

【回手】huíshǒu ①[动]把手伸向身后。**例**：他打开大门走进来,又～把门掩上。②[动]还手;还击。**例**：他胆小怕事,骂他不敢回口,打他不敢～。

【回首】huíshǒu ①[动]回头;回头看。例:他一边攀登一边~招呼同伴。②[动]回顾;回忆。例:他~往事,不胜感慨。

回响　　回想

【回响】huíxiǎng [动]响声回折;回环。例:同学们激昂的歌声在会场里~。

【回想】huíxiǎng [动]想从前的事。例:现在~起来,我应该感谢那座图书馆,感谢图书馆的徐老师。

回音　　回应

【回音】huíyīn ①[名]回复的音信;回话。例:不管去还是不去,你都得早点给我~。②[名]回声。例:山谷~是一种非常有趣的自然现象。

【回应】huíyìng [动]回答;应和。例:对于恐怖分子提出的要求,美国当天~,表示永远不会和恐怖分子谈判。

汇费　　会费

【汇费】huìfèi [名]去银行或邮局汇款按汇款额交付的手续费。例:邮政局决定对汇往灾区抗震救灾的捐款免收~。

【会费】huìfèi [名]会员按期向所属组织缴纳的钱。例:律师协会对~缴纳等问题作了解释。

汇合　　会合

【汇合】huìhé ①[动]江河合流。例:涓涓小溪~成小河。②[动]事物合在一起。例:两支探险队在山顶~了。

【会合】huìhé [动]聚集到一起。例:各个班级的同学都到运动场上~。

汇展　会展

【汇展】huìzhǎn [动]商品等汇集在一起展览。例:这次农副产品~非常成功。

【会展】huìzhǎn [名]会议和展览。例:~经济能够带动第三产业的综合发展。

会务　会悟　会晤

【会务】huìwù [名]集会或会议的事务。例:这次大会由我班担任~工作。

【会悟】huìwù [动]领会;领悟。例:老所长这番话的深刻含义我是不能一下子完全~的,但老所长的话深深地打动了我的心。

【会晤】huìwù [动]会见;会面。例:参加~的还有其他拥有核武器的国家的代表。

晦气　秽气

【晦气】huìqì ①[形]不吉利;倒霉。例:第一次做生意就折本,他只得自认~。②[名]人生病或倒霉的脸色。例:他满脸~,是不是身体不舒服?

【秽气】huìqì [名]难闻的气味;臭味。例:这间屋子没有一扇窗,里面有股冲鼻的~。

昏话　荤话

【昏话】hūnhuà　[名]没有根据或没有道理的话。例：亏你还上过大学呢,怎么说得出这种~!

【荤话】hūnhuà　[名]脏话;粗俗下流的话。例：他很粗俗,~就像含在口里的水,一张口便会流出来。

昏乱　混乱

【昏乱】hūnluàn　①[形]头脑迷糊;神志不清。例：她神志~,一天中少有清醒的时候。②[形]政治黑暗;社会混乱。例：吴均生活在南北朝时期,当时社会~,他一生很不得志。

【混乱】hùnluàn　[形]没有条理;没有秩序。例：那家公司的财务状况很~,上级公司正在派人调查。

活口　活扣

【活口】huókǒu　①[名]命案发生时在现场而没有被杀、可以提供线索或情况的人。例：这起凶杀案件没有留下~,给案件的侦查带来了一定的难度。②[名]可以提供情况的罪犯或俘虏。例：战争结束后,他们把这批~押往集中营。

【活扣】huókòu　[名]一拉就开的绳结。例：这家礼品公司规定所有送出货品的绳结只能系~。

火花　火化

【火花】huǒhuā　①[名]迸发出的火焰。例：这些露天电焊工长年与烈日、~为伴。②[名]火柴盒上贴的画片。例：这些都是他父亲早年收集的~。

【火化】huǒhuà [动]用火焚化尸体。例：追悼大会结束后，他的遗体便~了。

火剪　　火箭

【火剪】huǒjiǎn ①[名]也叫火钳。生火时夹取柴火、煤炭的用具，形状像剪刀而特别长。例：这把~是他爷爷以前生炉子用的。②[名]烫发的用具，形状像剪刀。例：上世纪三四十年代，人们都用~烫头发。

【火箭】huǒjiàn [名]利用反冲力推进的飞行装置，速度很快，目前主要用来运载人造卫星、宇宙飞船等，也可装上弹头和制导系统制成导弹。例：中国研制出了长征系列~。

火炕　　火坑

【火炕】huǒkàng [名]房间内可以烧火取暖的炕。例：以~为特征的起居风俗主要流行于我国北方亚寒带地区。

【火坑】huǒkēng [名]极为悲惨痛苦的生活环境。例：那时的劳苦大众无论由农村跑到城市，还是由城市跑回农村，满地都是荆棘，都是~，真所谓走投无路。

火险　　火线

【火险】huǒxiǎn ①[名]火灾的保险。即对指定的财产因火灾损害或破坏所造成的损失所做的保险。例：这几家住户的电表都有私自改装的迹象,不能保~。②[名]引起火灾的危险。例:这些鞭炮有~隐患,不能放在居民小区内。

【火线】 huǒxiàn ①[名]作战双方对峙的前线。例:白求恩大夫亲自上~去救护伤兵。②[名]电路中输送电的电源线。例:他用测电笔判定电源插座的哪个孔连着~。

或然　　惑然

【或然】 huòrán [形]或许可能;有可能却不一定。例:类比推理预测法的正确性是~的。

【惑然】 huòrán [形]困惑不解的样子。例:这一人事变动,令全体员工感到~。

祸乱　　惑乱

【祸乱】 huòluàn [名]灾祸;祸事。例:侯景之乱是中国历史上南北朝时期由诸侯王发起的~。

【惑乱】 huòluàn [动]迷惑扰乱。例:事到如今他还想用谎言~大家,真不要脸!

霍霍　　嚯嚯

【霍霍】 huòhuò ①[拟声]形容磨刀等的声音。例:磨刀~向猪羊。②[形]晶莹闪烁的样子。例:他的尖利的眼光~四射。

【嚯嚯】 huòhuò [拟声]形容笑声。例:他的话逗得大伙~地笑。

霍然　　豁然

【霍然】 huòrán　[副] 突然。**例**：老人的一番话好像一束光～照亮了他们的灵魂深处。

【豁然】 huòrán　[形] 开阔、通达的样子。**例**：她终于等到了他的来电，积聚多日的郁闷～消释了。

讥诮　　机俏

【讥诮】jīqiào　[动]用冷言冷语嘲讽。例：李玉亭想起范博文和吴芝生他们对自己的～,心里又不自在起来了。

【机俏】jīqiào　[形]机灵俊俏。例：她的模样很～,细细的眉毛,大大的眼睛,洋溢着青春的活力。

叽叽　　唧唧

【叽叽】jījī　[形]小声争吵的样子。例：婆媳俩常～地争着到地里干活。

【唧唧】jījī　①[动]叹息。亦指叹息声。例：我闻琵琶已叹息,又闻此语重～。②[拟声]形容鸟鸣、虫吟声。例：阶前的秋虫～地叫着。③[动]唠叨。例：奶奶年纪大了,整日～不停。

击起　　激起

【击起】jīqǐ　[动]拍打起;敲打起。例：一尾闹得最欢的鲤鱼,冲着人,响亮地跃出了水面,～了一些水花,在阳光中闪着。

【激起】jīqǐ [动]刺激;激发。例:善于观察学生感情的波澜,去~他们的共鸣,思想工作往往能取得意想不到的效果。

机会　　际会

【机会】jīhuì [名]具有时间性的有利条件。例:他的愤恨是因为知道了这些毫无人心的家伙竟然把民族的灾难作为发财的~。

【际会】jìhuì ①[动]聚首;聚会。例:刘翔在钻石联赛上海站男子110米栏田径健儿~中勇夺冠军。②[名]机遇;时机。例:她为了给家里多挣钱,忍受着一切痛苦,从不放过一个挣钱的~。

机理　　肌理

【机理】jīlǐ ①[名]机器的构造和工作原理。例:变频器的~被广泛应用于各个领域。②[名]生物机体结构组成部分的相互关系及其间发生的各种变化过程的物理、化学性质和相互关系。例:尿毒症是一个非常复杂的病理过程,其发病~尚不清楚。

【肌理】jīlǐ ①[名]皮肤的纹理。例:她的皮肤相当白,~相当细。②[名]器物、花木、果实、水土等表面的纹理。例:民间有"东南之土~横,故宜水;西北之土~直,故不宜水"的说法。

机谋　　计谋

【机谋】jīmóu [名]能迅速适应事物变化的谋略。例:他那双活泼的眼睛就足以表明他的性格,他是有～、有思想的。

【计谋】jìmóu [名]计策;谋划。例:当年他巧施～才摆脱了国民党反动派的通缉。

机体　　肌体

【机体】jītǐ [名]具有生命的个体的统称。例:疾病的发生、发展及变化,与患病～的体质强弱和致病因素的性质极为有关。

【肌体】jītǐ ①[名]身体。例:运动员健康的～实在令人羡慕。②[名]组织机构。例:"有则改之,无则加勉"是抵抗各种政治灰尘和政治微生物侵蚀我们同志的思想和我们党的～的有效方法。

机心　　机芯

【机心】jīxīn [名]狡诈的用心。例:他虽然见过很多世面,但对人却毫无～,而对自己的未来充满信心。

【机芯】jīxīn [名]钟表、电机等内部的机器。例:他把家里座钟的～拆得乱七八糟。

积愤　　激奋　　激愤

【积愤】jīfèn [名]郁积已久的悲愤或愤恨。例:为了宣泄胸中的～,他跑到山顶大声呼叫。

【激奋】jīfèn [形]激动振奋。例:他的感情是那么慷慨而～,他的言辞是那么尖锐而刻薄。

激愤

【激愤】 jīfèn ［形］激动愤怒。**例：** 他实在按捺不住～的情绪,竟动手打了对方。

激励　激烈

【激励】 jīlì ［动］激发鼓励。**例：** 英雄的精神～着我们前进。
【激烈】 jīliè ［形］剧烈。**例：** 他俩争论得很～。

激流　急流

【激流】 jīliú ［名］水势猛、速度快的水流。**例：** 几度风雨几度春秋,风霜雪雨博～。历尽苦难痴心不改,少年壮志不言愁。
【急流】 jíliú ［名］湍急的水流。**例：** 皮筏顺着～向下游漂去。

缉查　稽查

【缉查】 jīchá ［动］搜索检查。**例：** 他命令二排排长郭根全带上崔玉龙对那三个山洞进行～。
【稽查】 jīchá ①［动］检查走私、偷税、违禁等非法活动。**例：** 因为他熟悉这一带的人和事,所以上级任命他为～队长。②［名］检查进行走私、偷税、违禁等非法活动的人。**例：** 他一进海关就被～盯上了。

及其　极其

【及其】 jíqí ［连］以及他(她、它)的;和他们(她们、它们)的。**例：** 阅读本文要求能理解文章中几个成语的意思～在文章中的深刻含义。

【极其】jíqí [副]非常;十分。例:在~艰苦的岁月里,他始终保持一个共产党人的崇高品质。

及时　吉时　即时

【及时】jíshí ①[形]正赶上时候,适合需要。例:你来得正~,会议马上就要开始了。②[副]不拖延;马上;立刻。例:有问题要~解决。

【吉时】jíshí [名]迷信指吉利的时辰、好时辰。例:古时候人们一般都会选~良辰举行婚礼。

【即时】jíshí [副]当下;立刻。例:现货交易是一经成交卖方立即交货、买主~付款的一种买卖方式。

及至　极致

【及至】jízhì [连]等到某种情况出现。例:~犯了严重的错误方才加以注意,这不是爱护干部的办法。

【极致】jízhì [名]最高的境界;达到的最高程度。例:我国的诗歌创作在唐朝时已经发展到了~,后人再按旧有观念和规范去创作,怎么也赶不上李白、杜甫,只能仰之弥高。

岌岌　汲汲　伋伋

【岌岌】jíjí [形]高山要倾倒的样子。形容局势极其危险。例:中国日新月异的反卫星技术令美国太空主宰权~可危。

【汲汲】jíjí [形]形容心情急切,急于想得到。例:不戚戚于贫贱,不~于富贵。
- 【**汲汲**】 jíjí [形]急速的样子。**例**:他~地往外跑,不知发生了什么事。

级别　　届别

- 【**级别**】 jíbié ①[名]等级的区别。**例**:长期以来,事业单位的职工大多按行政~享受工资待遇。②[名]等级的高低次序。**例**:钢琴考级共分为十级,通过者可以获得相应~的考级证书。
- 【**届别**】 jièbié [名]定期召开的会议或毕业的班级的先后次序。**例**:请把这些毕业生名单按~制成表格。

极权　　集权

- 【**极权**】 jíquán [名]统治者依靠暴力行使的统治权力。**例**:在~统治下人民毫无自由可言。
- 【**集权**】 jíquán [动]把全国的政治、经济、军事等大权集中于中央。**例**:当时的法国已经完成了统一,成为西欧最强大的~国家。

即时　　即使

- 【**即时**】 jíshí [副]当下;立刻。**例**:现货交易是一经成交卖方立即交货,买主~付款的一种买卖方式。
- 【**即使**】 jíshǐ [连]表示假设的让步。**例**:~你上场,也挽回不了败局。

即位　继位

【**即位**】jíwèi　①[动]开始成为帝王、皇后或诸侯。**例**：等到汉昭帝~后,匈奴和汉朝和亲友好了,汉昭帝要求匈奴释放苏武,但匈奴首领推托苏武已经死了,不肯放回。②[动]人或物走到或移到指定的位置上。**例**：开幕仪式马上就要举行了,来宾早已~。

【**继位**】jìwèi　[动]继承王位。**例**：他~以后十分重视对历史经验的总结。

亟须　急需

【**亟须**】jíxū　[副]迫切地;必须。**例**：这些珍奇动物~得到保护。

【**急需**】jíxū　[动]急切需要。**例**：对那些生产利润不高、但人们所~的物品,仍要大力扶持和发展。

急病　疾病

【**急病**】jíbìng　[名]突然发作、来势凶猛的病症。**例**：公元前323年,亚历山大得~猝死,他依靠军事征服建立起来的大帝国迅即四分五裂。

【**疾病**】jíbìng　[名]各种病的总称。**例**：搞好卫生,预防~。

急进　疾进

【**急进**】jíjìn　①[形]急于改革和进取的。**例**：法兰西的立法会议更为～,于1792年废止旧时的大学,收回大学的财产归为国有。②[动]快速前进。**例**:增援部队的大队人马正向阵地～。

【疾进】 jíjìn　[动]快速前进。**例**:正当敌军向上游迂回～时,红军却背道而驰,从元谋迅速向金沙江下游转进。

急剧　　急遽

【急剧】 jíjù　[形]迅速而剧烈。**例**:寒流袭来,气温～下降。

【急遽】 jíjù　[形]非常快。**例**:小明料到班主任老师这时候叫他一定有～要办的事。

急诊　　急症

【急诊】 jízhěn　①[动]病情严重需要及时诊治。**例**:这种病来势急,会危及生命,必须～。②[名]指医院的急诊科。**例**:综合性大医院的～一般都设在明显易见之处。

【急症】 jízhèng　[名]突然发作、来势很猛的病症。**例**:医生,他得了～。

集合　　结合

【集合】 jíhé　①[动]许多分散的人或物聚在一起。**例**:战士们已经～好,准备出发。②[动]使集合。**例**:研究人员～各种资料加以分析。

【结合】 jiéhé　①[动]人或事物之间发生密切联系。**例**:我们共产党人到了一个地方,就要同那里的人民～起来,在人民间生根、开花。②[动]结为夫妻。例：大家共同举杯祝福这一对新人的～。

藉藉　籍籍

【**藉藉**】jíjí　[形]众多而杂乱的样子。例：路骨～无主名，葬者死生俱未明。

【**籍籍**】jíjí　①[形]众口喧哗纷乱的样子。例：多方调解中的众口～犹如持续滴在冰面上的热水，只要持之以恒，也会金石为开。②[形]声名盛大的样子。例：吴梅先生研究范围深广，著作等身，被称为近代词曲大师，声名～。③[形]纵横交错的样子。例：这里阡陌交通，河道～。

挤对　挤兑

【**挤对**】jǐduì　①[动]逼迫而使屈从。例：他不愿意跟你干，你就别～他了。②[动]排挤欺负。例：他们利用自己掌握油源的优势，想方设法地～民营加油站。

【**挤兑**】jǐduì　[动]许多人同时持票据到银行要求兑现。例：1873年，美国银行业因信用危机导致疯狂的～。

挤挤　济济

【**挤挤**】jǐjǐ　[形]众多的样子。例：城区内有～的建筑群。
【**济济**】jǐjǐ　[形]人多的样子。例：这家跨国公司里人才～。

给予　寄予

【**给予**】jǐyǔ　[动]使别人得到；给。例：母亲～我生命和关爱。

【寄予】jìyǔ ①[动]给予同情、关怀等。例：在许多时候，大家对于这个从小失去父母的孩子～满腔的同情。②[动]把理想、情感、希望等放在某人或某事物上。例：党和人民对我们青年一代～殷切的期望。

计分　记分

【计分】jìfēn [动]在测验中根据完成内容的多少或所用时间的长短或答案准确性和优越性来表示成绩。例：由于该队退出比赛，比赛组委会作出决定，凡按赛程表与该队相遇的队均按轮空处理，不再～。

【记分】jìfēn [动]记录工作、比赛、游戏或考试中得到的分数。例：比赛马上就要开始，裁判员、～员早已各就各位。

计量　剂量

【计量】jìliàng ①[动]把一个暂时未知的量与一个已知的量作比较，以计算大小、长短、轻重等。例：在订立合同时必须明确规定标的数量、～单位和计算方法。②[动]计算。例：收购任务的确定要考虑需要和可能，正确～农民的负担能力，寻求比较合理的购留比例。

【剂量】jìliàng [名]药品、化学品等使用的分量。例：农药是植物的保护剂，化肥是植物的营养物质，但使用时应该控制～，否则会危害人类和生物的安全。

计时　纪实

【计时】jìshí [动]计算时间。例：在实行～工资的情况下，劳动定额是衡量工人贡献大小的尺度。

【纪实】jìshí ①[动]记录实况。例:这一部风光加民俗的~作品,很具艺术魅力。②[名]实况的记录。例:这首叙事诗的主要特点是诗人自己坚持战斗、辛勤工作的~。

计数　　记数

【计数】jìshù [动]统计数字。例:在整整五十年的丹青生涯里,乔先生画过的珍禽异鸟不可~。

【记数】jìshù [动]记住数字。例:麻烦你把电话号码再告诉我一遍,我这个人不~。

记工　　记功

【记工】jìgōng [动]记录工作时间或工作量。例:她插队落户时在公社当小学教师,按课时~。

【记功】jìgōng [动]记录功绩,以示奖励。例:所谓精神鼓励就是对先进人员给予荣誉方面的表彰,它包括表扬、~、记大功、通令嘉奖等形式。

记恨　　忌恨

【记恨】jìhèn [动]把仇恨记在心里。例:吃五谷杂粮的人,哪个没有点毛病,我们总不能~人家一辈子。

【忌恨】jìhèn [动]因忌妒别人的才能而心生怨恨。例:他们也~那些有钱有地位的人。

记录　　纪录

【记录】jìlù　①[动]把听到的话或发生的事写下来。例：同学们把先进事迹报告团讲话的重点～下来。②[名]当场记录下来的材料。例：请你把审讯～整理一下。③[名]做记录的人。例：今天的会议老李当～。④同"纪录"。

【纪录】jìlù　[名]在一定时期、一定范围内记载下来的最高成绩。例：这次运动会有五人打破了全国～。

记事　　纪事

【记事】jìshì　[动]把事情记录下来。例：在文字产生之前，人类使用的～图画是孕育文字的母体，是文字起源的源头。

【纪事】jìshì　①[名]文体名。以记述事实经过为主。例：这篇～的描写笔法非常感动人。②[动]记叙事实。例：先秦散文以～、议论为主，范围相对狭小。

纪年　　纪念

【纪年】jìnián　①[动]记年代。我国过去用干支纪年，从汉武帝到清末又兼用皇帝的年号纪年；公历纪年则用假定的耶稣生年为第一年。例：我国使用干支纪日起源甚早，而正式使用干支～一般认为始于东汉光武帝建武三十年即公元54年。②[名]一种按照年月先后排列史实的史书体裁。例：近年来我们对清史的整理工作取得了一定的成绩，如《清初农民起义资料辑录》《李定国～》等都给清史研究者提供了极大的方便。

【纪念】 jìniàn ①[动]思念不忘;深切怀念。**例**:让我们永远~牺牲了的战友们。②[名]用以表示纪念的事物。**例**:请接受我最崇高的敬意,这是小小的礼物,留作~吧。

纪实　　纪事

【纪实】 jìshí ①[动]记录实况。**例**:这一部风光加民俗的~作品,很具艺术魅力。②[名]实况的记录。**例**:这首叙事诗的主要特点是诗人自己坚持战斗、辛勤工作的~。

【纪事】 jìshì ①[名]文体名。以记述事实经过为主。**例**:这篇~的描写笔法非常感动人。②[动]记叙事实。**例**:先秦散文以~、议论为主,范围相对狭小。

济世　　济事

【济世】 jìshì [动]济助世人。**例**:只有忧国忧民、对国家和人民怀有热情的人才能成为~之才。

【济事】 jìshì [动]顶事;成事。多与"不"连用,表示否定。**例**:受灾的人们太多了,这些粮食和物资不~。

既而　　继而

【既而】 jì'ér [连]不久;一会儿。表示上件事情或动作发生后不久。**例**:他看见人猿坐在栏边,~起立,拾起一根竹竿又坐下,并开始玩弄竹竿。

【继而】jì'ér ［连］表示紧随着某事之后。例：听了他的陈述,导演先是满意地点点头,～又微微地摇了摇头。

继父　　寄父

【继父】jìfù ［名］生母再婚后的丈夫。例：他五岁时丧父,不久母亲改嫁,～是个德国人。

【寄父】jìfù ［名］非亲生父亲而拜认为父亲的人。例：他是个孝顺的孩子,对～的关心照顾简直是无微不至。

继母　　寄母

【继母】jìmǔ ［名］生父再婚后的妻子。例：班长了解到这个战士从小失去母亲,经常挨～的打。

【寄母】jìmǔ ［名］非亲生母亲而拜认为母亲的人。例：母亲去世后,她就认邻居张大娘为～。

寄予　　寄语　　寄寓

【寄予】jìyǔ ①［动］给予同情、关怀等。例：在许多时候,大家对于这个从小失去父母的孩子～满腔的同情。②［动］把理想、情感、希望等放在某人或某事物上。例：党和人民对我们青年一代～殷切的期望。

【寄语】jìyǔ ①［动］传话;转告。例：在瑞雪迎春的日子里,我去拜访了老校长,请他谈谈新春的感怀,～青年学子。②［名］转告的话;寄托希望的话语。例：学校的宣传栏里张贴着校长的新年～。

【寄寓】jìyù ①［动］住在他乡或别人家里。例：将要到他～

的农舍的时候,他突然停下了脚步。②[动]把理想、情感、希望等放在某人或某事物上。**例**:这歌声是欢乐的期待,~着人们对丰收、对爱情和对幸福生活的憧憬。

寂寞　　寂默

【**寂寞**】jìmò　①[形]寂静;清静。**例**:夜已经很深了,她独自一人在~冷清的道路上徘徊着。②[形]孤单;冷清。**例**:白天孩子们都去上学了,他一个人待在家里,感到万分~。

【**寂默**】jìmò　[形]静默不语;不出声音。**例**:夜已经很深了,大地~无声。

加紧　　加劲

【**加紧**】jiājǐn　[动]加快进度或加大强度。**例**:意外的发现激励了我们,促使我们~进行考察、分析和思考。

【**加劲**】jiājìn　[动]增加力量,把力气尽量使出来。**例**:他们~灾后重建,争取早日恢复生产。

加以　　加意

【**加以**】jiāyǐ　[连]用在动词前面,表示如何对待或处理前面所提到的事物。**例**:这个历史经验是应该引起我们深思并认真~总结的。

【**加意**】jiāyì　[副]表示特别留意、非常留心。**例**:这于这种病人手术后只要~调养,很快就能恢复的。

佳境　　家境

【**佳境**】jiājìng　①[名]美好的境界。例：这首诗你务必多读几遍,才能体会出其中的~。②[名]风景优美的地方。例：江西九江有很多名胜古迹和闻名景点,其中的甘棠湖更是~。

【**家境**】jiājìng　[名]家庭的经济条件。例：他~较差,生活上也不讲究。

佳期　　假期

【**佳期**】jiāqī　①[名]婚期。例：古人举办婚丧喜事颇讲究选择~和吉日,以图个大吉大利。②[名]情人约会的日期、时间。例：每至~她总是把自己打扮得漂漂亮亮的。

【**假期**】jiàqī　[名]休假或放假的日期、时间。例：在德国,有的公司甘心情愿每年出资几百万马克,让管理人员利用个人~去接受心理训练。

佳人　　家人

【**佳人**】jiārén　[名]貌美的女子。例：宝剑赠烈士,红粉送~。

【**家人**】jiārén　[名]家中的人；一家人。例：在这除夕之夜谁不盼望和~团聚呢?

家世　　家事

【**家世**】jiāshì　[名]世代相传的门第或家族的世系。例：她对方鸿渐的～略有所知,见他人不讨厌,似乎钱也充足,颇有意利用这航行期间,给他一个亲近的机会。

【家事】 jiāshì ①[名]家庭内部的事务。**例**:乐华除每日帮母亲料理～外,只是埋头读书。②[名]家庭的经济条件。**例**:她是个势利小人,见他的～败了,便断绝了与他的来往。

假使　　假释

【假使】 jiǎshǐ [连]如果。表示假设。**例**:～你遇见这种事情,你会怎么办?

【假释】 jiǎshì [动]对服徒刑未满、确有悔改表现、不致再危害社会的罪犯暂予释放的措施。假释期间如不再犯罪,就认为原判刑罚已经执行完毕,否则便将前后所判处的刑罚合并执行。**例**:～只适用于被判处有期徒刑或者无期徒刑的犯罪分子。

假想　　假象

【假想】 jiǎxiǎng [动]想象;假定。**例**:编剧根据剧本的情节,～了几个结尾。

【假象】 jiǎxiàng [名]虚假的表面现象。**例**:～掩盖了许多问题,想找到事情的真相不是一件容易的事。

驾临　　驾凌

【驾临】 jiàlín [动]敬称对方的到来。**例**:这里的一切早已齐备多时,就等您的～了。

【驾凌】 jiàlíng [动]超越别的事物;高出别人。**例**:一个领导者决不能把个人~于组织之上。

尖厉　　尖利

【尖厉】jiānlì　[形]声音高而刺耳。例：远处传来一阵~的汽笛声。

【尖利】jiānlì　[形]尖锐。例：他的眼神里有一种勇悍~的光彩。

坚苦　　艰苦

【坚苦】jiānkǔ　[形]坚忍刻苦。例：他学习认真、~。

【艰苦】jiānkǔ　[形]艰难困苦。例：他是在~的环境中长大的,所以意志很坚强。

坚忍　　坚韧

【坚忍】jiānrěn　[形]坚毅;不动摇。例：我真佩服你那~不拔的雄心。

【坚韧】jiānrèn　[形]坚固而有韧性。例：长期困苦生活的磨炼,造就了他~的毅力。

监事　　监视

【监事】jiānshì　[名]指企业中担任监察工作的领导成员。例：他在一家纺织企业担任~。

【监视】jiānshì　[动]指在一旁注视别人的行动而又不被发觉。例：公安人员一直~着犯罪嫌疑人的一举一动。

监听　兼听

【监听】jiāntīng ［动］利用特种设备监视察听别人的谈话或发出的通信信号等。例：在翻译科同志们的协助下,他们日夜～,从纷纭的讯号里进行辨别。

【兼听】jiāntīng ［动］广泛听取意见。例：～则明,偏信则暗。

俭朴　简朴

【俭朴】jiǎnpǔ ［形］节省朴素。例：这位离休干部一直过着～的生活。

【简朴】jiǎnpǔ ［形］简单朴素。例：这间会议室布置得～大方。

俭省　简省

【俭省】jiǎnshěng ［形］爱惜财物;不浪费财物。例：他平时花钱～,用省下的钱帮助两名贫困学生读大学。

【简省】jiǎnshěng ［动］把多余的去掉;节省。例：如果我们参加团购的话,可～不少费用。

俭约　简约

【俭约】jiǎnyuē ［形］俭省节约。例：曹书记是个朴素～的人。

【简约】jiǎnyuē ①［形］简单。例：请你～地说明一下游戏规则。②[形]节约;节俭。例:两位老人平时生活很~。

检查　　检察

【检查】jiǎnchá ①[动]认真查看。例:他们又~了安全通道和灭火装置。②[动]检讨错误。例:他犯了错误,现在正在~。

【检察】jiǎnchá ①[动]检举稽查;考察。例:国家税务机关有权对纳税人税收违法行为进行~。②[动]国家法律监督机关依法审查被检举的犯罪事实。例:国家的~权由各级人民检察院行使。

减除　　剪除

【减除】jiǎnchú [动]减少;除去。例:运动后洗一次热水澡能够~疲劳。

【剪除】jiǎnchú ①[动]剪去;除去。例:植物移栽时应修剪根部,~腐烂的、受损伤的根及过长的根须。②[动]铲除;消灭。例:太平天国建都南京时,曾大力~娼妓、赌博、酗酒等社会恶习,社会风气为之改变。

减幅　　减负

【减幅】jiǎnfú [名]减少的幅度。例:这家汽车公司第二季度营业利润同比~逾三成。

【减负】jiǎnfù [动]减轻负担。多指减轻中小学生过重的课业负担。例:新学期将至,来自教育部的小学生~"十条新规"成为近期社会热议话题。

剪报　简报

【剪报】jiǎnbào　[名]从报纸上剪下来的文章和文摘。例：班级里举办了～展览会。

【简报】jiǎnbào　[名]内容简略的报道。例：我看应该写个～,把他们的先进事迹在全校宣传一下。

剪短　剪断　间断

【剪短】jiǎnduǎn　[动]用剪刀把长的东西截成短的。例：她怀着难以割舍的心情,将一头长发～了。

【剪断】jiǎnduàn　[动]用剪刀把东西断开。例：他为了泄私愤,竟然将邻居的电线全部～。

【间断】jiànduàn　[动]连续的事情中间隔开。指事情的开展失去连贯性。例：这个实验不能～,否则会影响最终结果。

简编　简便

【简编】jiǎnbiān　[名]内容比较简略的著作。也指某一著作的简本。例：本书依据清戈载著《词林正韵》一书删去僻字,故称"～"。

【简便】jiǎnbiàn　[形]简单方便。例：～计算是一种特殊的计算方法,它运用运算定律与数字的基本性质,从而使一个很复杂的式子变得很容易计算出得数。

简洁　　简捷

【简洁】jiǎnjié　[形]说话、写文章等简明、扼要。例：他的发言虽然～,但却引起了听众的强烈共鸣。

【简捷】jiǎnjié　[形]简便;简单直截。例：谁能想出一个最～的方法,在最短的时间里完成这一任务。

见证　　鉴证

【见证】jiànzhèng　①[动]当场看见可以作证。例：他们历经沧桑,是历史的创造者和～者。②[名]可以作证明的人或可以作证据的物品。例：这显然是军队热爱人民、为人民服务的一个极好的～。

【鉴证】jiànzhèng　[动]对合同的合法性、可行性、真实性予以审查、核实。例：今年上半年通过合同管理机关～的合同份数已达一百六十一万份。

间隙　　间歇

【间隙】jiànxì　[名]两个类似事物之间的空间或时间的距离。例：训练～,记者采访了这位外籍教练,请他谈谈来中国执教的感想。

【间歇】jiànxiē　[动]动作、变化等隔一段时间就停息一下。例：患这种病的人会发出～性尖叫。

饯行　　践行

【饯行】jiànxíng　[动]设酒送行。例：得知他将出国留学,几个朋友相约给他~。

【践行】jiànxíng [动]实践;实行。例:~社会主义核心价值观首先要深刻领会社会主义核心价值体系的内涵及精神实质。

建制　　建置

【建制】jiànzhì [名]政府机关、军队的组织编制和行政区划等制度的总称。例:周大勇知道敌人的~已经被打乱,已经失去了战斗力。

【建置】jiànzhì ①[动]建立;设置。例:古代所谓的国等于部落的意思,所谓封建藩卫也不过是~大小不等的各种殖民部落而已。②[动]建造;兴建。例:他在任时,~了好几所希望小学。

健步　　箭步

【健步】jiànbù [名]轻快有力的脚步。例:刘校长~走上讲台。

【箭步】jiànbù [名]飞快地向前一跃的脚步。例:李祖庆几个~飞到前头,截住了盗贼的去路。

健忘　　健旺

【健忘】jiànwàng [动]记性不好,容易忘事。例:我像得了~症,这件事一点都记不得了。

【健旺】jiànwàng [形]身体健康,精力旺盛。例:这位八十多岁的老人看上去还是那样~。

交代　　交待

【交代】 jiāodài　①[动]向有关的人说明任务和情况。例：连长~了这次行动的方案。②[动]嘱咐。例：老师一再~大家要认真完成寒假作业。③[动]办理移交手续。例：我已把文件~给小周了。

【交待】 jiāodài　①同"交代①"。②[动]完结(多指结局不如意的)。例：你们施工时一定要注意安全，要是出了事故，工程负责人的前途就~了。

交点　　焦点

【交点】 jiāodiǎn　[名]线与线、线与面相交的点。例：三角形的三条角平分线只有一个~。

【焦点】 jiāodiǎn　[名]比喻争论的集中点或问题的关键所在。例：咱俩提出的观点成为全班同学争论的~。

交关　　交管

【交关】 jiāoguān　①[动]相涉；关联。例：你的电脑打不开这个文件，是因为缺少与之~的程序。②[副]方言。非常；很。例：他家里阿叔阿伯兄弟六个，都~要好。③方言。[形]许多。例：她的作文思路缜密，描写细腻，比其他同学高出~。

【交管】 jiāoguǎn　[动]交通管制。例：全国公安~部门圆满完成春运交通管理工作。

交合　　胶合

【**交合**】jiāohé　①[动]相连;连接。**例**:两岸石峰~,水流峡间,景色非常优美。②[动]交配;性交。**例**:两性~生子,其基因自然遗传给后代。

【**胶合**】jiāohé　[动]用胶把东西粘合起来。**例**:道路上的石子、沙土被雨水~在一起。

交汇　　交会

【**交汇**】jiāohuì　[动]水流、气流等汇合在一起。**例**:日本北海道附近的海域是寒暖流~的地方,鱼类繁多,为世界著名的大渔场之一。

【**交会**】jiāohuì　[动]会合;相交。**例**:昆明在云南省东部的滇池北岸,是云南省最重要的城市,为成昆、贵昆、昆河铁路的~点。

交接　　交结　　胶结

【**交接**】jiāojiē　①[动]连接;相接。**例**:春夏~时节,气温变化无常。②[动]移交;接替。**例**:他俩正在办理~手续。③同"交结①"。

【**交结**】jiāojié　①[动]结交;交往。**例**:他喜欢旅游,也因此~了不少朋友。②[动]相互连接。**例**:这两棵树靠得太近,根部已经~。

【胶结】jiāojié [动]胶性材料干燥后硬结成块。例：这罐糨糊已经~,不能使用了。

交游　　郊游

【交游】jiāoyóu [动]结交朋友。例：他性格开朗,~很广。
【郊游】jiāoyóu [动]到郊区或人少的地方游玩。例：星期天老师带领学生~。

浇注　　浇铸　　浇筑

【浇注】jiāozhù [动]把熔化了的金属、混凝土等注入模具。例：建筑工人正在~高架桥桥墩。
【浇铸】jiāozhù [动]把熔化了的金属或合金等倒入模型铸成物件。例：铸钢车间在~一个大铸件时,因铁水跑火把皮带运输机烧着了。
【浇筑】jiāozhù [动]土木建筑工程中指把混凝土等材料灌注到模子里制成预定形体。例：建筑工人正在~防洪大坝。

娇美　　娇媚　　姣美

【娇美】jiāoměi [形]艳丽。例：植物园里的牡丹花开得非常~。
【娇媚】jiāomèi [形]姿态、声音等柔美动人。例：卢浦大桥像一道彩虹,使浦江两岸显得格外~。
【姣美】jiāoměi [形]容貌、身材等美丽。例：参加舞蹈《千手观音》演出的少女个个容貌~。

娇气　骄气

【娇气】jiāoqì ①[名]脆弱、不能吃苦、惯于享受的习气。例：我们这些人年轻时都受惯了苦,没~。②[形]意志脆弱,不能吃苦。例：你的身子也太~了,淋这么几滴雨就感冒了。

【骄气】jiāoqì [名]骄傲自满的作风。例：~十足的人是不会进步的。

娇艳　娇冶

【娇艳】jiāoyàn [形]美好艳丽。例：她身上穿的丝质衬衣,色彩非常~。

【娇冶】jiāoyě [形]艳丽妖媚。例：他没有被~的诱惑击中。

娇纵　骄纵

【娇纵】jiāozòng [动]娇惯放纵。例：父母对子女过于~是导致青少年走向违法犯罪的一个重要原因。

【骄纵】jiāozòng [形]骄傲放纵。例：知识使人谦虚,无知使人~。

姣好　较好

【姣好】jiāohǎo [形]容貌、身材等美丽。例：人如果没有思想,即使容貌~,也是无用的。

【较好】jiàohǎo [形]优点比较多的;使人比较满意的。

例：他心理素质~，只是工作中比较粗心。

佼佼　皎皎

【佼佼】 jiǎojiǎo　［形］美好出众；胜过一般水平的。例：在众多跑车品牌中，这个品牌是其中的~者。

【皎皎】 jiǎojiǎo　［形］洁白、明亮的样子。例：在~月光下，一袭绿衣的碧瑶，身影显得俏丽灵动。

矫正　校正

【矫正】 jiǎozhèng　［动］纠正；改正。例：老师耐心地~同学们发音的错误。

【校正】 jiàozhèng　［动］校对并改正。例：由于一个系统在运动中总要受外界环境的干扰而偏离预定目标，因此必须通过信息反馈加以~。

搅浑　搅混

【搅浑】 jiǎohún　［动］搅动使浑浊，比喻故意制造混乱。例：他为了逃避责任，施计把场面~，把无关人员都扯了进来。

【搅混】 jiǎohùn　［动］方言。掺杂在一起。例：别把不同的种子~。

叫嚣　叫啸

【叫嚣】 jiàoxiāo　［动］大声地叫喊、吵闹。例：敌人疯狂~要攻占高地。

【叫啸】jiàoxiào　［动］发出高而长的声音。例：间或来了一辆运货的汽车,孩子们便~着,在车后边追着跑。

校改　　教改

【校改】jiàogǎi　［动］校对并加以改正。例：他的论文就要发表了,那是经他亲手~过的。

【教改】jiàogǎi　［动］教育改革。例：学校~工作进行得很顺利。

教龄　　教令

【教龄】jiàolíng　［名］在与教学有关的工作岗位上的年数。例：我国从1986年7月1日起,开始实行~津贴制度。

【教令】jiàolìng　［名］军队中以命令形式发布的带试验性的原则规定。例：步兵武器实弹射击~已经颁布。

接防　　接访

【接防】jiēfáng　［动］新调到的部队接替原驻地部队担任防守任务。例：队部已经接到调访的命令,这里将由另一个中队~。

【接访】jiēfǎng　［动］信访部门或上级机关接待群众上访。例：这家单位的主要领导每个月都会安排一天时间~。

接合　　结合

【接合】jiēhé　［动］连接起来使合到一起。例：铁路工人将两条铁轨~并钉上了道钉。

【结合】jiéhé ①[动]人或事物之间发生密切联系。例：我们共产党人到了一个地方，就要同那里的人民~起来，在人民中间生根、开花。②[动]结为夫妻。例：大家共同举杯祝福这一对新人的~。

接近　　接境

【接近】jiējìn [动]靠近；相距不远。例：当领导的在工作中要多~群众。

【接境】jiējìng [动]地界相连；交界。例：祁连山在甘肃、青海两省~地区，大致呈西北—东南走向。

接收　　接受

【接收】jiēshōu ①[动]收受。例：我国观众从电视屏幕上看到的卫星传送的画面，都是经电视台转播的，并非是电视机直接~的卫星信号。②[动]根据法令或用强权把机构、财产等拿过来。例：抗战胜利后，面对全国各收复区不下4万亿元的日伪产业，国民党政府派出大批军政官员前往~。③[动]接纳。例：这家会所正在~新会员。

【接受】jiēshòu ①[动]对事物容纳而不拒绝。例：他~了领导布置的任务。②[动]收下。例：他拒绝~这笔钱，令我们感到很奇怪。

节俭　　节减

【节俭】jiéjiǎn [形]用钱等有节制。例：他生活比较~。

【节减】jiéjiǎn ［动］减少用度或费用。例：自从财务公开后,各部门的日常开支～了许多。

节余　　结余

【节余】jiéyú ①［动］因节省而余下。例：实行～有奖的管理办法后,制度严格了,大家互相监督,尽量减少不必要、不合理的开支。②［名］因节省而剩下的钱或东西。例：工程造价由承包单位一次包死,亏损自负,～归己。

【结余】jiéyú ①［动］结算后余下。例：大家替他算了算账,去年～的钱基本上都已经花完了。②［名］结算后余下的钱。例：他收入不多,但是每月都有～。

节支　　节制

【节支】jiézhī ［动］节约开支。例：小微企业领发票免收工本费后,每年～300多万元。

【节制】jiézhì ［动］限制;控制。例：饮食要有～,不然容易得病。

截留　　截流

【截留】jiéliú ［动］留下应解往他处的款项、物资或人员等。例：任何单位或个人都应及时、足额缴纳税款,不得滞纳或～。

【截流】jiéliú ［动］堵截水流,使改变流向。例：紧靠长江的老茅坪镇在长江～后将被淹没。

截止　　截至

【截止】jiézhǐ　［动］到一定期限停止。例：参加英语等级考试的报名已经～。

【截至】jiézhì　［动］截止到某个时候。例：报名日期～本月底。

戒尺　　界尺

【戒尺】jièchǐ　［名］过去施行体罚时所用的木板。例：这是一把旧时老师惩罚学生用的～。

【界尺】jièchǐ　［名］画直线用的、没有刻度的木条。例：他手中拿着一把～,不知在画什么东西。

届别　　界别

【届别】jièbié　［名］按定期的会议或毕业的级次等划分的类别。例：请把这些毕业生名单按～制成表格。

【界别】jièbié　［名］按职业或行业等划分的类别。例：市政协要畅通～联系委员的途径,积极调动好委员的履职积极性。

界限　　界线

【界限】jièxiàn　①［名］尽头的地方;限度。例：我们县的最北～就在这里。②同"界线②"。

【界线】jièxiàn　①［名］划分边界的线。例：地图上国与国的～很明确。②［名］不同事物的分界。例：要划清是非～。③［名］某些事物的边缘。例：我们之间的关系没有超出同学~。

借代　　借贷

【**借代**】jièdài　[名]一种修辞方法。甲乙两种事物性质不同但仍有某种关系,利用这种关系,以乙事物名称来代替甲事物的修辞方法,叫作借代。**例**:朱自清《论雅俗共赏》中"不过黄山谷虽然不好懂"中的"黄山谷"用的是~,代指黄庭坚的诗。

【**借贷**】jièdài　①[动]向人借用钱物。**例**:他没有这笔钱买房,因此只得向银行~。②[动]将钱物借给他人。**例**:这家信用社办理一年以内短期资金~业务。

斤斤　　津津

【**斤斤**】jīnjīn　[动]指过分计较琐细或无关紧要的事情。**例**:不要~于表面形式。

【**津津**】jīnjīn　①[形]汗、水等流出的样子。**例**:她伸出两只粉嫩雪白的手捧住男孩那的黑油~的胖脸。②[形]兴味浓厚的样子。**例**:这一次逛花坞的情趣,我在十余年后的现在,还在~地回味。

金榜　　金镑

【**金榜**】jīnbǎng　[名]科举时代殿试揭晓的榜。**例**:他的曾祖父因考中进士而~题名。

【**金镑**】jīnbàng　[名]为英国、爱尔兰等国本位货币"镑"的别称。例:玛德的生活费为每月500~。

筋道　　劲道

【筋道】jīn·dao ①[名]食物有韧性。例:这种面条很~,我特别爱吃。②[名]老年人身体结实。例:他爷爷的身子骨很~。

【劲道】jìndào ①[名]力量;力气。例:他像是一头铁牛,浑身有使不完的~。②[名]积极的情绪或精神。例:他又不自觉地恢复了往日在紧急情况下指挥人们战斗的那种~和魄力。

尽日　　近日

【尽日】jìnrì [名]终日;整天。例:他是个出了名的小混混,~无所事事。

【近日】jìnrì [名]过去不久到现在的一段时间。例:关于日环食问题记者~采访了有关科学家、天文工作者。

尽心　　经心　　精心

【尽心】jìnxīn [动]为别人用尽心思。例:他替你办事,比给他亲爸爸办事都更~。

【经心】jīngxīn [动]留意;留心。例:他跑步时,一不~,摔坏了腿脚。

【精心】jīngxīn [形]特别用心;细心。例:这次聚会的内容是他~安排的。

尽心　　尽兴

【**尽心**】jìnxīn　[动]为别人用尽心思。**例**：他替你办事,比给他亲爸爸办事都更～。

【**尽兴**】jìnxìng　[形]尽量使兴趣得到满足。**例**：在中山公园玩了半天,我们还觉得没有～。

尽责　　尽职

【**尽责**】jìnzé　[动]尽力负起责任。**例**：维护教室环境卫生需要班干部很好地～。

【**尽职**】jìnzhí　[动]尽心尽力做好本职工作。**例**：他工作～,深受领导器重。

进程　　近程

【**进程**】jìnchéng　[名]事物发展变化的过程。**例**：这个实验～太慢。

【**近程**】jìnchéng　[形]路程短;距离近。**例**：英国海军将从美国购买MK15"密集阵"～武器系统。

进见　　进谏

【**进见**】jìnjiàn　[动]前去会见长者或地位高的人。**例**：扁鹊～蔡桓公,站了一会儿,说:"君王,您有小病在皮肤的纹理,不医治的话,恐怕将会变严重。"

【**进谏**】jìnjiàn　[动]以忠言劝说长者或地位高的人。**例**：屈原为了楚国的存亡冒死向楚王~。

进来　　近来

【**进来**】jìnlái　①[动]从外面到里面来。**例**:他刚从门外~。②[动]用在动词后,表示到里面来。**例**:这个人我们本来不想要的,是他硬塞~的。

【**近来**】jìnlái　[名]过去不久到现在的一段时间。**例**:受国际市场行情影响,~东京贵重金属市场上黄金价格上涨,出现抢购黄金的势头。

进取　　进去

【**进取**】jìnqǔ　[动]努力向前取得成果;立志有所作为。**例**:小张工作马虎,不思~,受到了领导的批评。

【**进去**】jìnqù　①[动]从外面到里面去。**例**:你先~,我在外面等一等他们。②[动]用在动词后,表示到里面去。**例**:这条胡同太窄了,卡车开不~。

进入　　浸入

【**进入**】jìnrù　[动]到了某个范围或某个时期里。**例**:写到这里,我觉得自己渐渐地~了角色。

【**浸入**】jìnrù　[动]泡在液体里。**例**:这几件衣服已经被他~洗衣液中。

近视　　近似

【**近视**】jìnshì　[形]眼光短浅。**例**:有些人很~,只看到与个人利益直接相关的东西。

【近似】jìnsì [动]类似;相像。例:这两种方言的发音有些~。

禁止　　禁制

【禁止】jìnzhǐ [动]以禁令制止。例:国家~有损国家利益或社会公共利益等破坏社会主义经济秩序的不法行为。

【禁制】jìnzhì [动]控制约束。例:他上了人家这么大的当,怎么能够~得住他不冒火呢?

经义　　经意

【经义】jīngyì [名]经籍的义理。例:朱元璋不但知道一些儒家的~,能写通俗的口语文字,并且还能作诗。

【经意】jīngyì [动]经心;注意。例:这些弱小的菊科的花开出来使人全不~,却颤颤地、冷冷地铺满了庭阶。

惊慌　　惊惶

【惊慌】jīnghuāng [形]害怕,慌张。例:战士们的身影一出现,敌人就~地逃跑了。

【惊惶】jīnghuáng [形]惶恐不安。例:她用~的目光看着我。

惊觉　　惊厥

【惊觉】jīngjué [动]因受到惊动而有所察觉。例:他让我为先生写一篇纪念文章,我猛然~:先生逝世竟已五十年了!

【惊厥】jīngjué ①[动]因害怕而昏厥。例:这突如其来的叫喊声把她吓得~过去。②[名]医学上指四肢和面部肌肉阵发性抽搐、眼球上翻、神志不清的症状。例:这种病的临床表现以突然发病、高热、昏迷、~等为特征。

惊疑　　惊异

【惊疑】jīngyí [形]惊讶,疑惑。例:大家用~的目光打量着他。

【惊异】jīngyì [形]惊奇,诧异。例:小明连续两次取得如此好的成绩,真令爸爸妈妈~万分。

精纯　　精醇

【精纯】jīngchún [形]工艺、技艺等精湛、纯熟。例:这种~的手工艺制品极富中国文化特色和内涵,凝结了古老中华民族的勤劳和智慧。

【精醇】jīngchún [形]气味、味道等精良、纯粹。例:这款玫瑰香水的香味很~。

精减　　精简

【精减】jīngjiǎn [动]去除或减少不必要的。例:如果被~的人员健康状况和工作水平都比较好的,可以在本系统的下属单位安排适当工作。

【精简】jīngjiǎn [动]去除冗杂多余的而保留其必要的。例:1950年,党的七届三中全会上已经提出~国家机构、减少军政费用的问题。

精练　　精炼

【精练】jīngliàn　［形］语言简要,没有多余的词句。**例**:这篇文章文字～,具有极强的说服力。

【精炼】jīngliàn　①［动］除去杂质,提炼精华。**例**:这些原油将被运往炼油厂～。② 同"精练"。

精制　　精致

【精制】jīngzhì　［动］精工制作。**例**:他们把这种塑料～成跟矿物的晶体很相似的结晶。

【精致】jīngzhì　［形］制作得精巧细致。**例**:那女士发型已经做好,她很惬意地看着镜子里的自己,然后从一个很～的手提包里拿出200元钱。

精装　　精壮

【精装】jīngzhuāng　①［形］(商品)包装精致的。**例**:这盒～月饼价格不菲。②［形］(书籍)装订精美的(区别于平装)。**例**:这几套～书的整体设计很漂亮。

【精壮】jīngzhuàng　［形］强壮。**例**:特警战士个个威武～。

景况　　境况

【景况】jǐngkuàng　［名］光景;情况。**例**:LED厂营收逐渐回温,外资预期下半年产业～将望好转。

【境况】jìngkuàng　［名］处境;状况。多指经济方面的。例：自从孩子参加工作后,他家的~逐年好转。

景仰　　敬仰

【景仰】jǐngyǎng　［动］敬佩仰慕。例：他的奉献精神和高尚品格赢得了全国人民的深深热爱和高度~。

【敬仰】jìngyǎng　［动］尊敬仰慕。例：毛泽东是世界人民~的领袖。

静默　　静穆

【静默】jìngmò　①［形］安静;没有声音。例：主持人宣布完比赛规则后,原先~的会场顿时炸开了锅。②［动］肃立不做声。例：参加追悼会的人们~三分钟,向逝者表示哀悼。

【静穆】jìngmù　［形］安静庄严。例：这里背山面水,~的自然和充满活力的人织成了一幅美妙的图画。

警示　　警世

【警示】jǐngshì　［动］警告;启示。例：这次洪灾给了我们一个很大的~。

【警世】jǐngshì　［动］警戒世人,使醒悟。例：这种迷茫的形象、浑噩的心态出现在青年的身上难道不足以~吗?

警钟　　警种

【警钟】jǐngzhōng　［名］报告发生紧急事故的钟。比喻引起人们警惕的劝告或事件。**例**：事故的发生再一次向我们敲响了要注意交通安全的～。

【警种】jǐngzhǒng ［名］警察所分的基本类别,一般按其任务分为户籍、交通、消防、治安、刑事、司法、铁道、边防、外事、经济、武装等种类。**例**：经济民警是一个新～。

径直　径自

【径直】jìngzhí ①［副］直接;一直朝向。**例**：这一班客机从广州～飞往海口。②［副］表示直接进行某事,不再费周折。**例**：你想买什么就～去买吧,不用跟我们商量。

【径自】jìngzì ［副］表示凭自己的意愿做某事。**例**：他没跟大家打声招呼便～走了。

竞买　竞卖

【竞买】jìngmǎi ［动］竞相报价,争取买到。**例**：参加拍卖的人很多,我们因出价太低,～失败。

【竞卖】jìngmài ［动］竞相报价,争取卖出。**例**：这次房产～很成功。

迥然　炯然

【迥然】jiǒngrán ［形］差得很远的样子。**例**：明清两代的官服～不同。

【炯然】jiǒngrán ［形］明亮的样子。**例**：他双目～,仿佛喷射着一股寒光,令人骇然惧之。

纠集　　纠结

【纠集】jiūjí ［动］联合;聚集。例:当年他~一部分残匪占据了黑风山。

【纠结】jiūjié ［动］缠绕连接。例:相传陀思妥夫斯基不喜欢对人述说自己,尤其不喜欢述说自己的困苦,但和他一生相~的却正是困难和贫穷。

旧时　　旧式　　旧事

【旧时】jiùshí ［名］过去的时候;从前。例:我国北方气温低、冬天多雪,~房屋多为大坡度屋顶、矮墙壁、小窗户。

【旧式】jiùshì ［形］老的、过时的式样或形式。例:这套居室装潢得很时新,但家具都是~的。

【旧事】jiùshì ［名］已经过去的事;从前的事。例:她似乎过着与世隔绝的生活,没有~来骚扰她的平静,也没有新的憧憬来激起她的兴奋。

拘留　　居留

【拘留】jūliú ［动］公安机关依法对特定的人暂时扣押。例:这起事故的主要责任人已经被~。

【居留】jūliú ［动］停留居住。例:他已经在中国~了五年。

巨变　　剧变

【巨变】jùbiàn ［动］巨大的变化。例:这次摄影展展现了西藏的～与高原风情。

【剧变】 jùbiàn ［动］急剧的变化。例：但凡是一个人,站在这样旋风似的～中,多少总得受点影响。

聚汇　聚会

【聚汇】 jùhuì ［动］聚集;汇集。例：许多小河的水～在一起,就形成了大江、大河。

【聚会】 jùhuì ［动］会合;聚集。例：他们正在筹备分别三十年后的同学～。

聚积　聚集

【聚积】 jùjī ［动］积聚;一点一滴地凑集。例：要取得最后的胜利,～革命力量的工作非常重要。

【聚集】 jùjí ［动］集合在一起。例：大家工作都很忙,难得～在一起。

涓涓　娟娟　狷狷　睊睊

【涓涓】 juānjuān ①［形］细水慢流的样子。例：一股山泉～地流淌在树林间。②［名］指细水。例：没有～,哪来江河? ③［形］清新、明洁的样子。例：山上飘浮着一层～雨雾。

【娟娟】 juānjuān ［形］姿态柔美的样子。例：这位～静女,虽明艳照人却不飞扬妖冶。

【狷狷】 juànjuàn ［形］洁身守志的样子。例：屈原始终是一位诗人,不是一位政治家,他是不知权变的,他是～自守的。

【睊睊】juànjuàn [形]侧目而视的样子。例:边缘人最大的好处就是对什么都不信以为真,始终保留一个质疑的、～而视的姿态。

决斗　　角斗

【决斗】juédòu [动]旧时欧洲流行的一种风俗。双方因发生争端而各不相让,便约定时间地点用武器格斗并由证人证明胜负。例:令他这一辈子觉得最可耻的事便是他丢了老婆而没敢向抢夺他老婆的人～。

【角斗】juédòu [动]搏斗比赛。例:猕猴中有着明显的等级差别,序位最高的猴王通过激烈的～,由体格强壮、富有智力的雄猴担任。

决口　　绝口

【决口】juékǒu [动]河堤被水冲出缺口。例:旧社会,黄河两岸的百姓经常遭受黄河～的灾难。

【绝口】juékǒu [动]因回避而不开口。例:他～不提上次输的那盘棋。

决议　　决意

【决议】juéyì [名]经过会议讨论通过的决定。例:这个～对党的历史经验和党的领袖人物作了实事求是的、客观公正的评价与总结。

【决意】 juéyì ［动］拿定主意。**例**：他感到自己今后很难和这种人相处下去,便～和他决裂了。

军工　军功

【军工】 jūngōng ①［名］军事工业。**例**：在当时的历史条件下,要求建设重工业,提出大盐业计划、大～计划等,都是不切实际的。②［名］军事工程。**例**：～是土木工程及其他许多工程技术在军事上的综合运用。

【军功】 jūngōng ［名］军事上的功绩。**例**：他在朝鲜战场上立下了显赫的～。

军官　军管

【军官】 jūnguān ［名］军队中排以上的干部。也是授予尉官以上军衔军人的统称。**例**：解放军～为我们上军事课。

【军管】 jūnguǎn ［动］军事管制的简称。**例**：试验基地附近地区实行～。

军机　军纪

【军机】 jūnjī ①［名］军事机宜。**例**：情报一定要准时送达,不能贻误～。②［名］军事机密。**例**：这是人命关天的大事,千万不可泄露～。

【军纪】 jūnjì ［名］军队的纪律。**例**：他的部下都是严守～的。

军龄　军令

【军龄】jūnlíng　[名]军人在军队中已服役的年数。例：他爷爷有50年~。

【军令】jūnlìng　[名]军事命令。例：~如山,不得违抗。

军棋　军旗

【军棋】jūnqí　[名]按照军职和军器定名的棋类游戏,有陆海空军棋、陆军棋等,玩法大致相同。例：下课时两位男同学在教室里下~。

【军旗】jūnqí　[名]军队的旗帜。例：中国人民解放军"八一"~高高飘扬。

军师　军事

【军师】jūnshī　①[名]旧时小说戏曲中所说的在军中担任谋划的人。例：姜子牙堪称千秋~第一人。②[名]为主帅出主意的人。现泛指替人出主意的人。例：你是工商界真正的~,我不过是你手下一员末将罢了。

【军事】jūnshì　[名]与军队或战争有关的事情。例：~基地,闲人莫入。

龟裂　皲裂

【龟裂】jūnliè　①同"皲裂"。②[动]物体因破败或干旱而开裂。例：农民们多么渴望在这~的田地上,流过一汪清水来。

【皲裂】jūnliè ［动］人的皮肤因为寒冷或干燥而布满裂纹或出现裂口。例：冬天里,皮肤～是很常见的现象,尤其是脚踝和手上的虎口两处,皮肤特别容易干燥、开裂,需要小心呵护。

君主　　郡主

【君主】jūnzhǔ ［名］古代国家的最高统治者;现代某些国家的元首。通常实行终身制和世袭继承制。例：民意调查显示,英国人认为女王伊丽莎白二世是"最伟大"的～。

【郡主】jùnzhǔ ［名］唐代称皇太子的女儿,宋代称宗室的女儿,明清时称亲王的女儿。例：明朝,皇帝的女儿称为公主,亲王正室的女儿可称为～。

俊俏　　峻峭

【俊俏】jùnqiào ［形］相貌好看。例：弟弟长得十分～。
【峻峭】jùnqiào ［形］山高而陡。例：两岸矗立着～的山崖

Kk

开班　　开办

【开班】kāibān　[动]学习班、进修班等第一次开课。例：明天上午学习班～,你们几个千万不要迟到。

【开办】kāibàn　[动]建立;设置。例：我们投资～了一所艺术学校。

开导　　开道

【开导】kāidǎo　①[动]开通;疏通。例：当年,黄歇带领百姓～了河道,筑起了堤坝,使这条河造福于百姓。②[动]用道理启发、劝导。例：经过老师的～,他们领悟了道理,从中获得了重要的启示。

【开道】kāidào　①[动]在前面引导。例：这支仪仗队,手持彩旗,走在前面～。②[动]让路。例：你们这个项目得给市政重点惠民工程～。

开方　　开放

【开方】kāifāng　①[动]开处方。例：《处方管理办法(试行)》对医生～等都作出了明确的规定。②[动]指求一个数的方根的运算。**例**：数字4~后就是2。

【**开放**】kāifàng ①[动]张开;舒展。**例**：荷花在水池里静静地~。②[动]解除封锁、禁令、限制等。**例**：改革~后,国民经济飞速增长。

开花　　开化

【**开花**】kāihuā ①[动]植株花朵绽开。**例**：这些杜鹃马上要~了。②[动]比喻经验传开或事业兴起。**例**：新技术以群体的形式出现,我们不可能也不必要全面~,搞全面赶超。③[动]比喻心里高兴或露出笑脸。**例**：养殖场废弃物变沼气,业主农户心里乐~。

【**开化**】kāihuà ①[动]由原始状态进入文明状态。**例**：在古代我国是一个~较早的国家。②[形]思想开通;不守旧。**例**：在当今社会像他那种脑筋不~的人已经不多见了。

开火　　开伙

【**开火**】kāihuǒ ①[动]用枪炮射击,开始打仗。**例**：我军机枪步枪一齐~,打得敌人哭爹喊娘,狼狈逃窜。②[动]进行抨击或开展斗争。**例**：年轻人都是很直爽的,辩论赛一开始,用不着主持人多说,就~啦。

【**开伙**】kāihuǒ [动]供应集体膳食。**例**：他们公司食堂早中晚都~。

开价　　开架

【**开价**】kāijià [动]说出价格;要价。**例**：这件衣服他~多少?

开架

【开架】kāijià ①[动]由读者直接在书架上选取图书。例：所有图书馆都实行～借阅。② 由顾客直接在货架上选取商品。例：大型超市都是～售货的。

开交　开胶

【开交】kāijiāo [动]解决；完结。例：为了能按期交付产品，这几天工人们忙得不可～。

【开胶】kāijiāo [动]用胶黏合的东西裂开。例：这双运动鞋没穿一个月就～了。

开解　开戒

【开解】kāijiě [动]开导劝解。例：这些工作人员经过我们的～，很快就提高了认识，大家一致表示一定努力工作，不辜负党和人民的期望。

【开戒】kāijiè [动]解除约束或禁忌。例：他本原已经戒烟了，没想到这些天又～。

开旷　开矿

【开旷】kāikuàng [形]天地、场地等开阔旷大。例：这里很～，非常适合举办露天音乐会。

【开矿】kāikuàng [动]开采矿产。例：他们虽然住在矿区附近，但他们并不会～。

开旷　开阔

【开旷】kāikuàng [形]天地、场地等开阔旷大。例：这里很~,非常适合举办露天音乐会。

【开阔】kāikuò ①[形]面积和空间宽广。例:运动场很~,是我们锻炼身体的好场所。②[形]思想和心胸开朗。例:她心胸~,思路敏捷。③[动]扩展;使开阔。例:我们要不断学习新的知识,~自己的眼界。

开犁　开镰

【开犁】kāilí ①[动]一年中首次耕地。例:等地里再化化冻,我们就~了。②[动]耕地时先犁出导沟,再顺此沟犁地。例:你在前面~,我紧随在后。

【开镰】kāilián [动]庄稼成熟,开始收割。例:喝了这碗酒,我们就准备~了。

开列　开裂

【开列】kāiliè [动]一项一项写出来。例:请你~一份参赛人员的名单。

【开裂】kāiliè [动]出现裂缝。例:桉树蒴果成熟后并不立即~和脱落,可留在树上几个月甚至更长时间。

开脱　开拓

【开脱】kāituō [动]解除罪名或推卸责任。例:律师的职责是尊重事实而不是歪曲事实、曲解法律、为被告~罪责。

【开拓】kāituò [动]年轻人富有闯劲,他们敢于~,敢于为天下先,敢于创新。

开颜　　开眼

【开颜】 kāiyán ［动］脸上露出微笑。**例**：这些昔日孤僻、愁眉苦脸的人变了，他们变得合群、有上进心了，更可喜的是他们终于～而笑，能笑着面对老师、同学，笑着面对生活中的困难挫折。

【开眼】 kāiyǎn ［动］开阔视野，增长见识。**例**：这里风景优美、藏品丰富，来一趟真～。

开印　　开映

【开印】 kāiyìn ［动］报刊、书籍等开机印制。**例**：这部书稿已经通过终审，可以～。

【开映】 kāiyìng ［动］影片开始放映。**例**：这部电影下个月将在全市～。

开展　　开战

【开展】 kāizhǎn ①［动］从小向大发展。**例**：学校大力～科普活动。②［动］展览会开始展出。**例**：艺博会将于10月下旬～。

【开战】 kāizhàn ［动］打起仗来。**例**：携起手来向自然界～。

刊误　　勘误

【刊误】 kānwù ［动］校正文字的差错。**例**：文字在传抄过程中容易出错，所以做好～工作很重要。

【勘误】kānwù　[动]对已经印制完成的报刊图书的文字、内容等差错进行校订、更正。例：请在书中附上一份～表。

刊正　　勘正

【刊正】kānzhèng　[动]校正。例：这些专家学者正在整理、～古籍。

【勘正】kānzhèng　[动]对已经印制完成的报刊图书的文字、内容等差错进行校正、纠正。例：文求堂所印的《选集》，颇多讹脱,他已为之作～表一张。

勘测　　勘察

【勘测】kāncè　[动]施工前对地形、地质构造等进行实地调查和测量。例：为了造好浦江大桥,施工人员进行了无数次的～。

【勘察】kānchá　[动]实地调查或查看。例：专家～了现场,认定事故的性质。

看中　　看重

【看中】kànzhòng　[动]经过观察,认为满意。例：大概从唐朝开始,这块地方就被皇帝～了。

【看重】kànzhòng　[动]重视；看得起。例：对这个岗位人员的要求,主要～实践经验。

亢旱　　抗旱

【亢旱】kànghàn　[形]长时间不下雨,干旱非常严重。例：今年这样~的天气真是百年不遇啊!

【抗旱】kànghàn [动]采取措施,减少旱灾造成的损害。例:近来农村在积极开展~工作。

考查　考察

【考查】kǎochá ①[动]用一定的标准检查衡量成绩、行为等。例:这次月度~,全班同学大部分成绩优良。②[动]通过调查和考证,以深入了解事物的真实情况。例:据~,这艘沉船是一条商船。

【考察】kǎochá ①[动]实地观察调查。例:省教育厅组织代表团赴上海~教育改革情况。②[动]细致深刻地检验、考验和观察。例:科研工作要出成果,首先要勤于~和思索。

考问　拷问

【考问】kǎowèn [动]考查询问。例:经理目不转睛地望着对面的年轻人,仿佛学校的教员在~学生,逼着对方立即回答一样。

【拷问】kǎowèn [动]拷打审问。指用刑逼供。例:敌人一直把老太太~到天黑才罢手。

可心　可行

【可心】kěxīn [形]称心合意。例:经过多年的努力,他们一家终于住上了~的房子。

【可行】kěxíng [动]可以实行。例:这套方案是否切实~,

还需进行论证。

可疑　可以　可意

【可疑】kěyí ［动］值得怀疑。例：他的行动极其反常,举止非常～。

【可以】kěyǐ ①［动］表示可能或能够。例：我们本来都以为今天～完成任务的。②［动］表示许可。例：现在你～走了。③［形］好;不坏。例：这篇文章写得还～。④［形］厉害。例：这段时间大家闲得～。

【可意】kěyì ［形］合意;如意。例：母亲为女儿订下这门～的婚事而高兴。

克服　克复

【克服】kèfú ①［动］用意志和力量去战胜。例：只要我们齐心协力,任何困难都能～。②［动］克制;忍受。例：这里办公条件不好,请大家～一下。

【克复】kèfù ［动］用武力收复。例：经过一场激战,失地终于～。

克制　刻制

【克制】kèzhì ［动］用理智抑制住。例：修养好的人,总能～自己的情感。

【刻制】kèzhì ［动］雕刻,制作。例：这几幅版画由国内外顶级版画家～。

客官　　客管

【**客官**】kèguān　[名]对客人的敬称。例：店主见有客人进来便迎上去问道:"～要住店吗?"

【**客管**】kèguǎn　[动]客运管理的简称。例：最近该省～部门就进一步完善内部机构、明确岗位职责、加大监督力度、增强管理效果、规范执法行为等问题作了专题调研。

客堂　　课堂

【**客堂**】kètáng　[名]接待宾客的房间。例：热情好客的主人把客人请进～就座。

【**课堂**】kètáng　[名]进行各种教学活动的场所。例：全班同学在～上进行讨论。

空乏　　空泛

【**空乏**】kōngfá　①[形]困穷;贫穷。例：天将降大任于是人也,必先苦其心志,劳其筋骨,饿其体肤,～其身。②[形]内容空洞。例：这篇论文的题目取得不错,内容却相当～。

【**空泛**】kōngfàn　[形]空洞浮泛,不着边际。例：他们拿不出什么具体的办法,只能发出一些～的议论。

空空　　喹喹

【**空空**】kōngkōng　①[形]空疏、浅薄的样子。例：他因才学～而虚度年华。②[形]一无所有。例：别人都满载而归,唯独他两手~。③[副]徒然。例:你让我~等了一天。

【空空】kōngkōng ①[拟声]形容敲击声。例:喂猪时,他一边~地敲着槽子,一边嘀唠嘀唠地叫着猪。②[拟声]形容咳嗽声。例:他冷笑了一下,~地干咳起来。

空茫　　空濛

【空茫】kōngmáng [形]空旷;迷茫。例:~的原野,一望无际。

【空濛】kōngméng [形]迷茫;缥缈。例:洞庭湖被一层薄雾笼罩着,远远望去,一片~。

倥侗　　崆峒

【倥侗】kōngtóng [形]愚昧无知。例:那些将马克思列宁主义当宗教教条看待的人,就是这种~无知的人。

【崆峒】kōngtóng ①[名]山名,在甘肃。②[名]岛名,在山东。

孔隙　　空隙

【孔隙】kǒngxì [名]窟窿眼;缝隙。例:他从门的~中往外瞧。

【空隙】kòngxì ①[名]中间空着的地方。例:两扇门之间的~太大,请及时校正。②[名]空闲;间隙。例:乘工作~,我们去商场买了一些生活用品。

抠门　　叩门

【抠门】kōumén　[形]过分爱惜自己的财物。例：～的人,不仅仅吝啬物质上的付出,也吝啬情感上的付出。

【叩门】kòumén　[动]敲门。例：不要轻易放弃,成功会在你下一次～时,用微笑迎接你。

口才　　口彩

【口才】kǒucái　[名]口头表达的才能。例：他～很好,说起话来滔滔不绝。

【口彩】kǒucǎi　[名]吉祥的话。例：他的祖父是老脑筋,岁末年初都要讨～。

口服　　口腹

【口服】kǒufú　①[动]口头上表示信服或佩服。例：我费心劝说了大半天,但他还是～心不服。②[动]把药吃下去。例：这是外用药,不得～。

【口腹】kǒufù　[名]指饮食。例：这种病往往是放纵自己的～之欲,大吃大喝造成的。

口诀　　口角

【口诀】kǒujué　[名]根据学艺、方技等的内容要点编成的便于记诵的语句。例：利用～来帮助记忆是我国劳动人民创造的优良经验。

【口角】kǒujué [动]争吵。例：今天晌午他们两个人为了点小事～起来，这会儿火气已经下去了。

口舌　　口实

【口舌】kǒushé ①[名]由言语引起的误会或纠纷。例：她很不愿意看着他们兄弟之间起了～。②[名]劝说、争辩、交涉时的言辞、言语。例：我费了半天～也没问出个结果来。

【口实】kǒushí [名]话柄。例：她不肯落人～，被人嘲笑。

口形　　口型

【口形】kǒuxíng [名]人嘴部的形状。语音学上特指在发某个音时两唇的形状。例：这张图上画有四十八个音素发音～及发音方法。

【口型】kǒuxíng [名]说话或发音时的口部形状。例：聋哑人听不见别人说的话，但受过专门训练后可以通过～来理解别人说的话。

扣压　　扣押

【扣压】kòuyā [动]把文件、意见等扣留下来不处理。例：由于手续不全，这批物件被～了。

【扣押】kòuyā [动]拘禁；扣留。例：被～渔船船长向记者讲述了惊魂13天的经历。

枯寂　　枯竭

【枯寂】kūjì [形]寂静；寂寞。例：这些年来她过着～的独居生活。

【枯竭】kūjié ①[形]水源干涸、断绝或匮乏。例：连日干旱,山溪早已~。②[形]资财等用尽；穷竭。例：这里地处黄土高坡,资源~。

枯涩　　苦涩

【枯涩】kūsè [形]枯燥；不流畅。例：这篇文章文字~,叫我怎么看得下去。

【苦涩】kǔsè ①[形]内心痛苦难受。例：他的脸上显出~的神情。②[形]味道又苦又涩。例：这种野果子吃起来有点~。

苦楚　　苦处

【苦楚】kǔchǔ [名]痛苦。例：奶奶在旧社会受到的~是诉说不完的。

【苦处】kǔ·chu [名]痛苦的处境；经受的痛苦。例：我知道你们也有~,所以我也不强迫你们去做。

苦工　　苦功

【苦工】kǔgōng ①[名]繁重辛苦的体力劳动。例：她们一天到晚都在默默地做着~,然而生产的结果是别人的,她们连自己也养不活。②[名]从事繁重辛苦工作的体力劳动者。例：搬木头的都是些~。

【苦功】kǔgōng [名]刻苦的功夫。例：要学好这一绝技,非下~不可。

酷吏　　酷烈

【**酷吏**】kùlì　[名]滥用刑法残害人民的官吏。例：一个封建政权如果重用～，那么它的灭亡之日也就不远了。

【**酷烈**】kùliè　①[形]极其猛烈、残暴。例：他的父亲当年在国民党的监狱里遭受到～的摧残。②[形]香气浓烈。例：桂花园里的桂花树开花了,芳香～。

夸示　　夸饰

【**夸示**】kuāshì　[动]把自己的长处、东西等向人炫耀、显示。例：他在住宅小区的花园里遇到邻居,向他～自己的小狗。

【**夸饰**】kuāshì　[动]过分地夸张修饰。例：我再也不愿意读你那些近于～的文字了。

快信　　快讯

【**快信**】kuàixìn　[名]由邮局或从事快速业务的公司传递的信件。例：他终于把两封都写好,并都寄了～。

【**快讯**】kuàixùn　[名]迅速采访、刊出或播发的消息。例：这条～是由新华社播发的。

宽畅　　宽敞

【**宽畅**】kuānchàng　[形]心情舒畅。例：面对大海,我的心胸仿佛也变得～起来。

【宽敞】kuān·chang [形]宽阔;宽大。例:这间客厅很~。

宽贷　宽待　款待

【宽贷】kuāndài [动]宽恕;赦免。例:我国的法律绝对不会~死不悔改的犯罪分子。

【宽待】kuāndài [动]宽大对待。例:你用不着害怕,志愿军是~俘虏的。

【款待】kuǎndài [动]热情优厚地招待。例:蒙古族同胞用一碗碗奶茶~远道而来的宾客。

宽宏　宽洪

【宽宏】kuānhóng [形]度量大。例:师傅向来~大量,只要你向他赔个不是,就没事了。

【宽洪】kuānhóng [形]嗓音宽而洪亮。例:剧场里响起歌唱家~的歌声。

宽旷　宽阔

【宽旷】kuānkuàng [形]宽广;空旷。例:我骑马奔驰在~的大草原上。

【宽阔】kuānkuò [形]面积大;范围广。例:新建的高架路路面非常~。

宽适　宽释

【宽适】kuānshì [形]宽松舒适。例:他穿着一件古铜色的长袍,肥大~。

【宽释】kuānshì [动]宽大免罪。例:密西西比州前州长巴伯离任前~了两百多名犯人。

宽舒　　宽恕

【宽舒】kuānshū [形]心情舒畅。例:在和谐的环境里工作,大家的心境都很~。

【宽恕】kuānshù [动]宽容饶恕。例:请你~他一回吧。

宽余　　宽裕

【宽余】kuānyú ①[形]宽阔舒畅。例:他们一家三口住得很~。②同"宽裕"。

【宽裕】kuānyù [形]足够有余。例:时间很~,车子可开得慢一些。

匡扶　　匡复

【匡扶】kuāngfú [动]匡正扶持。例:足下有志~汉室,下官愿为足下效犬马之劳。

【匡复】kuāngfù [动]挽救复兴危亡之国。例:解放战争时期中国人民为~进行过艰苦卓绝的奋斗。

旷场　　矿场

【旷场】kuàngchǎng [名]面积很大的场地。例:沿着荷花池向西走,过了花桥,就是一片平坦的~。

【矿场】kuàngchǎng　［名］开采矿石的场所。例：他在这个~辛勤工作了二十年。

旷废　　旷费

【旷废】kuàngfèi　［动］荒废；耽误。例：他因沉湎于网游而~学业。

【旷费】kuàngfèi　［动］浪费。例：同学们都在那里刻苦学习，你却在这里~浪费你的光阴。

旷工　　矿工

【旷工】kuànggōng　［动］不请假而缺勤。例：你怎么能为了参加比赛而~呢？

【矿工】kuànggōng　［名］开矿的工人。例：他们已开始着手进一步改善~的工作条件。

窥视　　窥伺

【窥视】kuīshì　①［动］暗中观察；偷看。例：有两个人站在厢房的窗洞铁栅栏外边，朝里面~。②［动］从管孔中向远处观察。例：伽利略运用光学的原理，制成了一个略具雏形的望远镜，向月球~，看到了平素从来不曾见过的景象。

【窥伺】kuīsì　［动］暗中观望，等待时机。例：可恶的病魔早已在向这位老画家~着，到1975年8月初，终于开始进攻了。

溃乱　　愦乱

【**溃乱**】kuìluàn　［形］散乱；混乱。**例**：敌人的步兵在我军连续发射的炮火中～了。

【**愦乱**】kuìluàn　［形］昏乱。**例**：他神志～,已经不省人事了。

扩展　　扩张

【**扩展**】kuòzhǎn　［动］向外扩大；伸展。**例**：为了～各自的地盘,这两个小贩居然打起架来。

【**扩张**】kuòzhāng　［动］扩大疆土、势力、野心等。**例**：敌人为了～实力,到处招兵买马。

LI

来势　　来事

【来势】láishì　[名]事物或动作到来的气势。**例**：那场经济危机犹如一场特大地震,～凶猛,一下子把整个世界经济搅得地覆天翻。

【来事】láishì　①[动]行;可以。**例**：听说那个厂也用这种机子,上面改了配件,～得很! ②[动]办事;处事。**例**：他长得帅,又挺会～的,大家都很喜欢他。

拦劫　　拦截

【拦劫】lánjié　[动]拦截抢劫。**例**：被他安排到采煤井当井长的外甥,后因～妇女被判刑。

【拦截】lánjié　[动]中途阻挡不使通过。**例**：那伙歹徒占山为王,～过往车辆和行人,抢劫钱物。

郎当　　锒铛

【郎当】lángdāng　①[形]衣服宽大不合身。**例**：这件衣服穿在他身上很～。②[形]窝囊;不成器。**例**：时下流行的电视剧将道光帝写成一个平庸不堪的~形象,但这并不是历史的事实。③[形]疲软无力的样子。例:走了一天的山路,大家早已~不堪。

【锒铛】lángdāng ①[名]锁系犯人的铁索。例:他因贪污盗窃而~入狱。②[拟声]形容金属撞击的声音。例:船起锚了,发出一阵铿锵的~声。

琅琅　朗朗

【琅琅】lángláng [拟声]形容清朗、响亮的声音。例:机器轰转,汽笛长鸣,书声~,笑语阵阵,这一切汇成了生活的交响乐章。

【朗朗】lǎnglǎng ①[形]光线等明亮。例:~红日,光照万里。②[形]声音清晰响亮。例:教室里传出一阵~的读书声。

劳役　劳逸

【劳役】láoyì ①[名]强迫性的劳动。例:乌克兰前总理季莫申科在监狱服刑,但她拒绝监禁期间穿囚服和服~。②[动]牲畜供使用。例:这头牛年纪大了,已经不能~了。

【劳逸】láoyì [名]劳苦与安逸。例:你要注意合理安排时间,做到~结合。

老成　老诚

【老成】lǎochéng [形]精明练达;行事稳重得体。例:这孩子少年~,办事非常稳妥。

【老诚】lǎochéng [形]老实;诚实。例:这孩子~忠厚,从来不说谎话。

老到　　老道

【老到】lǎodào ①[形]做事老练。例:他的媳妇做起事来麻利、~。②[形]功夫精深。例:这幅国画风格苍劲,笔力~。

【老道】lǎodào [名]道士。例:这座山上有不少~和道观。

老景　　老境

【老景】lǎojǐng 同"老境②"。

【老境】lǎojìng ①[名]老年时代。例:她没有忘却跟上时代的步伐,而且愈入~,态度愈是积极。②[名]老年时的境况。例:他少年时就出外谋生,做了许多大事,哪知~却如此颓唐!

老身　　老生

【老身】lǎoshēn [名]早期白话中老年妇人的自称。例:~二十年侍中,与卿先君巫连职事,纵卿后进,何宜相排突也!

【老生】lǎoshēng [名]戏剧角色名。生的一种。指扮演老年男子的角色。例:在中国的旧戏里,同样是~,还得分红袍蓝袍。

老式　　老实

【**老式**】lǎoshì　[形] 样式或形式陈旧。**例**：他就住在那幢~的洋房里。

【**老实**】lǎo·shi　[形] 行动端正；不惹事。**例**：他太~了，平时连一句话都没有。

落价　　落架

【**落价**】làojià　[动] 价格下跌、下降。**例**：中央频繁出台调控政策，商品房终于~了。

【**落架**】làojià　[动] 屋架坍塌。比喻家道衰落。**例**：《红楼梦》中贾家的~有内因也有外因，内因是贾家的子孙一代不如一代，外因是元妃的逝去在政治上失去了依靠。

累积　　累计

【**累积**】lěijī　[动] 积累；聚积。**例**：他几十年的工作~、文学成就是人所共睹的。

【**累计**】lěijì　[动] 把几个数加起来计算；总计。**例**：全校师生参加植树活动，三年来~植树近两万棵。

冷静　　冷峻

【**冷静**】lěngjìng　[形] 沉着而不感情用事。**例**：以后遇到类似情况，你一定要~地想一想再作决定。

【冷峻】lěngjùn ①[形]冷酷严峻。例：这个女人严肃而不～,温和而不柔弱。②[形]冷静严肃。例：临刑前,江姐的神色庄严而又～。

冷厉　　冷冽

【冷厉】lěnglì [形]冷峻严厉。例：新来的体育老师神情严肃,目光～。

【冷冽】lěngliè ①[形]寒冷。例：我在～的西北风中等了他两个小时。②[形]清凉;凉爽。例：一口～的汽水喝下去,他顿觉暑气全消。

离离　　漓漓

【离离】lílí [形]茂密的样子。例：我们当年签约的小楼阁,早已埋进～的树林。

【漓漓】lílí ①[形]水波连绵的样子。例：一艘小船漂荡在碧波～的洞庭湖上。②[形]文辞滔滔不绝的样子。例：他口若悬河,言辞～。

礼貌　　礼帽

【礼貌】lǐmào [名]待人接物时言语、动作、神态等谦虚恭敬的表现。例：在各种场合我们都要讲～。

【礼帽】lǐmào [名]举行典礼时所戴之帽,与礼服相配。例：走在前面的是一个体小干瘪的外国老头,年纪已有五十开外,头上戴着一顶时髦的欧洲式～。

礼数　　理数

【礼数】lǐshù　[名]礼节;礼貌。**例**：他俩的手握得那样热烈、那样牢固,不像是初次相见的～,简直是两个心灵互相融合的印证。

【理数】lǐshù　①[名]道理;事理。**例**：她没想到怎么多人中竟没有一个人说点～帮帮自己。② 体统。**例**：你这种打扮僧不僧、俗不俗、女不女、男不男的,成个什么～?

礼制　　礼治

【礼制】lǐzhì　[名]礼仪制度。**例**：按照她的身份,这样的墓葬不合当时的～。

【礼治】lǐzhì　[动]儒家所提倡的一种统治方式。以礼仪制度和道德为准则,统治人民、处理国事。**例**：所谓～,就是君、臣、父、子各有名分;贵贱、上下、尊卑、亲疏都有严格的区别。

力行　　厉行

【力行】lìxíng　[动]努力实践。**例**：他们取得成功的唯一秘诀就是～。

【厉行】lìxíng　[动]严格实行。**例**：我们要把遵守法制、～民主、保证民主集中制能够真正地得以实现,当成全国人民政治生活中的大事。

力证　　例证

【力证】lìzhèng　[名]有力的证据。**例**：俄罗斯并不掌握足以说明韩国海军"天安"号警戒舰沉没原因的～。

【例证】lìzhèng ［名］做证明用的例子。例：这些论点缺乏～,不能令人信服。

历法　　立法

【历法】lìfǎ ［名］用年、月、日等时间单位计算时间的方法。主要分为阳历、阴历和阴阳历三种。例：按照罗马～计算时间,计算单位分为日、月、年三项。

【立法】lìfǎ ［动］国家权力机关按照规定程序制定或修改法律。例：有的法律由于～的特殊条件已经消失,其效力也就自然终止。

历历　　厉厉

【历历】lìlì ［形］物体或景象一个一个清晰的样子。例：两岸的风物～如画。

【厉厉】lìlì ［形］寒风猛烈的样子。例：窗外正刮着～寒风。

历时　　立时

【历时】lìshí ［动］(事情)经过时日。例：这项工程～两年零四个月。

【立时】lìshí ［副］立刻。例：这个问题虽然非常重要但却难以～解决。

厉害　　利害

【厉害】lìhài ［形］难以对付或忍受;剧烈凶猛。例：他的伤口痛得~，头上直冒冷汗。

【利害】lìhài [名]利益和损害。例：这是一件与人民生活~攸关的大事。

立异　　立意

【立异】lìyì [动]背离。例：一个演员勤于思考、克服表演上的盲目性，不等于说在表演上标奇~，而是要从剧情、人物出发去提高表演水平。

【立意】lìyì ①[动]拿定主意。例：他~要娶这个女人为妻，家人只得同意。②[动]确立作品的主题。例：一部文学作品的~高、思想性强，与提炼、深化主题有关。

立志　　励志

【立志】lìzhì [动]立下志愿。例：他从小就~要当一名科学家。

【励志】lìzhì [动]集中心思致力于某种事业。例：这些~读物对青少年学生很有帮助。

呖呖　　沥沥

【呖呖】lìlì [拟声]形容清脆的鸟叫声。例：嘎鸪鸟从睡梦里醒过来，黄鹂开始在大杨树上~啭着。

【沥沥】lìlì [形]液体不断滴落的样子。例：她晾晒衣服时没有拧干，~下滴的水把楼下住户的棉被弄湿了。

连播　　联播

【连播】liánbō [动]电视台或广播电台把一个内容较长的

节目分若干次连续播出。**例**：这个电视连续剧今天下午将~十集。

【**联播**】liánbō ［动］若干广播电台或电视台同时转播某一电台或电视台播送的节目。**例**：每天晚上七点整是新闻~节目时间。

连接　　连结　　链接

【**连接**】liánjiē ［动］互相衔接。**例**：这个车队~得很好。

【**连结**】liánjié ［动］结合在一起。**例**：音乐这条闪光的金丝带~着历史、今天和未来，凝结着我们的回忆、现实和希望。

【**链接**】liànjiē ［动］在计算机程序的各模块之间传递参数和控制命令并把它们组成一个可执行的整体的过程。**例**：为保证每一位客户的利益，在本平台投放的~广告，都会经过核实。

连连　　涟涟

【**连连**】liánlián ［形］接连不断的样子。**例**：他~点头表示称赞。

【**涟涟**】liánlián ①［形］泪流不止的样子。**例**：每当想起早逝的双亲他总是老泪~。②［形］连绵不断的样子。**例**：他出生在一个小雨~的夜晚。

连通　　连同

【**连通**】liántōng ［动］互相连接起来；相互有联系往来。

例：那是两间~的客厅，里面并无什么陈设。

【连同】liántóng ［连］连；和。例：他为了谋生，经常自己动手制作一些明信片，~一些带有手绘图案的汗衫一起出售。

廉正　廉政

【廉正】liánzhèng ［形］廉洁正直。例：新一届政府~爱民，深受老百姓的爱戴。

【廉政】liánzhèng ［动］使政治廉洁。例：一些执法单位对照~规范，自觉亮丑曝光，采取有效措施纠正部门不正之风。

恋栈　恋战

【恋栈】liànzhàn ［动］原指马对马棚的依恋。后比喻做官之人对官位的依恋。例：他早已想明白了，该让位的时候绝不~。

【恋战】liànzhàn ［动］为求胜利而不肯退出战斗。例：五柳庄村外的敌人见损了二将，无心~，就用那剩下的两辆汽车载着鬼子往城里退。

练字　炼字

【练字】liànzì ［动］练习写字。例：字写得好不好是衡量一个人语文素养高低的重要标志，所以从小开始~尤为重要。

【炼字】liànzì ［动］写作时推敲用字，使表达生动准确。例："诗赋以一字见工拙"道出了古人对~的重视。

良心　　良性

【良心】liángxīn　[名]善良的心;公道的心。例:你不能没～,讲瞎话。

【良性】liángxìng　①[形]能产生好的结果的。例:经过一段时间的磨合,编印发各环节已进入了～循环。②[形]不会产生严重后果的。例:经检查,他患的是～肿瘤。

粮栈　　粮站

【粮栈】liángzhàn　[名]旧时进行粮食批发业务的商店;存放粮食的库房。例:清末,太平街曾是长沙米市的极盛之地,乾益升是当时众多～中最著名的一家。

【粮站】liángzhàn　[名]调拨、管理粮食的机构。例:～的仓库里已囤满粮食。

亮丽　　靓丽

【亮丽】liànglì　①[形]明亮美丽。例:姑娘听得完全入迷了,那忽闪忽闪的大眼睛显得格外～。②[形]美好;优美。例:再见了我亲爱的母校,我将从这儿起飞,去塑造光辉～的未来。

【靓丽】liànglì　[形]漂亮美丽。例:除了美丽的新娘,在婚礼上忙前忙后的伴娘也很～。

辽阔　　寥廓

【辽阔】liáokuò　[形]宽广;空旷。例:一群群绵羊,像珍珠一样撒在～的草原上。

【寥廓】 liáokuò　[形]空旷高远。例：～的夜空群星密布。

嘹嘹　缭缭　燎燎

【嘹嘹】 liáoliáo　[拟声]形容虫鸟鸣叫声。例：像是应和饥饿的山鹰～的啼鸣一般,这个如石雕似的车把式,喉咙里突然发出一声悠长而高亢的歌声。

【缭缭】 liáoliáo　[形]回环缠绕的样子。例：一张供桌上摆放着一个香烟～的香炉。

【燎燎】 liáoliáo　[形]大火燃烧的样子。例：看着林云那一副火急～的样子,林风心里不禁哭笑不得。

邻近　临近

【邻近】 línjìn　[动]位置靠近。例：这个住宅小区～南浦大桥。

【临近】 línjìn　[动]靠近;接近。例：随着考试日期的～,他的心情越来越紧张。

林产　林场

【林产】 línchǎn　[名]林业产物,如木材,森林中的植物、动物等。例：中国～工业协会是在民政部注册登记的非营利社团法人。

【林场】 línchǎng　[名]培育、管理、采伐森林的单位或场所。例：这个～规模很大,有火车直通省会。

林林　　淋淋

【**林林**】línlín　[形]众多的样子。**例**：虹桥开发区高楼～。

【**淋淋**】línlín　[形]水、汗等液体连续下滴的样子。**例**：高温天,环卫工人大汗～地清扫马路。

临产　　临场

【**临产**】línchǎn　[动]孕妇快要生孩子。**例**：她马上要～,赶快叫救护车把她送到医院去。

【**临场**】línchǎng　[动]身临现场或将临现场。常用于战场、戏场、考场、体育比赛等。**例**：双方球技不相上下,这场比赛的关键在于～发挥。

临时　　临事

【**临时**】línshí　①[副]临到事情发生的时候。**例**：你应该事先准备好,省得～抱佛脚。②[形]暂时;短期。**例**：我现在是～工。

【**临事**】línshì　[动]遇事或处事。**例**：他具有良好的心态,～沉着冷静,从不慌张。

临行　　临刑

【**临行**】línxíng　[动]将要出发之时。**例**：我因～匆匆,不及告别,请原谅。

【**临刑**】línxíng　[动]将受死刑之时。**例**：说起《窦娥冤》每个人都不陌生,而其中～这个片段则给人留下更深刻的印象。

粼粼　嶙嶙　潾潾　璘璘
辚辚　磷磷　鳞鳞

- 【粼粼】línlín　[形]水、石等明净的样子。例：湖面上闪动着～的金光。
- 【嶙嶙】línlín　[形]山石重叠不平的样子。例：山上怪石～，树木蓊郁。
- 【潾潾】línlín　[形]水清的样子。例：微风吹过，水面泛起～水波。
- 【璘璘】línlín　[形]明亮、闪烁的样子。例：湖面上～点点的波光，恰像这灰色锦缎上的浅浅花纹。
- 【辚辚】línlín　[拟声]形容车行走时的声音。例：独轮水车的轮轴发出单调的～声。
- 【磷磷】línlín　[形]形容物体有棱角。例：那是北平独有的单轮水车，在～不平的路上发出单调的"孜妞妞，孜妞妞"的声音。
- 【鳞鳞】línlín　①[形]形容像鱼鳞一样的云彩。例：夕阳西下，天边显现～彩霞。②[形]水石明净的样子。例：波光～的水面倒影着白塔。③[形]明亮的样子。例：天空闪着～日光。

凛冽　凛烈

- 【凛冽】lǐnliè　①[形]极为寒冷的样子。例：我在～的寒风中等了她足足半小时。②[形]态度严肃、令人敬畏的样子。

例：他的工作态度非常～。

【凛烈】línliè　[形]严肃忠烈、令人敬畏的样子。例：练兵场上传来～的口号声。

吝色　　吝啬

【吝色】lìnsè　[形]舍不得的神情。例：他平时的生活非常节俭,但资助贫困地区失学孩子上学,却毫无～。

【吝啬】lìnsè　[形]过分地爱惜自己的财物。例：在同事们眼中老王是个爱财如命的～鬼。

灵寝　　陵寝

【灵寝】língqǐn　[名]灵柩停放之处。例：蒋经国的～四周种满了梅树和山茶树,外观像个四合院。

【陵寝】língqǐn　[名]帝王及后妃的坟墓及墓地的宫殿建筑。例：清圣祖康熙皇帝爱新觉罗·玄烨的～,位于唐山遵化马兰峪昌瑞山脚下清东陵。

泠泠　　玲玲　　聆聆

【泠泠】línglíng　①[形]清凉、冷清的样子。例：丈夫去世后,留下她一人,守着～空房。②[形]声音清越、悠扬的样子。例：主人蓄养的白鸽成群地在云霄里盘旋,那～的鸽哨声,异常嘹亮悦耳。

【玲玲】línglíng　[拟声]形容玉碰击的声音。例：她颈上挂着的一串美玉,发出～动听的响声。

【聆聆】línglíng ［形］明了、清楚的样子。例：大师的教诲～在耳。

零用　　另用

【零用】língyòng ①［动］零碎地花钱。例：他每个月～的钱要花掉不少。②［名］零碎用的钱。例：她经常去邻居家揽一些衣服,缝缝洗洗的,赚一些～。

【另用】lìngyòng ［动］另外使用。例：这几件物品你先放着,我有～。

领导　　领道

【领导】lǐngdǎo ①［动］率领并引导。例：在团支部的～下,我校少先队活动开展得生气勃勃。②［名］担任领导工作的人。例：自从他担任共青团～以来,学校的学习风气有极大的好转。

【领道】lǐngdào ［动］开道;在前面带路。例：怕来客迷失方向,主人在每个入口处都安排了～的人。

领先　　领衔

【领先】lǐngxiān ①［动］共同前进时走在最前面的。例：在马拉松比赛中,125号运动员遥遥～。②［动］水平、成绩等处于最前列。例：这家研究所的技术和设备力量处于全国～地位。

【领衔】lǐngxián ［动］在共同签署的文件上或联合演出的

名单上署名在最前面。**例**：这部电影由刘德华～主演。

留成　　留存

【**留成**】liúchéng ［动］从钱财的总数中按一定成数留下来。**例**：该规定把原来的全额利润～办法改为基数利润加增长利润的办法。

【**留存**】liúcún ①［动］存留；保存。**例**：请把这份档案～起来。②［动］没有消失，一直存在。**例**：关于这个城市的记忆他都很模糊了，但是与望江楼有关的却很鲜明地～着。

留传　　流传

【**留传**】liúchuán ［动］留下来传给后代。**例**：这方砚台是我祖上～下来的。

【**流传**】liúchuán ［动］传下来；传播开。**例**：这个故事已经～几百年了。

留恋　　流连

【**留恋**】liúliàn ［动］不忍舍弃或离开。**例**：就要离开学校了，一旦分别，大家都十分～。

【**流连**】liúlián ［动］舍不得离去。**例**：杭州西子湖畔的美妙景色，真让我们～忘返啊！

留言　　流言

【**留言**】liúyán ①［动］用书面或请人转告的形式留下要说

的话。例：他经常不在家,因而在家门口挂了一本～簿。②[名]用书面或请人转告的形式留下的话。例：从这些～中可以看出广大观众对青年演员的殷切期望。

【流言】liúyán [名]没有根据的传说。例：我们不能轻信～。

流传　　流窜

【流传】liúchuán [动]传下来;传播开。例：这个故事已经～了几百年。

【流窜】liúcuàn [动]到处乱窜。例：解放初～在山区的残匪不久都被消灭了。

流芳　　流放

【流芳】liúfāng [动]流传美名。例：航天英雄的功绩将～千古,为世代所景仰。

【流放】liúfàng ①[动]把犯人放逐到边远之地。例：这位年老的国王在～了十年以后又重掌政权。②[动]把原木放到江河中顺流运输。例：这批木材将～到下游的贮木场。

流丽　　流利

【流丽】liúlì [形]流畅而华美。例：这篇散文的文笔典雅～。

【流利】liúlì ①[形]说话快而清楚;文章读起来通顺畅达。例：他写的文章相当～、生动。②[形]灵活而不凝滞。

例：梁建迅速而~地写了一张条子交给调度员,要他立刻办理几件事情。

流失　　流矢　　流逝

【**流失**】liúshī ①[动]有用的物质散失掉或被风、水带走。**例**：导致水土~的原因有自然原因和人为原因。②[动]人离开原单位另谋职业。**例**：这几年该校的人才~相当厉害。

【**流矢**】liúshǐ [名]飞箭或来源不明的箭。**例**：陈友谅在鄱阳湖之战中中~身亡。

【**流逝**】liúshì [动]像流水一样迅速消逝。**例**：我们要努力学习本领,不要让时间白白~。

溜溜　　遛遛

【**溜溜**】liùliù ①[形]水流倾泻的样子。**例**：湍急的溪水,从山坡上~而下。②[拟声]形容水的流淌声。**例**：花儿绽开笑脸,草儿挂满珍珠,小溪唱着~的歌儿流向远方。③[动]瞟;斜视。**例**：他的两个眼珠子东~,西看看,显然是不怀好意。

【**遛遛**】liùliù [动]慢慢走;散步。**例**：每天晚饭后他都要在小区花园里~。

龙头　　笼头

【**龙头**】lóngtóu ①[名]管道上放出液体的活门,其旋转装置可以打开或关上。**例**：自来水~里面的垫圈坏了,他正在更换。②[名]自行车的车把。**例**:他刚学会骑自行车,~把得很紧。③[名]江湖上称帮会的头领。**例**:兴中会会员华永年联络两湖~杨鸿钧、李云彪等数十人归附兴中会。④[名]带头并起主导作用的事物。**例**:这家出版社是同行业中的~老大。

【笼头】lóng·tou　[名]套在牛马等头上用来系缰绳挂嚼子的用具。**例**:一匹没~的马在原野狂奔。

漏风　　露风

【漏风】lòufēng　①[动]风从缝隙中透过。**例**:你快把门缝堵上,以防~。②[动]因牙齿脱落而说话拢不住气。**例**:他刚拔完牙,说话总是~。③同"露风"。

【露风】lòufēng　[动]走漏消息;秘密被泄露出去。**例**:关于筹划投资新能源动力电池一事是否~,记者专门采访了该公司总裁。

碌碌　　碌碌　　睩睩

【琭琭】lùlù　[形]稀少的样子。**例**:田黄物因其~而为人所贵。

【碌碌】lùlù　①[形]平庸无能的样子。**例**:这部小说描写的绝不是~的儿女情长啊!②[形]繁忙、辛苦的样子。**例**:他一~一生,终于退休了。③同"睩睩"。④[拟声]形容车轮转动的声音。**例**:他家住在高架路旁,每天在~的车轮声中入睡。

【睩睩】lùlù　[形]眼珠转动的样子。例：他两眼~,鬼点子特别多。

漉漉　辘辘

【漉漉】lùlù　[形]液体往下流的样子。例：静静的小河边,走来一群汗水~的小伙子。

【辘辘】lùlù　①[拟声]形容车轮等发出的声音。例：~的车轮声把我的思绪拉到了面前的路上。②[拟声]形容饥饿时肠中虚鸣声。例：一天没吃没喝,饿得大家饥肠~。③[形]转动的样子。例：李克见他小眼珠~转动,清楚他心头又在想着坏主意。④[名]井上汲水的工具。例：我们组里只有一把小~,一个人浇水,另一个人就得闲着。

旅行　履行

【旅行】lǚxíng　[动]为了办事和游览,从一个地方到另一个地方。例：寒假中,妈妈带我去海南岛~,欣赏南国风光。

【履行】lǚxíng　[动]执行;实行。例：为了~自己一定要考上大学的诺言,她起早贪黑地努力学习。

屡屡　缕缕

【屡屡】lǚlǚ　[副]屡次;再三。例：他出去时还~回头看那幢房子。

【缕缕】lǚlǚ　[形]一条一条的、连续不断的样子。例：傍晚,~炊烟缭绕在乡村上空,乡亲们都收工回家了。

绿茵　　绿荫

【绿茵】lǜyīn　[名]成片的绿色草地或庄稼等。也指草地足球场或足球运动。例：小草用星星点点的绿色,织成了一块块~。

【绿荫】lǜyīn　[名]有叶树木底下的阴地。例：有几位行人在大树浓密的~下休息。

伦次　　轮次

【伦次】lúncì　[名]条理次序。例：他语无~,不知道怎样对师傅们说才能解释清楚。

【轮次】lúncì　①[名]轮流的次数。例：跳远比赛时他在第一~后就被淘汰了。②[副]依次轮流。例：教练摆了摆手,示意队员们~进攻。

伦理　　论理

【伦理】lúnlǐ　[名]人与人相处的各种道德准则。例：美国人没有我们中国人的传统~观念,当然也没有儿孙绕膝的快乐。

【论理】lùnlǐ　①[动]讲道理;论说道理。例：丹丹不肯罢休,一定要去找桐籽~。②[副]按一般常理和道理来说。例：~说你们两个人合作,应该比独自研究要好得多。

论争　　论证

【论争】lùnzhēng　[动]争辩;论战。例：他那种咄咄逼人的气势,似乎超出了学术~的氛围,令人大为不解。
【论证】lùnzhèng [动]引用论据来证明论点的真实性。例:为了~自己的观点,他用了大量的事例。

落地　　落第

【落地】luòdì ①[动]物体落到地上。例:只见一只钙塑盆飘飘荡荡地落到了水泥地上,弹起老高,~后又蹦了几下。②[动]婴儿出生。例:这位年轻的母亲用她细腻的心、博大的爱,从女儿呱呱~的那天起,便开始记录她生活的点点滴滴。

【落第】luòdì [动]科举考试未被录取。泛指未被选中或成绩不及格。例:唐朝诗人中有许多从未进过考场或者屡试~,如孟浩然、李白、杜甫、高适、李贺、陆龟蒙、罗隐等。

落音　　落英

【落音】luòyīn [动]指说话声音刚停止。例:萧经理的话还未~,员工们就嚷嚷起来。
【落英】luòyīng ①[名]指落花。例:一阵风吹过,花园里~缤纷。②[名]指初开的花。例:秋菊之~晒干后可泡茶。

Mm

买单　　卖单

【买单】mǎidān　[名]金融市场作为买入凭证的单据。例：券商板块现神秘～,证券股五分钟内振幅达5%。

【卖单】màidān　[名]金融市场作为卖出凭证的单据。例：不少主力操盘手在出货时,常利用几十手一笔的小～不断卖出。

买点　　卖点

【买点】mǎidiǎn　①[名]商品所具有的让消费者乐于购买的地方。例：很多事实说明,在这个买方经济时代,～是最直接、最有效的营销元素,最能打动顾客的芳心。②[名]买入期货、证券等的理想价位。例：判断股票的～,在技术上有很多种方法。

【卖点】màidiǎn　①[名]商品所具有的能吸引消费者而易于卖出的地方。例：为了增加～,他们还为自己的农产品打出"绿色无公害"和"保证新鲜"的招牌。②[名]卖出期货、证券等的理想价位。例：这套证券软件教你如何利用

MACD指标为自己手中的股票找到合适的～。

买好　　卖好

【买好】mǎihǎo　[动]在语言行动上故意讨好别人。例：他是凭本事吃饭,无须故意～。

【卖好】màihǎo　[动]施展手段讨好别人。例：这种两面三刀、四处～的人,真应该鄙视。

买主　　卖主

【买主】mǎizhǔ　[名]商品的购买者。例：他们想把厂房出售,但一直没找到～。

【卖主】màizhǔ　[名]出售商品的人。例：张女士在交了一万元定金后才发现所签房屋买卖合同的～竟然不是房主。

曼曼　　蔓蔓　　漫漫　　慢慢

【曼曼】mànmàn　[形]距离远或时间长。例：路～其修远兮,吾将上下而求索。

【蔓蔓】mànmàn　[形]延展的样子。例：仿制草坪营造出庭院青草～的氛围。

【漫漫】mànmàn　[形]空间广远或时间长久的样子。例：在孤寂的空房中,她想起日后这～的岁月,痛不欲生。

【慢慢】mànmàn　①[形]缓慢;逐步。例：诸位安静一下,听我～道来。②[副]缓一缓;等到以后。例：这件事并不重要,～再做。

曼延　蔓延　漫延

【曼延】 mànyán　［动］连绵不断。**例**：小路在山间～,通到山上各个小村子。

【蔓延】 mànyán　［动］像蔓草一样不断向周围扩展。**例**：我们不允许自由主义现象在班上滋长～。

【漫延】 mànyán　［动］向周围扩散。**例**：他因背上皮肤过敏而～至全身。

谩骂　漫骂

【谩骂】 mànmà　［动］用轻蔑、嘲讽的口气乱骂。**例**：急躁、气愤、～、训斥往往是引起运动员情绪变化的主要因素。

【漫骂】 mànmà　［动］肆意乱骂。**例**：他站在家门口对着杨家～。

漫步　慢步

【漫步】 mànbù　［动］没有目的而悠闲地走。**例**：我们～在林荫大道上。

【慢步】 mànbù　① ［副］脚步缓慢的。**例**：他一个人在前面走,其他人～跟在后面。② ［名］缓慢的脚步。**例**：川剧旦角的步法要求是走～微风摆柳,走快步一字轻盈,磨步儿脚尖相对,起梭步身向前倾。

漫画　漫话

【漫画】 mànhuà　［名］用简单而夸张的手法来描绘生活或

时事的图画。一般运用变形、比拟、象征、暗示、影射等方法,构成幽默诙谐的画面或画面组,以取得讽刺或歌颂的效果。例:这几幅~十分幽默。

【漫话】mànhuà [动]不拘形式地随便谈论。例:几位球迷正聚在一起~足球。

茫茫 莽莽 漭漭

【茫茫】mángmáng [形]无边无垠,看不清楚的样子。例:这艘远洋货轮已经在~的大海上航行了一天一夜。

【莽莽】mǎngmǎng ①[形]草木茂盛的样子。例:世纪公园里,草木~,一片苍翠。②[形]原野辽阔无边的样子。例:天苍苍,野~,风吹草低见牛羊。

【漭漭】mǎngmǎng [形]水面广阔无边的样子。例:一艘邮轮在~大海上航行。

门禁 门警

【门禁】ménjìn [名]原指宫门的禁令。后泛指门口的戒备防范。例:居民小区新型现代化~安全管理系统涉及电子、机械、光学、计算机、通信、生物等诸多新技术。

【门警】ménjǐng [名]负责看门警戒的人。例:他的车因为没有小区出入证而被~拦住了。

门帘 门联

【门帘】ménlián [名]门上挂的帘子,由布、竹子或其他材料制成。例：这个~料子很好。

【门联】ménlián ［名］门上的对联。例：旧社会劳动人民虽然不能欢乐地过年,但是贫苦的农户也要设法购张年画、贴对~。

蒙眬　　朦胧　　朦胧

【蒙眬】ménglóng ［形］刚睡醒或将睡着时视觉模糊的样子。例：他两眼~,睡意正浓。

【朦胧】ménglóng ［形］日光不明的样子。例：天色~,稍远点的景物便看不清楚。

【朦胧】ménglóng ①［形］模糊不清的样子。例：清晨的村庄沉浸在一片烟雾~之中。②［形］月色不明的样子。例：今晚有雾,月光显得那么~。

蒙蒙　　朦朦

【蒙蒙】méngméng ①［形］模糊不清的样子。例：对面山峰上,云气~,草色越发的青绿了。②［形］蒙昧的样子。例：在父亲的眼中,他还是个~无知的少年。③［形］细雨迷蒙的样子。例：情深深,雨~。

【朦朦】méngméng ［形］光线微明的样子。例：他俩坐在石板堤岸,看~月色下江水闪着银光缓缓东去。

咪咪　　眯眯

【咪咪】mīmī ［拟声］形容猫叫的声音。例：小猫~叫。

【眯眯】mīmī [形]方言。一点点的样子。例:太阳公公~笑。

眯糊　迷糊

【眯糊】mīhú [动]稍微睡一会儿,时间不长。例:他每天午饭后要~一小觉儿。
【迷糊】mí·hu [形]神志模糊不清或眼睛看不清楚。例:看他那~的样子,一定是酒喝得太多了。

弥漫　迷漫

【弥漫】mímàn [动]烟雾、尘土、气味等充满。例:空气中~着桂花的清香。
【迷漫】mímàn [动]茫茫一片,看不分明。例:在~的雾海里,水利工地像烟波浩茫中的一座岛屿。

弥蒙　迷蒙

【弥蒙】míméng [形]烟雾茫茫、看不分明的样子。例:机场上空大雾~,许多航班停止起飞。
【迷蒙】míméng ①[形]昏暗看不分明的样子。例:在暮色~中游览西湖真是别有一番情趣。②[形]迷迷糊糊、神志不清的样子。例:昨晚我电视看到一半便~入睡了。

免役　免疫

【免役】miǎnyì ①[动]免除劳役。例:青苗法与~法是北宋王安石变法的主要内容。②[动]免除兵役。例：对韩国运动员来说，在亚运会上获得一枚金牌并不是最具有诱惑力的，而是获得金牌后可以～。

【免疫】miǎnyì [动]因有抵抗力而不患某种病症。例：～功能减退的人，容易感冒。

勉力　勉励

【勉力】miǎnlì [副]尽力；努力。例：国民的生活满意度，不仅标志着个人生活的价值几许，更意味着整个国家的核心竞争力如何，因此国家和政府当～为之。

【勉励】miǎnlì [动]鼓励；鼓舞。例：老师没对我多说什么，只是～我到国外后一定要刻苦钻研学问，不要半途而辍。

面坊　面访

【面坊】miànfáng [名]磨面粉的作坊。例：他在农贸市场里开了一家～。

【面访】miànfǎng [动]访问；当面询问。例：这家咨询公司可以在全国200多个中小城市提供预约～服务。

面巾　面筋

【面巾】miànjīn [名]用于洗脸的毛巾。例：他左手拿着一条～，右手握着一把沾有肥皂沫和胡子茬的刮脸刀，竟歪在镜子前边睡着了。

【面筋】miànjīn [名]食品名。用面粉加水拌和，洗去其中所含的淀粉,剩下凝结成团的混合蛋白质就是面筋。**例**:有了麦子,就可以吃油条、蒸馍、切面、烧～、烙面饼、煮面片。

面世　　面市

【面世】miànshì　[动]新产品、新著作与消费者、读者见面。**例**:在火烧总统府的时候,孙中山先生所著有关革命的书籍和手稿,很多都因被烧毁或失散而不能～,万分可惜。

【面市】miànshì　[动]产品投放市场。**例**:一种有机矿泉饮品近日～,各大食品商店均有销售。

渺渺　　缈缈

【渺渺】miǎomiǎo　①[形]幽远的样子。**例**:登高远望,青山～。②[形]微弱、藐小的样子。**例**:个人的力量～而不足道。③[形]水势浩大的样子。**例**:看重峦叠嶂,江水～,让人不由得豪情顿生。

【缈缈】miǎomiǎo　[形]高远隐约的样子。**例**:青山～水滔滔。

民主　　民族

【民主】mínzhǔ　①[名]人民有参与国事或对国事有自由发表意见的权利。**例**:在我国,人民已获得了真正意义上的～。②[形]合乎民主原则的。**例**:这位新领导的作风很～。

【民族】mínzú　①[名]历史上形成的、处于不同社会发展阶段的各种人的共同体。**例**：我国由56个～组成。②［名］一个有共同语言、共同地域、共同经济生活以及表现于共同文化之上的共同心理素质的人的共同体。**例**：我国汉～的共同语就是普通话。

敏感　　铭感

【**敏感**】mǐngǎn　［形］感觉敏锐；对外界事物反应很快。**例**：再没比恋爱中的人～了,对方一丝一毫的变化都能感受出来。

【**铭感**】mínggǎn　［动］铭记在心,感激不忘。**例**：亲人对他的关怀,使他～在心。

名目　　明目

【**名目**】míngmù　［名］名称；名义。**例**：封建统治者利用手中的权力,巧立～,增加赋税,对百姓进行残酷的剥削和压榨。

【**明目**】míngmù　①［名］视力好的眼睛；明亮的眼睛。**例**：他被胜利冲昏了头脑,因而聪耳不能听,～看不见。②［动］使眼睛看得清楚。**例**：他连饮两杯这种用中药泡制的茶火水,顿感疲乏尽除,～清心,精神焕发。

名牌　　铭牌

【**名牌**】míngpái　①［名］写有人或事物名称的牌子。**例**：贵宾席上摆放着来宾们的～。②［名］出名的牌子。**例**：他毕业于～大学,门门功课都是优秀。

【铭牌】míngpái [名]标有名称、型号、规格及出厂日期、制造者等字样,贴在机器、仪表、机动车等上面的牌子。例:这台机器上的~做得很醒目。

名人　　明人

【名人】míngrén [名]知名人士;杰出的或引人注目的人物。例:他饱览群书,对各种风土人情、生活习俗、~轶事、人生哲理非常了解。

【明人】míngrén ①[名]眼睛能看见的人。例:在导盲犬的帮助下,盲人可以做一些原本只能是~所做的事。②[名]心地光明的人。例:~不做暗事,你对我有什么意见可以当面提出。

名声　　名胜

【名声】míngshēng [名]社会上人们给予的评价。例:这家企业严把产品质量关的管理方式已~在外。

【名胜】míngshèng [名]有著名古迹或风景优美的地方。例:西安有许多~古迹。

名言　　明言

【名言】míngyán [名]著名的言论或话语。例:格言也罢,~也罢,其作用都是在指示人们向着某一目标行动。

【明言】míngyán [动]明白地说出来。例:这种事情我们只能意会,不便~。

明净　　明镜

【**明净**】 míngjìng　[形]明丽洁净。**例**：姑娘的身姿是那样娇小,眼神是如此~。

【**明镜**】 míngjìng　[名]明亮的镜子。**例**：水深无波,像一面~,映照着四山的倒影和当空飘游的白云。

明净　　明静

【**明净**】 míngjìng　[形]明丽洁净。**例**：姑娘的身姿是那样娇小,眼神是如此~。

【**明静**】 míngjìng　[形]明亮平静。**例**：在戈壁滩上行走了一天的探矿队员们忽然发现前面隐隐约约地出现了一片~的湖水。

明里　　明理

【**明里**】 mínglǐ　[名]公开的场合。**例**：说话要说在~,不要在暗地里干见不得人的事。

【**明理**】 mínglǐ　①[动]明察事理;懂道理。**例**：他是个~人,你们的苦衷其实他都晓得。②[名]明显的道理。**例**：杀人偿命这种~谁都知道。

明文　　铭文

【**明文**】 míngwén　[名]明确的文字记载;法令、规章等之见于文字者。**例**：其实该国的法律并没有~规定禁止妇女驾车。

【**铭文**】 míngwén　[名]刻写在金石等物上的文字。**例**：商周时代钟鼎等青铜器物上的～大多数是记载王公大臣们立功受赏之类的事情。

明晰　　明细

【明晰】míngxī　[形]清楚;不模糊。例:小王～地意识到自己如果再不奋起直追的话将会跟不上班级同学的步伐。

【明细】míngxì　[形]明确详细。例:他向财务部门递交了本次宣传推广活动费用～单。

明志　　明智

【明志】míngzhì　[动]表明心志。例:抗日战争时期,梅兰芳先后隐居香港和上海,息歌息舞,蓄须～。

【明智】míngzhì　[形]观察、判断等敏锐正确。例:牺牲局部,保证整体,是～的策略。

冥茫　　冥濛

【冥茫】míngmáng　[形]虚空渺茫。例:高考落榜后,他觉得前途～。

【冥濛】míngméng　[形]烟雾弥漫;景色模糊不清。例:烟雨～中的西湖别有一番风情。

冥冥　　溟溟

【冥冥】míngmíng　①[形]昏暗渺茫的样子。例:～的暮色遮住了群山,密密的树林中,再也听不见鸟儿呼朋唤友的歌唱声。②[形]糊涂、不明事理的样子。例:这家伙尽干些蠢蠢蛋蛋、～顽顽的事。③[名]指主宰人世的神灵世界。**例**：有时，他竟也相信～之中大概确实有神灵支配人世间的祸福。

【溟溟】míngmíng ①[形]形容雨小。**例**：松风阁下雨～。②[形]幽暗；迷茫。**例**：这幅画作展现的是一个烟雨～的场景。

脉脉　默默

【脉脉】mòmò [形]默默地用眼神或行动表达情意。**例**：虽然他们两人一直默默无语，但是从那种～的眼神中，可以看出彼此心中的爱慕之情。

【默默】mòmò ①[形]不出声；不说话。**例**：从山下登上山顶时，他们彼此始终无言，便是坐在茶亭之中，也是相对～。②[形]暗暗地。**例**：他把这里的一切都～地记在心里。

蓦然　漠然　默然

【蓦然】mòrán [副]忽然；猛然。**例**：我～意识到，这只狼赶走群狼是为了吃独食。

【漠然】mòrán [形]不关心、不在意的样子。**例**：面对同学的不幸遭遇，他居然显得如此～。

【默然】mòrán [形]沉默不语的样子。**例**：他俩都一动不动地看着～不语的科长。

牟取　谋取

【牟取】móuqǔ [动]以不正当的手段谋取名利等。**例**：他利用职权~取私利,受到了党纪国法的惩处。

【谋取】móuqǔ [动]想办法取得。例:这些课程能够帮助你获取一些在医疗保健行业~职业的必要信息。

谋士　　谋事

【谋士】móushì [名]设谋献计的人;有智谋的人。例:县政法机关不仅仅满足于侦破、审理案件,而且主动为经济建设当好法律~。

【谋事】móushì ①[动]谋划事情。例:听她的口气,他们正在~,但是还没有头绪。②[动]谋求职业。例:他在老家住得厌烦了,便到上海去~。

木板　　木版

【木板】mùbǎn ①[名]板状的木材。例:~是家庭装潢中经常使用的材料。②同"木版"。

【木版】mùbǎn [名]上面刻有文字或图画的木质印刷板。例:~年画是中国历史悠久的传统民间艺术形式。

木材　　木柴

【木材】mùcái [名]采伐的树木经过初步加工的材料。例:林区用汽车和拖拉机运送~。

【木柴】mùchái [名]作燃料或引火用的小块木头。例:这个岛缺乏煤炭,交通又不方便,岛上的居民都用~烧水煮饭。

Nn

哪儿　　那儿

【哪儿】nǎ·er ［代］哪里。例：你从～来?
【那儿】nà·er ①［代］那里。例：～的土特产特别多。②［代］那时候,多用在"打、从、由"后面。例：从～起他就坚持练习书法。

哪个　　那个

【哪个】nǎgè ①［代］哪一个。例：你是～学校毕业的? ②［代］谁。例：你去看一下～在敲门?
【那个】nàgè ①［代］那一个。例：你就挑～西瓜吧,个大,水分多。②［代］那东西;那事情。例：～不用你操心,我们自己会想办法。③［代］用在动词、形容词之前,表示夸张。例：大伙儿～高兴劲啊,就甭提了! ④［代］代替不便直说的话(含有婉转或诙谐的意味)。例：你刚才的脾气也太～了。

哪里　　那里

【哪里】nǎlǐ ①［代］问什么处所。例：你从～来? ②［代］

表示不确定的处所。例：大家都不知道她现在在～。③[代]泛指任何处所。例：上下班高峰时，～都堵车。④[代]用于反问句。表示否定。例：战士们到处找水喝，可是～有一点水呢？⑤[代]谦辞。婉转地表示否定。例：～的话，咱们一块儿出来，当然有饭大家吃，有难共同当。

【那里】nàlǐ [代]指距离说话人较远的地方。例：我的家在东北松花江上，～有森林煤矿，还有那满山遍野的大豆高粱。

哪些　　那些

【哪些】nǎxiē [代]哪一些。例：～东西是你的？你全拿回去。

【那些】nàxiē [代]指两个以上的人或事。例：我已经把～问题全部写在纸上了，你自己拿去看吧。

哪样　　那样

【哪样】nǎyàng ①[代]问性质、状态等。例：你到底要闹到～才肯罢休？②[代]指性质、状态等。例：这里的运动鞋款式较多，你要～的？

【那样】nàyàng [代]指性质、状态、方式、程度等。例：他已经急得～了，你就别再逗他了。

耐心　　耐性

【耐心】nàixīn ①[形]心里不急躁、不厌烦。例：张老师～地帮张强补习数学。② 同"耐性"。

【耐性】nàixìng [名]不急躁、不厌烦的性格。例：钓鱼是一种培养人的~的好方法。

难堪　　难看

【难堪】nánkān [形]难以忍受、窘迫的样子。例：那是一段多么痛苦、~的日子啊！

【难看】nánkàn ①[形]不光荣；不体面。例：小伙子干活比不上老年人那就太~了。②[形]不美；不好看。例：鳄鱼的长相很~。

闹市　　闹事

【闹市】nàoshì [名]繁华热闹的街市。例：外地车辆未经许可，不得在~行驶。

【闹事】nàoshì [动]聚众生事，破坏社会秩序。例：带头~的人被带到警署。

讷讷　　呐呐

【讷讷】nènè ①[形]说话迟钝谨慎的样子。例：他说起话来~的，总是不肯多说的样子。②[形]低声说话的样子。例：他坐在一边，嘴里~着什么。

【呐呐】nènè [形]说话声音低沉或含混不清的样子。例：到韦护征求她的意见时，她竟手足无措地~着。

内因　　内应

【内因】nèiyīn [名]事物发生变化的内在因素和原因。

例：~决定事物发展的基本趋势和方向,外因只有通过内因才能对事物的发展起作用。

【内应】nèiyìng ①[动]在内部暗中策应。例：这场斗争的胜利是~外合的结果。②[名]在内部暗中策应的人。例：欧阳俊还没有说完,尹展就做了一个禁声的手势暗示他皇宫里有~。

拟订　　拟定

【拟订】nǐdìng [动]起草、制订计划。例：老张刚~了一个新的工作计划。

【拟定】nǐdìng [动]起草、制定规划、章程等。例：这个卫星城市的远景规划已经~。

逆市　　逆势

【逆市】nìshì [动]与市场行情走势相反。例：这几天大盘连连下挫,只有个别股票~而上。

【逆势】nìshì [动]与形势、情况发展方向相反。例：一季度在全国整体经济发展速度放慢的情况下,中西部四地的经济~而上,增速明显加快。

年华　　年画

【年华】niánhuá [名]岁月;时光。例：~易逝,年青人一定要珍惜!

【年画】niánhuà [名]我国特有的一种表现喜庆气象的绘

画体裁。供人们在过年时张贴。**例**:她有一个女儿名叫桃叶,已满 18 岁,出落得像~上的人物一般。

年检　　年鉴

【**年检**】niánjiǎn [动]每年一次例行检验或检查。**例**:你的汽车这个月应该去~了。

【**年鉴**】niánjiàn [名]汇集一年以内或截至出版年为止的各方面或某一方面的情况、统计等资料的参考书。**例**:方志敏同志早年写的小说还被选编到小说研究社刊行的小说~里。

年馑　　年景

【**年馑**】niánjǐn [名]荒年。**例**:1926 年,台风咸水再犯瑞安,~加瘟疫,死者无数。

【**年景**】niánjǐng [名]一年农作物收获的情况。**例**:今年~很好,农民收入可望增加。

年历　　年利

【**年历**】niánlì [名]印有一年的月份、星期、日期、节气等的印刷品。**例**:这张~设计得精致。

【**年利**】niánlì [名]按年计算的利息或利率。**例**:这种特种国债的利率为~5%,从交款之日开始计息。

年青　　年轻

【**年青**】niánqīng [形]处在青少年时期。**例**:你们~一代正是勤奋学习的大好时光。

【年轻】niánqīng [形]年纪轻。例:他～力壮,是家里的顶梁柱。

年时　　年事

【年时】niánshí ①[名]当年;往年。例:虽然他们年纪大了,但歌声却同～一样朴实和亲切。②[名]岁月;年代。例:虽说～久了,但这几张书桌却毫无损坏。

【年事】niánshì [名]年岁;年纪。例:他的外婆～已高,由他两个舅舅轮流照顾。

年中　　年终

【年中】niánzhōng [名]一年的中间或中间一段时间。例:这件事我一定在～办妥。

【年终】niánzhōng [名]一年的终了。例:公司～评比时,销售部门获得优秀。

凝集　　凝结

【凝集】níngjí [动]凝结在一起;聚集。例:新唐山的建成,～着建设者的心血与汗水。

【凝结】níngjié [动]气体变为液体或液体变为固体。例:河面上～着薄薄的一层冰。

忸怩　　扭捏

【忸怩】niǔní [形]羞愧或不大方的样子。例:受到了表扬,肖武斌反而~起来了。

【扭捏】niǔ·nie ①[动]行走时身体故意扭动。例:她~的身子别样娇柔。②[形]言谈举止不爽快、不大方。例:这姑娘天性活泼开朗,从没在生人面前~过。

扭结　　纽结

【扭结】niǔjié [动]纠缠;缠绕在一起。例:劝架的人费了好大的劲才把~在一起的两人拉开。

【纽结】niǔjié ①[名]由条状物结成的疙瘩;布结成的纽扣。例:他穿上褡裢,系好~,向门外走去。②[名]矛盾的中心环节。例:两人产生矛盾的~终于被解开了。

农时　　农事

【农时】nóngshí [名]适宜于从事耕种、收获的时节。例:庄稼误了~影响庄稼一季,学生误了学习影响人的一生。

【农事】nóngshì [名]农业生产的各项活动。例:寒冬降临,天气变冷,完成~的人们开始从事其他副业劳动。

哝哝　　浓浓

【哝哝】nóngnóng ①[动]低声絮语。例:她俩在路边~了老半天。②[形]形容絮语声。例:隔壁房间里传来她俩~的说笑声。

【浓浓】nóngnóng ①[形]露水多的样子。例:风清清,露~。②[形]形容程度深。例:劳累了一天,大伙儿睡意~。

浓洌 浓烈

【浓洌】nóngliè [形]浓郁清醇。例:餐厅里传来一股~的酒香。

【浓烈】nóngliè ①[形]烟雾、气味等浓重。例:~的桂花香气扑鼻而来。②[形]浓厚强烈。例:他的普通话里夹杂着~的地方口音。

浓艳 秾艳

【浓艳】nóngyàn [形]色彩浓重而艳丽。例:她~的装束与晚会的气氛不太和谐。

【秾艳】nóngyàn [形]花木茂盛而鲜艳。例:池畔的一排樱花树都开花了,~得像一片云霞。

怒号 怒吼

【怒号】nùháo [动]大声地吼叫。多指风声或野兽的叫声。例:西北风不停地~着。

【怒吼】nùhǒu [动]猛兽吼叫。比喻发出雄壮的声音。例:这是勇敢的海燕,在~的大海上,高傲地飞翔。

女娲 女娃

【女娲】nǚwā [名]中国古代神话传说中的女帝王,她曾炼五色石补天。例:古代的神话传说和以它为基础的史诗中的人物,往往是征服自然或生产、战争中的英雄人物,如炼石补天的～、射落九日的后羿等。

【女娃】 nǚwá ［名］女孩子。**例**：她父母重男轻女,希望有一个男孩子,可偏偏连生两个～。

诺诺　　喏喏

【诺诺】 nuònuò ［形］连声应诺的样子。表示顺从、不加违逆。**例**：他在领导面前总是唯唯～、唯命是从的。

【喏喏】 nuònuò ［拟声］形容应诺声。表示顺从。**例**：对于大家的批评帮助,他～地表示虚心接受。

Oo

偶合　　耦合

【**偶合**】ǒuhé　[动]无意中恰巧相同或一致。**例**：我们两人的观点一直不同,在这件事上意见一致完全是~。

【**耦合**】ǒuhé　[动]物理学上指两个或两个以上的体系或两种运动形式之间通过各种相互作用而彼此影响以至联合起来的现象。**例**：目前我们所使用的摄像头中几乎全部用电荷~器件。

怕是　怕事

【怕是】pàshì　[动]恐怕是。**例**：他们不想走的原因~想趁此机会多结交些朋友吧。

【怕事】pàshì　[动]怕惹是非或怕犯错误。**例**：他其实很胆怯,但出于真诚,尽管有些~,但还是斗胆把什么责任都承担下来了。

拍岸　拍案

【拍岸】pāi'àn　[动]波浪击打岸边。**例**：我躺在甲板上,仿佛听到了各种各样的声音,有惊涛~的喧嚣声、石块互相摩擦的轰隆声、沙砾在海底荡漾发出的唰唰声。

【拍案】pāi'àn　[动]拍桌子。**例**：看完电视连续剧《大宅门》,我不禁~叫绝。

排出　排除

【排出】páichū　[动]从比较小的口或孔释放或流出。**例**：他们用一个小型仪器可以测出汽车~的废气是否符合国家废气排放的标准。

【排除】páichú [动]消除;除掉。例:我们要～万难,去争取胜利。

排挡　　排档

【排挡】páidǎng [名]机动车辆用来改变牵引力,使车辆变速或倒行的装置。例:不管他怎样心急,怎样加大油门,怎样调换～,车子还是一步也前进不了。

【排档】páidàng [名]设在路边、广场上的售货摊。例:庙会期间,这里摆满了各种～。

排诋　　排抵

【排诋】páidǐ [动]排斥诋毁。例:孔子的弟子、传人对异端思想力加～。

【排抵】páidǐ [动]排斥抵制。例:当年因各界～日货而为日侨所忌。

排头　　牌头

【排头】páitóu [名]行列或位置的最前面。例:站在～的那个细高个就是黄大权。

【牌头】páitóu [名]名望;势力。例:他那空架子之所以还能够支撑,一半也就靠着那有名无实的火柴厂老板的～。

排位　　牌位

【排位】páiwèi [名]在排行榜或排名赛中所占的位次。

例：在F1摩纳哥站～赛中，舒马赫跑出最快圈速。

【牌位】páiwèi　[名]灵牌，以神主或其他题着名字的作为祭祀对象的木牌。例：祠堂里供着祖宗的～。

盘诘　　盘结

【盘诘】pánjié　[动]查问；盘问。例：这几个关隘处都有专人把守，对来往的可疑之人～得很严。

【盘结】pánjié　[动]回环连结。例：他和指战员们冒着刺骨的海风，把～如网的芦根，一根一根地拔掉。

旁征　　旁证

【旁征】pángzhēng　[动]大量地寻求、搜集引证材料。例：王老师讲课～博引，深入浅出，很有知识性和趣味性。

【旁证】pángzhèng　[名]主要证据以外的其他证据。例：法庭不会只依赖～就判定一个人有罪。

狍子　　袍子

【狍子】páo·zi　[名]一种小型鹿。有竖直的圆柱形的角，尖端处分叉，基底相接近，夏季毛色赤褐，冬季灰色较多，有白色的臀盘，以行动敏捷优雅而著称。例：～是我国东北林区较为常见的一种野生动物。

【袍子】páo·zi　[名]一种有夹层的长衣。例：他把宝玉的～穿上，靴子也穿上，带子也系上，猛一瞧，活脱儿就像是宝兄弟。

佩带　　佩戴

【佩带】pèidài　［动］别在或挂在肩上、胸前或腰间。**例**：今天出警的特警都～手枪。

【佩戴】pèidài　［动］别在肩上、臂上或胸前。**例**：为了悼念周总理,千万条黑纱、千万朵白花在人们的臂上胸前～起来了。

配制　　配置

【配制】pèizhì　①［动］把不同配料按比例混合起来。**例**：这本书上谈了许多关于土壤、施肥、气候和剪枝的学问,并且还列举出许多杀虫剂的化学符号及其～方法。②［动］配合主体而制作。**例**：台上～的布景与剧本主题非常吻合。

【配置】pèizhì　［动］配备布置。**例**：为了吸引更多的游客,园林工人在假山旁～了各种珍稀花草。

喷洒　　喷撒

【喷洒】pēnsǎ　［动］使溶液成雾状或飞沫状喷射散落。**例**：将保幼激素～在桑叶上或蚕体上,可以延长幼虫期,使蚕结的茧大丝多。

【喷撒】pēnsǎ　［动］喷射散落粉末或颗粒的东西。**例**：园林工人正在给行道树～杀虫剂。

怦怦　　砰砰

【怦怦】pēngpēng　［拟声］形容心跳的声音。**例**：他们相互间不曾谈过一个爱字,可是多多一见到他,心就～地跳,脸儿也发红。

【砰砰】 pēngpēng [拟声]形容撞击或重物落地的声音。例：一阵~的敲门声把他从睡梦中惊醒。

批阅　　披阅

【批阅】 pīyuè [动]阅读并加以批示或批改。例：老师每天都要~很多卷子。

【披阅】 pīyuè [动]展卷阅读；翻看。例：这些画稿我全都~过。

枇杷　　琵琶

【枇杷】 pípá [名]一种常绿乔木。叶长圆形，花白色，冬花夏熟。果实球形或椭圆形，味甜美可食，或制罐头食品。叶可入药。例：妈妈一清早就到山后的果园去采摘~。

【琵琶】 pípá [名]一种弦乐器。木制，有四根弦，下部为瓜子形的盘，上部为长柄，柄端弯曲。横抱怀中用拨子弹奏。例：一曲古老悦耳的~独奏，似春天里的丝丝小雨，滋养着她那枯竭的心灵。

偏方　　偏房

【偏方】 piānfāng [名]流传于民间、医药经典著作未加记载的中药方。例：他非常怕死，整天吃些补药，相信一切益寿延年的~。

【偏房】 piānfáng ①[名]旧时称妾。例：旧社会他的妹妹做了有钱人家的~。②[名]四合院中的厢房。例:他家的正屋和~四壁布满各种书画和匾额。

偏偏　翩翩

【偏偏】piānpiān　①[副]表示故意跟客观要求或客观情况相反。例:他无非是要我认输,我~不认输。②[副]表示事实跟所期待的恰恰相反。例:大家都盼望他来,他~不来。③[副]表示范围,与"单单"略同。例:大家都按时完成了任务,为什么~你没完成。

【翩翩】piānpiān　①[形]轻快起舞的样子。例:几只蝴蝶在花丛中~飞舞。②[形]举止洒脱的样子。例:他举止得体,风度~,是位广受欢迎的人。

片段　片断

【片段】piànduàn　[名]整体中的一个段落。例:我们选了话剧《刘胡兰》的一个~进行排练。

【片断】piànduàn　①同"片段"。②[形]零碎;不完整。例:他把从生活中得到这些零碎的、~的材料组合成一个完整的文学作品。

漂荡　飘荡

【漂荡】piāodàng　①[动]在水上浮动。例:小船在水中~。②[动]漂泊;流浪。例:他离开家乡后便四处~。

【飘荡】piāodàng　[动]在空中随风摆动。例:那种比任何琴弦所能发出的更温柔的声音至今还在他的耳边～。

漂浮　　飘浮

【**漂浮**】piāofú ①[动]停留在液体表面不下沉。例：一叶小舟～在水面上。②[形]工作、学习等态度不认真、不踏实。例：小王工作态度～，同事们很有意见。

【**飘浮**】piāofú ①[动]随风摇动或飞扬。例：卷云丝丝缕缕地～着,有时像一片白色的羽毛,有时像一块洁白的绫纱。② 同"漂浮②"。

漂漂　　飘飘

【**漂漂**】piāopiāo ①[形]漂浮、浮动的样子。例：菜汤里只有～的几滴油珠。②[动]漂泊;流浪。例：他～一世,无处安身。

【**飘飘**】piāopiāo ①[形]随风摇动或飞扬的样子。例：春暖乍寒时节,北国雪花～,南方细雨蒙蒙。②[形]飞翔的样子。例：鸟儿在空中舞出～的身影。③[形]轻盈舒缓、超尘脱俗的样子。例：聋哑姑娘表演的舞蹈《千手观音》端庄优雅、～柔美。

漂移　　飘移

【**漂移**】piāoyí [动]物体在液体中漂浮、移动。例：这只漂流瓶是从大洋彼岸～过来的。

【**飘移**】piāoyí [动]物体在空中飘浮、移动。例：远处～着一只大型气球。

漂游　　飘游

【漂游】piāoyóu ［动］物体在液体中缓慢地漂动。例：一座巨大的冰山缓缓地在海上～。

【飘游】piāoyóu ［动］物体在空中缓慢地飘动。例：几朵白云在山头上空慢慢地～。

飘拂　　飘浮

【飘拂】piāofú ［动］轻轻飘动。例：长长的柳枝在微风的吹动下轻轻～。

【飘浮】piāofú ①［动］随风摇动或飞扬。例：卷云丝丝缕缕地～着,有时像一片白色的羽毛,有时像一块洁白的绫纱。②［形］工作、学习等态度不认真、不踏实。例：他工作～,为人也不太可靠。

飘洒　　飘散

【飘洒】piāosǎ ①［动］飘扬散落。例：这辆卡车开得太快,车上的沙子一路～下来。②［形］自然;不呆板。例：这一幅行书很～,看不出是出自一个八岁女孩之手。

【飘散】piāosàn ［动］向四处飘动、散开。例：在微风的吹拂下,他的头发～着,脸上一阵爽快。

飘逸　　飘溢

【飘逸】piāoyì ①［形］神态、举止等潇洒脱俗。例：她的步态显得很庄重,并且这庄重里头还流露出一种不常见的～。②[形]文学作品风格清新洒脱,意境高远。**例**:李白的诗豪放～。③[动]轻柔飘动。**例**:那一身纱裙～着,与她秀美的姿态恰好相称。

【飘溢】piāoyì [动]飘散洋溢。**例**:一股桂平西山茶所特有的清香从壶嘴和气眼里～出来。

品名　　品茗

【品名】pǐnmíng [名]物品的名称。**例**:每个包装盒上都标明～、净重、含量、批号与生产厂家等。

【品茗】pǐnmíng [动]品茶。**例**:这次郊游,他们先爬山,后～。

品位　　品味

【品位】pǐnwèi ①[名]官阶;位次。**例**:专家告诉我们,这些石像中排在中间的神像～最高。②[名]矿石中有用元素或其化合物含量的百分率,含量的百分率愈大,品位愈高。**例**:日本本国工业原料和燃料都很贫乏,但它能利用优越的海洋运输条件,从海外运进高～的铁矿石。③[名]人或事物的品质、水平。**例**:这种高贵的精神和～值得我们学习。

【品味】pǐnwèi ①[动]仔细地尝试辨别滋味。**例**:茶农热情地请我们～这种新茶。②[动]仔细体会。**例**:他站在那里,细细地～着对方所说的话。

品行　　品性

【品行】 pǐnxíng　[名]道德行为。例：村民们的～是那样的纯朴和谦虚,真令人感动。

【品性】 pǐnxìng　[名]品质性格。例：他是个～高洁的人。

平板　　平版

【平板】 píngbǎn　[形]平淡死板,没有曲折变化。例：这篇文章读起来很～,没有起伏和悬念。

【平版】 píngbǎn　[名]版面图文部分和空白部分都没有凹凸纹的印刷版。例：～印刷是由早期石版印刷而发展命名的。

平敞　　平畅

【平敞】 píngchǎng　[形]平整宽敞。例：这块～的空地是他们村的晒谷场。

【平畅】 píngchàng　[形]平顺畅达。例：长江三角洲一带的陆路交通将变得越来越～。

平定　　评定

【平定】 píngdìng　①[动]平稳安定。例：听了他的话,我激动的心情暂时一下来。②[动]平息叛乱。例：曹操～汉中时,夺取阳平关是关键性的一战。

【评定】 píngdìng　[动]经过评判核定胜负或优劣。例：经过专家~,他的这幅水彩画获二等奖。

平分　　评分

【平分】píngfēn　[动]平均分配;对半分。例:三角形三条边的垂直~线相交于一点,这个点到三角形三个顶点的距离相等。

【评分】píngfēn　[动]根据成绩评定分数。例:语文考试的~标准已经确定。

平伏　　平服　　平复

【平伏】píngfú　①[形]平整。例:床上非常~地铺着一条洗得洁白的床单。②[动]平定;平息。例:他的心情久久不能~。

【平服】píngfú　①[动]安定。例:对于任何人的任何别扭和痛快,他都可以用他那巧妙动人的话语使你~。②[动]服气。例:生宝对他们的这种做法心里总不~。

【平复】píngfù　①[动]恢复平静;使平静。例:这件事情等他情绪~后再说。②[动]痊愈;复原。例:她心中的伤痕并没有~,可是为了腹中的孩子,她已决定不再啼哭或发愁。

平级　　评级

【平级】píngjí　[形]职务、职称、技术等级等的级别一样。例:~调动是指内部人员在同级水平的职务之间调动。

【评级】píngjí　[动]评定干部、职工、投资者等在待遇、工资、信用等方面的等级。例:信用~的目的是显示受评对象信贷违约风险的大小,一般由某些专门信用评估机构进行。

平价　　评价　　评介

【**平价**】píngjià ①[动]平抑上涨的物价,使之平稳。例:有关部门采取多项措施~,力争尽快遏制物价过快上涨的势头。②[名]平抑了的物价。例:有的商店把~和议价商品混杂在一起,从中获取非法利润。③[名]普通的价格。例:市面上有很多好用的~护肤品,它们的效果一点也不比大牌差。④[名]一国本位货币规定的含金量。亦指两个金本位(或银本位)国家间本位货币法定含金量(或含银量)的比值。例:以两种金属铸币含金量之比得到的汇率称为铸币~,它是金本价的一种表现形式。

【**评价**】píngjià ①[动]评定人或事物的价值和作用。例:人们高度~了他在过去一年中的工作成绩。②[名]评定的价值和作用。例:他满以为这一次展览,会使自己的作品得到应有的~。

【**评介**】píngjiè [动]评论介绍。例:这篇论文专门~国内外科技研究新进展。

平靖　　平静

【**平靖**】píngjìng ①[动]用武力镇压动乱而使局面安定。例:1681年清朝~三藩之乱,国内局势安定之后,康熙致力于加强东北防务,收复被沙俄侵略军所侵占的国土,以结束黑龙江地区各族人民被肆意残害的状况。②[形]社会秩序安定。例：当生活的波澜复归～之后，追忆往事，大家竟生出无限的感慨！

【平静】píngjìng ①[形]环境安宁，没有骚扰或动荡。例：他们单位表面看来～无事，实际上问题很严重。②[形]心情平和、安静。例：想起会议上发生的争论，刘主任的心情是无法～的。

平叛　　评判

【平叛】píngpàn [动]平定叛乱。例：他亲身经历了1959年西藏反动上层集团发动的叛乱，并参与了～斗争。

【评判】píngpàn [动]判定胜负、是非或优劣。例：一些年轻人追求时髦，崇尚新奇，却缺少鉴别、～能力。

平身　　平生

【平身】píngshēn [动]旧时称行跪拜礼后站起身来。例：他俩向太祖母请安后～旁立。

【平生】píngshēng [名]终身；一辈子。例：奶奶～念佛吃素。

平信　　凭信

【平信】píngxìn [名]不挂号的普通信件。例：他把挂号信当成～寄了。

【凭信】píngxìn ①[动]相信；信赖。例：他虽然听说李自成很礼遇牛金星，但没有想到对他竟是如此看重和～。②[名]证据。例：传讯的结果是找不到她犯罪的～，可又不能排除嫌疑。

平议　　平易

【平议】píngyì ①[动]公平论断。例:社区调解员~了他们之间的纠纷。②[动]评议;评论。例:不久前有两位读者寄给我他们写的~我小说的文章。

【平易】píngyì ①[形]性情、态度等温和宁静。例:柳青是前辈,虽然他态度~、亲切、和婉,但我还是显得非常拘谨。②[形]文章浅近易懂。例:这篇文章语言简洁~,又把道理讲得很清楚。

平匀　　平允

【平匀】píngyún [形]均匀;平均。例:今年的雨水很~。

【平允】píngyǔn [形]公平;允当。例:老娘舅的判定很~,令双方当事人心服口服。

平整　　平正

【平整】píngzhěng ①[形]平坦;整齐。例:厨房的地砖铺得十分~。②[动]填挖土方使土地平坦整齐。例:施工人员在~场地。

【平正】píngzhèng [形]端正;不歪斜。例:教室里的课桌椅摆放得很~。

破例　　破裂

【破例】pòlì [动]突破常例。例:因为他卓越的经历而~被该校录用。

【**破裂**】pòliè [动]完整的东西出现裂缝。**例**：他们两人的友谊～了。

扑闪　　扑扇

【**扑闪**】pūshǎn [动]眼睛眨动。**例**：小铁把小脑袋一歪，～着眼睛望着老师。

【**扑扇**】pū·shan [动]翅膀扇动或张开。**例**：她头上的蝴蝶结在微风的吹拂下就像一只活泼可爱的大蝴蝶～着翅膀要飞上蔚蓝的天空。

铺展　　铺张

【**铺展**】pūzhǎn [动]铺开并向四处伸展。**例**：蔚蓝的天空～着一片片白云。

【**铺张**】pūzhāng [形]为了形式上的好看，过分地讲究排场。**例**：这次店庆活动搞得太～了。

朴直　　朴质

【**朴直**】pǔzhí [形]朴实率直。**例**：他的性格极其～。

【**朴质**】pǔzhì [形]质朴而纯真；不矫饰。**例**：他～善良，乐于助人。

Qq

凄然　　戚然

【凄然】qīrán　［形］悲伤的样子。例：她无奈地笑了笑,笑容中充满着～。

【戚然】qīrán　［形］忧伤的样子。例：韦护～地躺在床上。

凄迷　　萋迷

【凄迷】qīmí　［形］凄凉、模糊的样子。例：冬天的园子里花木枯萎,景色～。

【萋迷】qīmí　［形］草木茂盛的样子。例：他们来到父亲的坟前,只见坟头已是绿草～。

凄凄　　萋萋

【凄凄】qīqī　①［形］寒凉的样子。例：风～,雨潇潇,如丝的雨线抽打着天空与大地。②［形］悲伤、凄惨的样子。例：夜已深,只有虫儿在～地叫着。

【萋萋】qīqī　［形］草长得茂盛的样子。例：草原上绿草～,花香郁郁。

戚戚　　嘁嘁

【戚戚】qīqī　[形]忧惧、忧伤的样子。**例**：不～于贫贱,不汲汲于富贵。

【嘁嘁】qīqī　[拟声]形容小声说话的声音。**例**：他把嘴凑近虎子耳边,～地说:"叫我一声哥哥!"

期间　　其间

【期间】qījiān　[名]某个时期里面。**例**：农忙～,农民们工作很辛苦。

【其间】qíjiān　[代]这中间。**例**：他不辞而别,～定有原因。

期求　　乞求　　企求

【期求】qīqiú　[动]希望得到;企求得到。**例**：二愣鼓起腮帮,用一双～的目光盯着永生。

【乞求】qǐqiú　[动]请求别人给予。**例**：望着她冷若冰霜的面孔,他只得收回那只～的手,却把那种痛不欲生的滋味刻在心里。

【企求】qǐqiú　[动]希望得到。**例**：他只想把工作做好,除此之外,别无～。

期盼　　企盼

【期盼】qīpàn　[动]期待;盼望。**例**：两岸学者通过交流、对话,彼此增进了感情和了解,～联手开创中华民族的美好未来。

【企盼】qǐpàn　［动］盼望。例：在周小乙的~中,张元秀夫妇相携来到清风亭前。

期中　　其中

【期中】qīzhōng　［名］一个学期的前半学期结束的时候。例：马上就要~考试了,大家抓紧时间好好复习。

【其中】qízhōng　［名］在里面。例：学校排球队正式成立了,我就是~的一员。

期中　　期终

【期中】qīzhōng　［名］一个学期的前半学期结束的时候。例：马上就要~考试了,大家抓紧时间好好复习。

【期终】qīzhōng　［名］一个学期结束的时候。例：现在是~复习的关键时刻,你们千万不要无故缺课。

齐步　　起步

【齐步】qíbù　［副］以整齐的步伐。例：~走是队列行进时常用的步伐。

【起步】qǐbù　①［动］开始走。例：车辆~时,需要较大的扭矩来克服车辆的静止惯性,因此一般都用低速挡。②［动］比喻工作、事业等刚开始。例：他们的事业刚刚~,还有许多事情要做。

齐奏　　启奏

【齐奏】qízòu　［动］两个以上的演奏者同时演奏同一乐曲。

例：庙会中间搭起的高台上，一时鼓乐～。

【启奏】qǐzòu ［动］臣子对帝王进言、上书。例：费力而不讨好的会议应该尽量避免，就像古时的皇帝早朝一样，"有事～，无事退朝"。

其时　　其实

【其时】qíshí ［名］那时；当时。例：他是在自己事业声名如日中天时东渡日本的，～他作词的好几首歌曲正风靡全国。

【其实】qíshí ［副］承上文转折，表示所说的是实际情况。例：他表面上处处牺牲自己来为别人打算，～心中又有所不甘。

奇兵　　骑兵

【奇兵】qíbīng ［名］出其不意突然袭击的军队。例：按照孙子关于"奇正"的用兵思想，一般都是以正兵迎战，以～制胜。

【骑兵】qíbīng ［名］骑马作战的军队或士兵。例：欣赏着这些先进设施，他的心情和一个将军检阅自己得胜班师的～时一样。

奇绝　　奇崛

【奇绝】qíjué ［形］神奇绝妙。例：这一带怪石嶙峋，山势～。

【奇崛】qíjué ［形］笔墨新奇、刚健。例：鲍照的山水诗在遣词造句上极尽险仄～之能事。

奇巧　　奇峭

【奇巧】qíqiǎo　[形]新奇精巧。例：橱窗里陈列着许多～的工艺品。

【奇峭】qíqiào　[形]山势奇特峻峭。例：山峰很～，我们已无力攀登观赏了。

奇伟　　颀伟

【奇伟】qíwěi　[形]奇特壮美。例：北京故宫是如此的～与恢弘。

【颀伟】qíwěi　[形]颀长魁伟。例：篮球运动员个个身材～。

歧义　　歧异

【歧义】qíyì　[名]语言文字的意义不明确，有两种或两种以上的解释。例："我要炒饭"这句话有～，可以理解为"我要吃炒的饭"，也可以理解为"我要去炒饭"。

【歧异】qíyì　[形]差异；不相同。例："意识形态"也许是有史以来最为复杂、含义最为～的概念之一。

棋手　　旗手

【棋手】qíshǒu　[名]擅长下棋的人或以下棋为主要活动的人。例：在应氏杯世界围棋职业锦标赛上，中韩两国各有两名～晋级四强。

【旗手】qíshǒu ①[名]在行列前打旗子的人。例：他是本届运动会入场式的～。②[名]比喻领导人或先行者。例：鲁迅是新文化运动的～。

棋子　　旗子

【棋子】qízǐ [名]棋类游戏中用来放在棋盘上对弈的、用木头或其他材料做成的小块。通常用颜色分为数目相等的两部分或几部分。例：他好像刚下完象棋,正在那里收～呢。

【旗子】qí·zi [名]用绸、布、纸等制成的长方形、方形或三角形的标志,多挂在杆子上或墙壁上。例：他站在屋顶上,挥舞着一面标有"安全生产"的～。

岂止　　起止

【岂止】qǐzhǐ [副]用反问的语气表示超出某个数目或范围。例：他们摄取的～是一座翡翠峰、一块岩石、一株树木,他们捕捉的是美、是生命、是宇宙的奥秘。

【起止】qǐzhǐ [动]开始和结束。例：关于秦长城的～点,一般倾向以下的说法,即起点是甘肃临洮县城东23公里尧甸长城坡,止点是辽宁的鸭绿江畔。

启动　　起动

【启动】qǐdòng [动]机器、仪表、电气设备、工程项目等开始工作。例：压缩机～的时候不能把电源切断。

【起动】qǐdòng [动]开动。例：大家的身子刚坐稳,客车就~了。

启示　　启事

【启示】qǐshì [动]启发提示,使有所领悟。例：中国民营企业的崛起~我们,社会主义经济成分不应该是单一的。
【启事】qǐshì [名]为说明某事而登在报刊上或贴在墙壁上的文字。例：学校的招贴栏里,贴着不少招聘~。

启用　　起用

【启用】qǐyòng [动]开始使用。例：从10月20日起,新的办公大楼将正式~。
【起用】qǐyòng ①[动]重新任用。例：新厂长上任后,~了几位老技术人员。②[动]提拔使用。例：比赛中,教练~了一些新人。

起家　　起价

【起家】qǐjiā ①[动]兴家立业;成名发迹。例：他饶有兴趣地给我们讲述了他~的历史。②[动]创业。例：他白手~,如今已是亿万富翁。
【起价】qǐjià ①[动]从某一价格开始计算或出售。例：这个城市的出租汽车~15元。②[名]拍卖、招标或售房等开始的价格。例：这种不带花园的多层住宅,一般以一楼或顶楼的销售价为~。

起劲　　起敬

【起劲】 qǐjìn　[形]情绪高;劲头大。**例**:同学们很～地在操场上踢球。

【起敬】 qǐjìng　[动]产生敬意。**例**:他以身作则的行为令我肃然～。

起义　　起意

【起义】 qǐyì　①[动]为了反抗反动统治而发动武装革命。**例**:他参与和领导了规模宏大的冀东人民抗日武装～,为冀东抗日根据地的创立和建设作出了重大贡献。②[动]反动集团的部分武装力量或个别军人背叛所属集团而投奔革命队伍。**例**:1945年10月16日驻临城以东陶庄的国民党新编第三十六师师长何志斌,举起反内战的旗帜,率全师2300余人～。

【起意】 qǐyì　[动]萌发某种念头。**例**:这门亲事是他祖父～而由他的父亲亲手操办的。

气氛　　气愤

【气氛】 qìfēn　[名]在一定环境中呈现出来的、为人们所强烈感受到的、反映某种精神状态的景象。**例**:国庆节前夕,整个城市充满着欢乐、祥和的节日～。

【气愤】 qìfèn　[形]生气愤恨的样子。**例**:船长非常～地将这对不守规矩的父子赶下了游艇。

气宇　　器宇

【气宇】qìyǔ　[名]气度;气概。例：人生于天地之间,就应该有恢宏的～和宽如大海的胸怀。

【器宇】qìyǔ　[名]外表;风度。例：我军仪仗队的阵容威风凛凛,～轩昂,不愧是国威、军威的代表。

气质　　器质

【气质】qìzhì　①[名]人的个性特点。例：她身上具有舞蹈家独有的～。②[名]风格;品质。例：刘胡兰在敌人的铡刀前,表现出无产阶级革命者应有的～。

【器质】qìzhì　①[名]身体器官的组织结构。例：研究表明,儿童多动症并非单纯的心理疾病,而是脑内发生了～性改变。②[名]素质;才识。例：这位学者～深厚,品行高洁,是我们学习的楷模。

弃材　　器材

【弃材】qìcái　[名]废材;无用之材。例：在手艺高超的匠人眼里是没有～的。

【器材】qìcái　[名]器具和材料。例：学校实验室里的～都是新购置的。

千斤　　千金

【千斤】qiānjīn　①[数量]一千斤。例：由于上游企业偷排污水流入鱼塘,导致上~的鱼一夜之间泛白。②[形]责任、负担等重要。例：这名小选手能否接过体操冠军的~接力棒,大家正拭目以待。

【千金】 qiānjīn ①[名]很多的钱财。例：这名六旬老农义务为村里扫街31年,还谦称自己有~难买的好身体。②[形]时间、财物等十分宝贵。例：他已经为自己的~之躯投了巨额保险。③[名]敬称他人的女儿。例：这位总统的~随同她父母对中国进行为期三天的访问。

千千　芊芊

【千千】 qiānqiān [形]数量多。例：此刻,她心底的~愿望化为一个——愿母亲早日康复!

【芊芊】 qiānqiān ①[形]草木茂盛的样子。例：~的碧草踏在脚下软软的。②[形]苍翠、碧绿的样子。例：~无际的山坡上,开着许多不知名的黄的、白的、红的、紫的花。

扦子　钎子

【扦子】 qiān·zi ①[名]金属、竹子等制成的针状物;主要部分呈针状的器物。例：他把几根羊肉串~扔进了垃圾箱。②[名]插进装着粉末状或颗粒状货物的囊袋,从中取出样品的铁器,形状像中空而开口的山羊角。例：质量检验人员正用~检查每个袋子所装的货物。

【钎子】 qiān·zi [名]用手工或机械在岩石上打凿孔眼的工具。例：这种钢质的~耐磨而不易折断。

牵扯　　牵掣

【牵扯】qiānchě [动]有联系;牵连。例:这两件事情性质不同,你不要把它们~在一起。

【牵掣】qiānchè ①[动]因牵连而受影响或受阻碍。例:过高的贸易顺差会~一国央行的货币政策。②[动]拖住使不能自由行动。例:战士们为自己~了敌人的兵力,给友邻部队减少了负担而欣喜。

牵制　　钳制

【牵制】qiānzhì [动]拖住使不能自由行动。例:这三种成分之间的关系错综复杂,相互影响,相互~,形成一种环状结构。

【钳制】qiánzhì [动]用兵力或火力吸引和拖住敌人。例:我军从后方~住敌人的进攻。

前尘　　前程

【前尘】qiánchén [名]从前的或过去经历过的事情。例:他用无悔的青春书写了美好的人生,回首~,他颇感欣慰。

【前程】qiánchéng [名]前途。例:青少年是祖国的未来,他们的~无限美好。

前例　　前列

【前例】qiánlì [名]可供参照的以往的事例。例:解放后发动群众开展的灭蝗、治水、救灾运动,收到了史无~的效果。

【**前列**】qiánliè ①[名]行列的前面。例：广播操比赛时，他排在队伍最～。②[名]比喻工作或事业中处于带头的地位。例：几十年来广大青年总是站在社会主义建设的最～。

前身　　前生

【**前身**】qiánshēn ①[名]原为佛教用语,指轮回前的生命。后指事物演变中原来的组织形态或名称。例：胡萝卜素是甲种维生素的～,它在动物的体内能转化成甲种维生素。②[名]上衣、袍子等前面的部分。例：这件旗袍的～绣着一朵牡丹花。

【**前生**】qiánshēng [名]佛教或迷信指人生的前一辈子。例：这也许就是～注定的缘分,他俩一见面便对上了眼。

前世　　前事

【**前世**】qiánshì [名]佛教或迷信指人生的前一辈子。例：你的儿女们这么孝顺,你真是～修来的好福气。

【**前事**】qiánshì [名]过去的事情。例：～不忘,后事之师。

枪手　　抢手

【**枪手**】qiāngshǒu ①[名]射击手。例：他弹无虚发,真是一名好～。②[名]冒名顶替他人考试的人。例：早在科举考试时就有人请～应试。

【**抢手**】qiǎngshǒu [形]货物等热门、畅销。例：这本书受到读者的热烈追捧,是近来书店里的～货。

强度　强渡　抢渡

【强度】 qiángdù　①[名]作用力以及声、光、电、磁等强弱的程度。**例**：我国位于太平洋西岸，每年的台风次数多，～大。②[名]材料或构件等抵抗外力作用的能力。**例**：这里地处地震带，对建筑物的抗震～要求很高。

【强渡】 qiángdù　[动]强行渡过水面。**例**：当年红军～的乌江渡口，现在已经兴建了大型水电站。

【抢渡】 qiǎngdù　[动]抓紧时间快速渡过水面。**例**：我们要赶在洪水到来前～到对岸。

强攻　抢工　抢攻

【强攻】 qiánggōng　[动]猛烈进攻；强行进攻。**例**：他琢磨着得在智字上做文章，也就是说只能智取不宜～。

【抢工】 qiǎnggōng　[动]加快进程以提前或及时完成工程建设。**例**：你们一定要想方设法采取措施～，保证按时完成任务。

【抢攻】 qiǎnggōng　[动]抢在对手充分准备前发起攻击。**例**：这种快速主动的打法加上令人吃惊的发球～战术，曾经令欧洲的横拍削球手哀叹途穷日暮。

墙角　墙脚

【墙角】 qiángjiǎo　[名]两堵墙相接而形成的角落。**例**：奶奶在～边搭了一个鸡棚。

【墙脚】qiángjiǎo ①[名]墙的下段与地面接触的部分。例：连续十几天大雨滂沱,江水暴涨,一直涨到旅馆的～下。②[名]事物赖以建立的基础。例：宗法封建性的土豪劣绅、不法地主阶级是几千年专制政治的基础,是军阀、贪官污吏的～。

巧丽　俏丽

【巧丽】qiǎolì [形]美妙华丽。例：李白的诗文词～,为世人所重。

【俏丽】qiàolì [形]俊俏美丽。例：新来的女教师长得非常～。

悄然　愀然

【悄然】qiǎorán ①[形]忧愁的样子。例：想起自己的不幸遭遇,她不禁～泪下。②[形]寂静无声的样子。例：图书馆内～无声,同学都埋头看书。

【愀然】qiǎorán [形]神色变得严肃或不愉快的样子。例：大家都在开怀畅饮,唯独卢爷坐在一边～不乐。

峭立　峭厉

【峭立】qiàolì [动]山峰、建筑物等高高地直立。例：太阳的光和热被四周重重～的山峦屏荫着,显得特别寒冷。

【峭厉】qiàolì [形]寒意料峭,寒风尖厉。例：长江中下游一带常会遭遇～的春寒。

切记　　切忌

【切记】qièjì　[动]牢牢记住;千万记住。例:请你～老师的忠告,遇事一定要冷静。

【切忌】qièjì　[动]务必避免或防止。例:观察问题～带有任何先入之见。

切切　　窃窃

【切切】qièqiè　①[形]急切的样子。例:谁能理解我渴望回家的～心情呢?②[副]千万;务必。多用于书信中。例:请一定照办,～不可忘记。③[形]再三告诫之词。多用于布告、条例等末尾。例:以上条例望～遵循。④[拟声]形容轻细的声音。例:小弦～如私语。

【窃窃】qièqiè　①同"切切④"。②[副]暗地里;偷偷地。例:在我惴惴不安或～自喜的时候,都能得到郭师最及时、最深刻的教诲。

亲戚　　亲切

【亲戚】qīn·qi　[名]与自己有血缘或婚姻关系的人。例:这些物品都是过年时～朋友送来的。

【亲切】qīnqiè　①[形]亲近;亲密。例:老街坊好久不见了,猛然碰到,感到格外～。②[形]热情而关心。例:她知道我做客异乡的苦味,常用～的话语来安慰我。

亲身　亲生

【**亲身**】qīnshēn　［副］亲自。**例**：我～体验过军营生活。

【**亲生**】qīnshēng　①［形］自己生育的或生育自己的。**例**：这孩子不是她～的。②［形］同父母所生的。**例**：我俩是～兄妹。

亲征　亲政

【**亲征**】qīnzhēng　［动］帝王亲自出征。**例**：清朝时,康熙～东北,打败俄罗斯侵略者,夺回雅克萨城。

【**亲政**】qīnzhèng　［动］幼年继位的帝王,成年后亲自执政。**例**：同治十二年正月,两宫皇太后归政,穆宗行～典礼。

青白　清白

【**青白**】qīngbái　［名］黑与白。比喻是非、曲直。**例**：他不分～地把她训斥了一通。

【**清白**】qīngbái　［形］纯洁;没有污点。**例**：老首长一生～,两袖清风。

青青　清清

【**青青**】qīngqīng　①［形］浓黑的样子。**例**：～头上发,还作柳丝长。②［形］年纪很轻的样子。**例**：他年纪～就学得了一手绝活。

【**清清**】qīngqīng　①［形］清洁、明澈的样子。**例**：那～河水,可鉴发缕。②［副］白白地。**例**：一天的时间～地就给浪费了。③[形]清越的样子。例：远处传来一阵~的竹笛声。④[形]清楚的样子。例：本子上写得~，你自己看。

青丝　　情丝

【青丝】qīngsī　[名]指女子的头发。例：翠嫩的柳枝如同少妇的~随风飘扬，散发出一股沁人肺腑的清香。

【情丝】qíngsī　[名]指缠绵的情意。例：一边是剪不断理还乱的~，一边是救苦难济苍生的重任。

轻淡　　清淡

【轻淡】qīngdàn　[形]淡薄；不浓重。例：今天他只能很~、很简略地说几句，因为有许多话是不能说的。

【清淡】qīngdàn　①[形]含油脂少。例：他喜欢吃一些~的食物。②[形]生意不兴隆。例：午休期间，这几家店铺生意比较~。③[形]颜色等清而淡。例：这幅油画的色彩很~。④[形]清新淡雅。例：他的文章娴雅~，自成一家。

轻风　　清风

【轻风】qīngfēng　[名]微风。例：~像一只巨大的手掌，慈爱地抚摸着稻子那沉甸甸的脑袋。

【清风】qīngfēng　[名]清微的风；清凉的风。例：~朗日的秋天，太阳岛的气候已经非常凉爽。

轻贱　　轻健

【**轻贱**】qīngjiàn　[形]低贱;下贱。例:邻居们很讨厌这个～的女人。

【**轻健**】qīngjiàn　[形]轻快强健。例:他虽然年过七十,但步履～,面色红润。

轻爽　　清爽

【**轻爽**】qīngshuǎng　[形]轻松爽快。例:洗完澡他一身～地回到屋里。

【**清爽**】qīngshuǎng　①[形]干净整洁。例:屋子收拾得很～。②[形]轻松爽快。例:任务完成了,大家感觉很～。③[形]清楚明白。例:经过医务人员的全力抢救,这位病人终于醒了过来,而且神志相当～。④[形]清淡爽口。例:这道菜做得很～。⑤[形]清洁凉爽。例:雨后的空气特别～。

轻婉　　清婉

【**轻婉**】qīngwǎn　[形]轻柔婉转。例:楼下传来一阵～的小提琴声音。

【**清婉**】qīngwǎn　[形]清越婉转。例:这位女歌唱家的歌声很～。

轻闲　　清闲

【**轻闲**】qīngxián　[形]轻松闲适。例:这是个～活,大家都抢着做。

【清闲】qīngxián [形]清静悠闲。例:退休后爷爷的生活非常~。

倾斜　　倾泻

【倾斜】qīngxié ①[动]歪斜。例:苏州虎丘塔已有些~了。②[动]着力、偏重于某一方面。例:今年,国家贷款向交通运输业~。

【倾泻】qīngxiè ①[动]大量的水从高处急速流下。例:一场暴雨劈头盖脸地~下来。②[动]光线不受阻挡地向下照射。例:月光~在静静的湖面上。

清场　　情场

【清场】qīngchǎng [动]清理公共场所。例:这家商场正在搞~大减价,所有商品打折出售。

【情场】qíngchǎng [名]指谈情说爱的事。例:他官场得意,但却~失意。

清纯　　清醇

【清纯】qīngchún [形]清正纯洁。例:舞台上,几位~的少女正翩翩起舞。

【清醇】qīngchún [形]味道清而纯正。例:这种咖啡的味道~可口。

清单　　清淡

【清单】qīngdān [名]详细登记有关事项的单子。例:制作一个书橱需要多少材料,请你开一份~给我。

【清淡】qīngdàn ①[形]含油脂少。例:他喜欢吃一些~的食物。②[形]生意不兴隆。例:午休期间,这几家店铺生意比较~。③[形]颜色等清而淡。例:这幅油画的色彩很~。④[形]清新淡雅。例:他的文章娴雅~,自成一家。

清净　　清静

【清净】qīngjìng [形]清洁纯净。例:这里的山,这里的水,是多么的~啊!

【清静】qīngjìng [形]没有干扰、喧闹。例:孩子们都去上学了,家里很~。

清朗　　晴朗

【清朗】qīnglǎng ①[形]凉爽晴朗。例:今天又是一个~的好天气。②[形]清脆响亮。例:远处传来孩子们~的欢笑声。③[形]清新明快。例:这幅水彩画的笔触非常~。

【晴朗】qínglǎng [形]没有云雾,阳光充足。例:十月的北京秋高气爽,天气~。

清名　　清明

【清名】qīngmíng [名]清美的声誉。例:比尔知道,能得到这片美丽的土地,都是因为爷爷的~。

【清明】qīngmíng ①[形]清澈明朗。例:一日之始在于晨,新鲜的朝气,~的曙光,都随晨的时光而至。②[形]神志清晰。**例:** 理智～的人是不会跟着狂人一起发狂的。

清贫　　清平

【**清贫**】 qīngpín ［形］清寒贫苦。**例:** ～、朴素的生活,增强了革命者战胜各种困难的勇气。

【**清平**】 qīngpíng ［形］平静。**例:** 湖水～如镜。

清恬　　清甜

【**清恬**】 qīngtián ［形］清新恬淡。**例:** 久居繁华的都市,有时真想去幽静的山中过上几日～的日子。

【**清甜**】 qīngtián ［形］清脆甜美。**例:** 刘三姐的嗓音～,歌声动人。

清闲　　清显

【**清闲**】 qīngxián ［形］清静悠闲。**例:** 退休后爷爷的生活非常～。

【**清显**】 qīngxiǎn ［形］清晰明显。**例:** 这道题的解题思路非常～。

清心　　清新

【**清心**】 qīngxīn ［形］心情恬静。**例:** 经过～苦读,他终于考上了硕士研究生。

【**清新**】 qīngxīn ［形］清洁新鲜。**例:** ～的空气,令人心旷神怡。

清馨　　清醒

【清馨】qīngxīn　[形]清香。例：一走进园子,就闻到一阵～的水仙花香味。

【清醒】qīngxǐng　①[动]清楚；明白。例：一觉睡醒,他感到头脑特别～。②[动]神志由昏迷转向正常。例：他终于从昏迷中～过来。

清异　　清逸

【清异】qīngyì　[形]清丽奇异。例：九寨沟的风景非常～。

【清逸】qīngyì　[形]清新脱俗。例：她的作品风格～、明朗,深得大家的赞赏。

清整　　清正

【清整】qīngzhěng　①[动]清理整顿。例：环卫工人正在～街道环境。②[形]清秀工整。例：这部书稿字迹～。

【清正】qīngzhèng　[形]廉洁公正。例：他为官～,从不以权谋私。

情节　　情结

【情节】qíngjié　[名]事情的变化和经过。例：优秀的文学作品往往通过一两个典型的～描绘,就能使人物的性格凸显出来。

【情结】qíngjié　[名]深藏在心底的感情或感情纠葛。例：郎平说排球是她一生的～,她会一直和它相依相伴。

情景　　情境

【情景】qíngjǐng　[名]情形;情况。例:虽然事情过去了好多年,但那幅~仍然历历在目。

【情境】qíngjìng　[名]景象;环境。例:案例教学有助于学生解决实际问题,将来学生遇到有关~,就知道该用什么对策去解决问题。

情势　　情事

【情势】qíngshì　[名]事情发展的情况和趋势。例:桌上还放着一个学生写的关于远东~的文章,他压根就没看过。

【情事】qíngshì　[名]事实;情况。例:他终日埋头打工,几乎把家里的~全忘完了。

情义　　情谊　　情意

【情义】qíngyì　[名]亲属、朋友、同志间应有的感情。例:这是一个在危难中援助过我的人,他的~,使我难忘。

【情谊】qíngyì　[名]人与人之间互相关怀、爱护的感情与友谊。例:同学们真挚的~让我深受感动。

【情意】qíngyì　[名]对人的感情。指男女相悦之情。例:礼物虽小,但寄托着他对你的绵绵~。

求诊　　求证

【求诊】qiúzhěn　[动]请求给以诊治;求医。例:他因患急性阑尾炎到医院～。

【求证】qiúzhèng [动]寻找证据或求得证实。例：在学术研究上我们可以大胆假设,但一定要小心～。

区区　　曲曲

【区区】qūqū [形]数量少;不重要。例：～小事,何足挂齿!

【曲曲】qūqū [形]弯曲的样子。例：进门之后,豁然开朗,深深庭院,～回廊,竟是另有一番景色。

驱除　　祛除　　去除

【驱除】qūchú [动]赶走;除掉。例：他无论作何努力都不能完全～心里的恐慌。

【祛除】qūchú [动]驱散;消除。例：端午节,民间有在身上挂荷包的习俗,据说这样可以～灾难。

【去除】qùchú [动]除掉;除去。例：加强防晒是淡化～色斑的第一步。

趋向　　去向

【趋向】qūxiàng ①[动]朝某个方向发展。例：新式蜂箱的设计由复杂～简单。②[名]事物发展的动向。例：今年物价指数的～已经很明朗。

【去向】qùxiàng [名]去的方向;去处。例：等我赶到约会地点时,他早已不知～。

权力　　权利

【权力】quánlì ①[名]政治方面的强制力量。例：全国人民代表大会是国家最高～机关。②[名]职责范围内的支配力量。例：厂长拥有的～比一般干部大得多。

【权利】quánlì [名]公民或法人依法行使的权力和享受的利益。例：～和义务是对等的。

权威　　权位

【权威】quánwēi [名]使人信服的力量、威望。例：这项发明已经～部门认定采纳。

【权位】quánwèi [名]权势；地位。例：她贪恋～而委身于他。

权宜　　权益

【权宜】quányí [形]暂时适宜；变通。例：我们租住房屋，只是～之计。

【权益】quányì [名]应该享受的不容侵犯的权利。例：我们要严厉打击那些为了发财而不择手段坑害消费者～的人。

劝驾　　劝架

【劝驾】quànjià [动]劝人任职或做某事。例：他听从我的～而走马上任了。

【劝架】quànjià [动]劝人停止争吵或打架。例：路上有人在争吵,边上看热闹的人不少,~的人却没有。

劝解　　劝诫

【**劝解**】quànjiě　[动]劝导宽解。**例**:同学们~了半天,她才消了气。

【**劝诫**】quànjiè　[动]劝勉告诫。**例**:他能听从老婆的~,把自己身上一些不良的嗜好慢慢地改掉。

Rr

冉冉　苒苒

【冉冉】rǎnrǎn　①［形］慢慢的样子。例：五星红旗～升起。②［形］柔弱下垂的样子。例：柳枝在湖边～飘拂。

【苒苒】rǎnrǎn　①［形］草木茂盛的样子。例：这里绿茵～、树影婆娑,层层落落的美景中,生态环境与绝美建筑相近相融。②［形］时间悄然流逝的样子。例：光阴～,两年时间飞快地过去了。

嚷嚷　瀼瀼　穰穰　攘攘

【嚷嚷】rāng·rang　①［动］吵闹;叫喊。例：两人相距那么近,有必要如此大声～吗？②［动］声张。例：这事～开去,对谁都不利。

【瀼瀼】rángráng　①［形］露水浓重的样子。例：鹭影不来秋瑟瑟,苇花伴宿露～。②［形］波涛开合的样子。例：他站在甲板上,看着～的波涛。

【穰穰】rángráng　［形］五谷丰饶的样子。例：又是一个丰收年,各家各户五谷～。

【攘攘】rǎngrǎng ［形］纷乱的样子。例：天下熙熙,皆为利来;天下～,皆为利往。

热忱　热诚

【热忱】rèchén ［名］指热情。例：徐虎忘我劳动的奉献～是值得大家学习的。

【热诚】rèchéng ［形］热情,诚恳。例：在他最困难的时候,得到了同学们～的帮助。

热火　热和

【热火】rè·huo ［形］亲热。例：班长和小芹在教室里谈得真～。

【热和】rè·huo ［形］情谊亲密。例：我班同学之间的感情挺～。

热买　热卖

【热买】rèmǎi ［动］商品等因受欢迎而踊跃购买。例：这款手机因其待机时间长而成为～商品。

【热卖】rèmài ［动］商品等因受欢迎而卖得快。例：这家商场的换季服装正在～中。

人道　仁道

【人道】réndào ［名］有关尊重人、关怀人的一种道德观念。例：这是作为一名医生所应有的～主义精神。

【仁道】réndào [名]儒家提倡的仁爱之道。例：孔子是一个～的宣传者与实践者，他认为人只要能做到恭、宽、信、敏、惠这五点，就可以称之为志士仁人。

人身　　人生

【人身】rénshēn [名]人的身体。亦指人的行为、名誉等，是法律意义上的名词。例：虽然这名裁判判罚不够公正，但球迷不能对他进行～攻击。

【人生】rénshēng [名]人的生存和生活。例：～充满了机遇和挑战。

人士　　人氏

【人士】rénshì [名]有一定社会地位或在某方面有代表性的人物。例：民间借贷情况引起了金融界～的关注。

【人氏】rénshì [名]某一地方的人。多指籍贯。例：请问先生是哪方～？

人世　　人事

【人世】rénshì [名]人间；人类社会。例：二十多天的海上漂流，足以使他们感受到远离～的孤单与寂寞。

【人事】rénshì ①[名]人与人的相互关系。例：相处的时间一长矛盾就多了，其间的～纠纷说不清楚。②[名]关于工作人员的录用、培养、调配、奖惩等工作。例：在～方面，我们一方面要尽力爱护干部，一方面要认真执行相关纪律。

③[名]人情事理。例：她那时还太小,完全不懂~,病好以后竟没有去看看这位救命恩人。④[名]人力所能及的事。例：对于能力较差的人,要给他们提供学习、锻炼的机会,帮助他们尽些~,逐步提高自己的能力。⑤[名]人的意识的对象。例：他昏迷过去,已经不省~了。⑥[名]馈赠的礼物。例：于谦每次入朝,不但不送礼、纳贿,连普通的~也没有,每次都是空手去、空手回。

人心　人性

【人心】rénxīn　[名]指众人的感情、愿望等。例：维护世界和平是~所向,众望所归。

【人性】rénxìng　①[名]在一定的社会制度和历史条件下形成的人的本性。例：克制是一种智慧,是~自我完善的表现。②[名]人所具有的正常情感、理性。例：对理智的人来说,金钱当然重要,但决不会为了金钱而丧失~。

任性　韧性

【任性】rènxìng　[形]不加约束地放任自己的个性。例：我小时候学习不太用功,有时还很~。

【韧性】rènxìng　①[名]物体柔软坚实、不易折断破裂的性质。例：这种人造纤维的特点是~好,耐磨耐洗,富有弹性。②[名]顽强持久的精神;坚忍不拔的意志。例：两支排球队在决赛中相遇,双方实力相当,而中国女将表现出更强的耐力和~,终于夺得冠军。

日见　　日渐

【日见】rìjiàn　[副]一天一天地显出。**例**：在医生护士的精心治疗和照看下,我母亲的病情～好转。

【日渐】rìjiàn　[副]一天一天逐渐地。**例**：澳大利亚经济失衡状况～突出。

茸毛　　绒毛

【茸毛】róngmáo　[名]人或动物、植物体上柔软的细毛。**例**：有些植物有很多防护组织,如加厚表皮层和角质层,叶子和枝条生长～,能反射阳光,减少水分蒸发。

【绒毛】róngmáo　①[名]人或动物身体表面或某些器官内壁长的短而柔软的毛。**例**：蟹的头胸部有两对触角,两侧有五对足,第一对足特别强大,前端变成螯,密生～,叫螯足。②[名]物体表面连成一片的纤细而柔软的短毛。**例**：客厅里铺着蓝紫色的厚厚地毯,上面的～似乎还是直立着的。

荣光　　容光

【荣光】róngguāng　[形]光荣;荣耀。**例**：一人参军,全家～。

【容光】róngguāng　[名]脸上的光彩。**例**：一夜之间,这个曾经神气活现的领导便成了人人所不齿的狗屎,扬起的眉毛塌下来了,挺直的腰身弓下去了,焕发～变得毫无血色。

荣华　　容华

【荣华】rónghuá　[形]兴盛;显达。**例**：他出身世族,从小享尽~富贵。

【容华】rónghuá [名]容貌;美丽的容颜。例:张丽莉是感动中国的有着最美~的女教师。

溶化　熔化　融化

【溶化】rónghuà ①[动]固体遇水后溶散。例:他把一包固体的化学糨糊倒在桶里,加了一些水,用棍棒搅了几下,便~成一桶糨糊。②同"融化"。
【熔化】rónghuà [动]固体加热到一定程度变成液体。例:铁加热到1 530℃以上就会~。
【融化】rónghuà [动]冰、雪等固体变成液体。例:太阳出来了,地上的积雪~了。

溶剂　熔剂

【溶剂】róngjì [名]能溶解别种物质的液体,如水、酒精、汽油、苯等。例:水是许多盐类的良好~。
【熔剂】róngjì [名]为促进原料、矿石或金属的熔化,在熔炼、焊接或煅接时加进的物质,如石灰石、二氧化硅等。例:碱性~在含酸性脉石的矿石冶炼时使用,常用的有石灰石和白云石。

溶解　熔解　融解

【溶解】róngjiě [动]溶质均匀地分散于溶剂中,成为均匀的溶液的过程。例:食盐~于水而成为盐水。

【熔解】róngjiě [动]将固体加热到一定程度使变成液体。例：在一定的压强下,固体要加热到一定熔点才能～。

【融解】róngjiě [动]使冻结物变为液体。例：春天来了,冰雪已经开始～,但天气还是很冷。

溶溶　　融融

【溶溶】róngróng [形]水面宽广的样子。例：～的江水在烟雾的笼罩下显得朦胧一片。

【融融】róngróng ①[形]和乐、恬适的样子。例：有时邀上几个朋友去小茶馆坐坐,颇有一种家庭的～之乐。②[形]暖和的样子。例：又是一个春光～的星期天。

熔合　　融合

【熔合】rónghé [动]两种或两种以上的固态金属熔化后合为一体。例：黄铜是由铜和锌～制成的。

【融合】rónghé [动]几种不同的事物合为一体。例：教堂对面的一座摩天大楼的天蓝色玻璃幕墙上映照出古老教堂的端庄的身影,使历史与现实、古典与现代～在一起。

融合　　融和

【融合】rónghé [动]几种不同的事物合为一体。例：教堂对面的一座摩天大楼的天蓝色玻璃幕墙上映照出古老教堂的端庄的身影,使历史与现实、古典与现代～在一起。

【融和】rónghé ①[形]和谐。例：晚会的气氛～而愉快。

②[形]和煦;暖和。例:春暖花开,天气渐渐~。

融汇　　融会

【融汇】rónghuì　[动]融合、聚集在一起。例:展现在人们面前的是一幅农民在田野中劳作的全景画,画中的人物已作为重要的组成部分~于大自然中。

【融会】rónghuì　[动]几种不同的事物合为一体。例:教师讲课时,只有把鲜明的思想性和知识性、趣味性~于一体,才能吸引学生。

柔合　　柔和　　糅合

【柔合】róuhé　[动]柔顺弥合。例:铁匠修补金属器物的功夫在于煅烧金铁使之~。

【柔和】róuhé　①[形]光线温和,不强烈。例:客厅里的灯光很~。②[形]柔软;软和。例:这件毛衣的手感很~。

【糅合】róuhé　[动]掺和;混合。例:这篇小说的作者把历史和传说、事实和幻想~在一起。

柔美　　柔媚

【柔美】róuměi　[形]柔和优美。例:小玲~的舞姿,赢得老师和同学们的阵阵掌声。

【柔媚】róumèi　[形]柔和妩媚。例:这姑娘性情~而又善解人意。

柔韧　　柔润

【柔韧】róurèn ［形］柔软坚韧。例：秋风像一把～的梳子,不厌其烦地梳理着山上的一草一木。

【柔润】róurùn ［形］柔和圆润;柔软润泽。例：她穿着一件无袖的旗袍,露出两条～的手臂。

如期　　如其

【如期】rúqī ［副］按照预定时间。例：拆卸工作能够～完成吗?

【如其】rúqí ［连］如果。表示假设。例：～鼓的声律是音乐的生命,那么鼓的情绪便是生命的音乐。

如一　　如意

【如一】rúyī ［动］相同;一致;没有差别。例：他品德高尚,言行～,深得大家的爱戴。

【如意】rúyì ［动］切合心意。例：要找一个～的帮手,真不容易。

嚅动　　蠕动

【嚅动】rúdòng ［动］想要说话而嘴唇微动。例：他激动地站起身,嘴唇～了两下却没讲出话来。

【蠕动】rúdòng ［动］像蚯蚓爬行一样地动。例：蚕宝宝慢慢地～着身躯。

嚅嚅　濡濡　蠕蠕

- 【嚅嚅】rúrú ①[形]低声私语的样子。例：两位老人坐在一棵大树旁~地说着什么。②[形]说话吞吞吐吐的样子。例：他憋了老半天才~地说："我不习惯让人伺候。"
- 【濡濡】rúrú [形]湿润的样子。例：一场急雨过后，斜阳澄黄地覆盖着~的山野。
- 【蠕蠕】rúrú ①[形]虫爬行的样子。例：翻开泥土，看见一条蚯蚓正~而动。②[形]慢慢移动的样子。例：汽车排着长队~而动。

乳汁　乳脂

- 【乳汁】rǔzhī [名]由乳腺分泌出来的白色液体，含有水、蛋白质、乳糖、盐类等营养物质。例：是母亲的~把我喂养大的。
- 【乳脂】rǔzhī [名]动物乳汁中提取的、可供食用的脂肪。例：这篇文章简要介绍了~的营养功能、对胆固醇代谢的影响及某些非常营养性功能。

入境　入镜

- 【入境】rùjìng [动]进入国境。例：近年来随着政治、社会经济的变化，有些国家采取了限制移民~的政策。
- 【入镜】rùjìng [动]把人物、风景等摄入影视镜头。例："笑脸哥"连续11年春晚直播~，成春晚直播大厅最牛观众。

入时　入世

【入时】rùshí　[形]合乎变化的时代潮流。例：这位姑娘衣着打扮非常～。

【入世】rùshì　[动]步入社会；投身于社会。例：他是个刚～的大学毕业生。

入微　入味

【入微】rùwēi　[形]达到十分细致或深刻的地步。例：这位作家对事物的观察可谓是细致～。

【入味】rùwèi　①[形]有滋味。例：饭馆里的菜没有家里烧的～。②[形]有趣味。例：这部电视连续剧越看越～。

入围　入闱

【入围】rùwéi　[动]经选拔进入某一范围。例：CCTV中国经济年度人物～名单已经公布。

【入闱】rùwéi　[动]科举考试时考生或监考人员等进入考场。例：考生于当年七月十四日奉诏～，一个月后放榜。

入主　入住　入驻

【入主】rùzhǔ　[动]旧指外族进入中原做统治者。后泛指入某地并成为主人。例：当年戈尔仅因为在佛罗里达州少了几百票而与～白宫失之交臂。

【入住】rùzhù　[动]住进去。例：这个小区的住宅已经交付使用,业主陆续~。

【入驻】rùzhù [动]进入并长期驻留。例:人民日报社江苏分社~徐庄软件产业基地签约仪式在狮王山庄隆重举行。

锐厉　　锐利

【锐厉】ruìlì [形]声音高而刺耳。例:火车的汽笛发出~的鸣叫声。

【锐利】ruìlì ①[形]刀锋等尖而快。例:他手上拿着一把~的钢刀。②[形]目光尖锐。例:老师的目光非常~。③[形]言论、观点等尖锐。例:这位记者用~的笔触揭露了社会的弊端。

Ss

丧亡　伤亡

【丧亡】sàngwáng　[动]死亡;灭亡。**例**:生命的本质是机体内同化、异化过程这一对矛盾的不断运动,而～则是这一对矛盾的终止。

【伤亡】shāngwáng　[动]受伤;死亡。**例**:民政部门正在统计地震的～情况。

搔痒　瘙痒

【搔痒】sāoyǎng　[动]用指甲抓挠皮肤发痒的地方。**例**:这篇文章扬扬千言,却没有抓住要害,有点隔靴～。

【瘙痒】sàoyǎng　[形]皮肤发痒难受。**例**:高热、潮湿容易引起皮肤～。

扫描　扫瞄

【扫描】sǎomiáo　[动]利用一定装置使电子设备左右移动而描绘出画面、物体等图形。**例**:在诊断疾病上,医院广泛应用电子～仪器。

【扫瞄】sǎomiáo ［动］用眼睛一扫而过地看。例：他步入会场后快速～了一下，发现台下已经座无虚席。

纱布　　砂布

【纱布】shābù ［名］经纬纱很稀疏的棉织品。例：奶奶用～制成了一个过滤网。

【砂布】shābù ［名］粘有金刚砂用来磨光木器或金属器物等表面的布。例：书桌的表面经～打磨后非常光滑。

山林　　山陵　　山岭

【山林】shānlín ［名］有山和树木的地方。例：猕猴是一种很有灵性的动物，集群生活在～之中。

【山陵】shānlíng ①［名］高大的山。例：中国人民解放军战胜了冲断桥梁、吞食～的滔天洪水。②［名］帝王的坟墓。例：古代帝王处于最高等级，所以坟墓也造得最高，人们把这种高大的帝王坟墓称作～，表示对王权的推崇。

【山岭】shānlǐng ［名］连绵不断的高山。例：这些～终年被冰雪覆盖，远远望去一片银白。

芟除　　删除

【芟除】shānchú ①［动］除草。例：有毒有害的杂草必须～。② 同"删除"。

【删除】shānchú ［动］删去。例：他不小心把电脑里刚写好的文章～了。

删减　　删剪

【删减】shānjiǎn　[动]删略;削减。例:这篇文章太长,转载的话可以略作~。

【删剪】shānjiǎn　[动]删除;剪除。例:这部影片公映时已经作了~。

扇动　　煽动

【扇动】shāndòng　①[动]摇动扇子或其他片状物。例:几只蝴蝶~着美丽的翅膀,在鲜花丛中飞来飞去。②同"煽动"。

【煽动】shāndòng　[动]怂恿、鼓动人做坏事。例:在这股阴风的~下,少数别有用心的人把他当作斗争对象。

讪讪　　赸赸

【讪讪】shànshàn　[形]羞惭、难为情的样子。例:黛玉也摸不着头脑,只跟着~地笑。

【赸赸】shànshàn　①[形]尴尬、难为情的样子。例:贾琏听了这话刺心,便觉~的。②[形]爱理不理的样子。例:见主人满脸~的神情,大家都觉得自讨没趣。

善心　　善行

【善心】shànxīn　[名]善良的心;好心肠。例:你有青春,你有生命力,你有无限的~,你的前途是很美好的。

【善行】shànxíng　[名]慈善的举动。例:他慷慨解囊的~感动了在场的每一位观众。

擅长　　擅场

【擅长】shàncháng　[动]在某方面有专长。例：我不～辞令,又缺乏随机应变的才能。

【擅场】shànchǎng　[动]压倒全场。指技艺高超出众。例：这出魔术表演是刘谦的～之作。

伤心　　上心

【伤心】shāngxīn　[形]遇到不幸或不如意的事,心里痛苦、难过。例：病魔夺走了母亲的生命,他哭得很～。

【上心】shàngxīn　[形]用心;把要办的事情放在心上。例：对于学生课后作业的完成情况,没有一个班主任比她更～的。

伤势　　伤逝

【伤势】shāngshì　[名]受伤的情况。例：这位病员的～很重。

【伤逝】shāngshì　[动]悲伤地怀念去世的人。例：这篇文章写出了作者对已故祖父的真情实感。

商情　　墒情

【商情】shāngqíng　[名]市场上的商品价格和供销情况。例：国家通过向企业发布～报告、统计资料和市场预测等信息,引导企业的微观经济活动向宏观经济目标靠拢。

【墒情】shāngqíng　[名]土壤湿度是否适于耕种的情况。例：长江上游大部分地区和华南大多数地区常出现冬春干旱,应根据～及时灌溉,一般要灌拔节水和孕穗水,旱情严重时要适当增加灌水次数。

上吊　　上调

【上吊】shàngdiào　[动]用绳子套住脖子,脚下悬空而自杀。例:一名7岁女孩到工地上玩耍,上演"～游戏",结果导致意外身亡。

【上调】shàngdiào　①[动]由较低的部门调到较高的部门工作。例:当年他在下乡知青之间为了～而进行的竞争中,好不容易压倒了对手,争取到了大队的第一个提名。②[动]上级部门依行政权力调拨、调用。例:～的物资必须于今天全部交运。

上房　　上访

【上房】shàngfáng　[名]指正房。例:在普通民宅中,通常长辈住在～。

【上访】shàngfǎng　[动]群众到上级机关反映问题并要求解决。例:随着新规的实施,很多～事项已不再属国家信访局受理范围。

上风　　上峰

【上风】shàngfēng　[名]风吹来的那一方。比喻优势或有利地位。例:两个回合下来,中国队明显占～。

【上峰】shàngfēng　[名]旧时指上级长官。例:为了得到这个职位,他在～面前极尽摇尾乞怜之能事。

上紧　　上进　　上劲

【上紧】shàngjǐn ［副］起劲。例：他～地朝前赶,终于追上了大队人马。

【上进】shàngjìn ［动］向上;进步。例：小敏在政治思想上和工作上都很要求～。

【上劲】shàngjìn ［形］起劲;劲头大。例：阿祥觉得这项工作不适合自己,但他还是～地干。

上市　　上世

【上市】shàngshì ①［动］应时物品进入市场销售。例：再过几天新米就要～了。②［动］到市场去。例：他每天下班后～买菜。③［动］股票、债券、基金等经批准后在证券交易所挂牌交易。例：这家公司的股票马上就～了。

【上世】shàngshì ［名］先代;前辈。例：张家原是个书香世家,～有好几代是读书的。

上手　　上首

【上手】shàngshǒu ①［名］位次比较尊贵的一边。通常指左手一边。例：就席的时候,梦旦先生并没照着西洋礼节,他是坐在那长餐桌～一边的正中,胡博士坐在他的左手,我坐在他的右手。②［名］庄家,某些牌戏或赌博中每一局的主持人。例：今天他运气比较好,连着几局都做～。③［动］动手。例：他又不是傻瓜,做这种损人的事,他能自己～吗?

④[动]开始。例：你千万不能一~就采取强硬的态度,应该先用眼泪和甜言蜜语感动他。

【上首】shàngshǒu 同"上手①"。

梢梢　稍稍

【梢梢】shāoshāo ①[拟声]形容风声。例：风~而过树,月苍苍而照台。②[形]劲挺的样子。例：山上满是~松树。③[形]尾垂的样子。例：~柳枝,随风飘荡。④[形]细微的样子。例：她的眼角边已生出~的鱼尾纹。

【稍稍】shāoshāo ①[副]渐次;逐渐。例：看热闹的人~聚拢起来,但立刻又散开了。②[副]稍微。例：接到他的电话,她心里~安定了一些。

稍后　稍候

【稍后】shāohòu [名]在时间上偏后的。例：你们先去,我~就到。

【稍候】shāohòu [动]稍微等候一会儿。例：你们在这里~一下,我进去通报一声。

赊买　赊卖

【赊买】shēmǎi [动]买卖货物时,买方延期付款。例：我们可以在这家商店~东西。

【赊卖】shēmài [动]买卖货物时,卖方延期收款。例：这家企业信誉良好,供货商同意~。

拾级　　石阶

【**拾级**】shèjí ［动］逐步登上台阶。**例**：她穿云钻雾，～而上。

【**石阶**】shíjiē ［名］石级；石台阶。**例**：游人们沿着～鱼贯而上。

涉世　　涉市

【**涉世**】shèshì ［动］经历世事。**例**：他～未深，但正在走向成熟，正在日益觉醒。

【**涉市**】shèshì ［动］进入证券买卖市场。**例**：他刚～，就遇上牛市，赚了一大把。

申辩　　声辩

【**申辩**】shēnbiàn ［动］对受人指责的事申理由并辩解。**例**：孔乙己以"窃书不为偷"为由对自己的偷窃行为进行～。

【**声辩**】shēngbiàn ［动］公开辩解；辩白。**例**：他急于～，以免遭人误解。

申领　　申令

【**申领**】shēnlǐng ［动］申请领取。**例**：他正在～营业执照。

【**申令**】shēnlìng ［动］发布命令。**例**：秦始皇～全国焚毁先于他的全部书籍。

申明　　声明

【**申明**】shēnmíng ［动］郑重宣明；阐明。**例**：这张支票已经~作废。

【声明】shēngmíng ①[动]公开表示态度或说明真相。例：我国外交部一再~台湾是中国领土不可分割的一部分。②[名]声明的文告。例：我们坚决拥护我国政府发表的~。

申述　申诉

【申述】shēnshù [动]详细说明；诉说。例：他~了设计理念，希望对方能采用自己的设计方案。

【申诉】shēnsù ①[动]国家机关工作人员或政党、社团成员对所受处分不服时，向原机关或上级机关提出自己的意见。例：任何公民当自己的合法权益受到侵害时，有权向各级国家机关提出~。②[动]诉讼当事人或其他有关公民对已发生法律效力的判决或裁定不服时，依法向法院或者检察机关提出重新处理的要求。例：他不服一审判决，提出~。

伸手　生手

【伸手】shēnshǒu ①[动]向个人或组织索取财物、名誉等。例：在灾后重建家园中，缺少资金，他们都自己解决，不向上~。②[动]插手；参与其事。例：任何事情只要他一~，就会惹麻烦。

【生手】shēngshǒu [名]新做某项工作，对工作还不熟悉的人。例：知道你家要换保姆，我就领她来了，她以前在你家做过，比~要好得多。

伸展　　伸张

【伸展】shēnzhǎn　[动]向一定方向延长或扩展。例：墙壁上的爬山虎不断地向上～。

【伸张】shēnzhāng　[动]扩展;发展。例：我们要在世界范围内～正义,反对霸权主义。

伸张　　声张

【伸张】shēnzhāng　[动]扩展;发展。例：我们要在世界范围内～正义,反对霸权主义。

【声张】shēngzhāng　[动]把消息、事情等传出去。例：这种事情传出去总是不好的,大家就不要～了。

身家　　身价　　身架

【身家】shēnjiā　①[名]自身和家庭。例：他祖上靠收取租息赡养～。②[名]家世;家庭出身。例：东家见周大～清白,就一力保荐,做成了这桩买卖。③[名]家财;家产。例：他们这些人,～虽然贫薄,心地却是非常忠厚的。

【身价】shēnjià　[名]旧指人身买卖的价格。现指一个人的社会地位。例：著名球星梅西的～很高。

【身架】shēnjià　[名]身体;身躯。例：那小伙子的～就像画上的狮子,非常精悍。

身手　　身受

【身手】shēnshǒu　[名]本领。例：新上场的小队员们～不凡,只见一位队员一起脚,球便应声入网。

【身受】shēnshòu [动]亲身受到;亲自承当。例:当年新四军的艰苦斗争为他所亲见、所～。

深化　　神化

【深化】shēnhuà [动]向更深的程度发展。例:讨论会上同学们就～小说主题、加强人物塑造等问题提出了中肯的意见。

【神化】shénhuà [动]把人或物当作神看待。例:在我国的封建社会里,从天子、诸侯以至庶民百姓,都要把有功的人物加以～。

深意　　生意

【深意】shēnyì [名]深刻的含意。例:说这句话的时候,他的语调含有～。

【生意】shēngyì [名]生机;生命力。例:春天来临,大地充满～。

深渊　　深远

【深渊】shēnyuān ①[名]很深的水池。例:他站在峥嵘的山石上,前面正对着万丈～。②[名]危险的境地。例:走私集团把他拉向罪恶的～。

【深远】shēnyuǎn ①[形]影响、意义等深刻而长远。例:这场战争对于东方人民和世界人民来说,意义是多么伟大、多么～啊!②[形]时间的久长或空间的深广。例:当时文化娱乐活动缺乏,这种手抄本流布～。

神化　　神话

【神化】shénhuà ［动］把人或物当作神看待。**例**:在封建社会里,从天子、诸侯以至庶民百姓,都要把有功的人物加以～。

【神话】shénhuà ①［名］有关神仙或神化了的古代英雄的故事,是古代劳动人民对自然现象和社会生活的一种天真的解释和美丽的向往。**例**:牛郎织女是一个十分动人的～故事。②［名］毫无根据的荒诞的话。**例**:所谓黄浦江上不能造桥的～已经彻底破灭了。

神奇　　神气

【神奇】shénqí ［形］神秘奇妙。**例**:杭州西湖流传着许多～的故事。

【神气】shénqì ①［名］神情。**例**:他说话的～很认真。②［形］精神饱满。**例**:同学们穿上新校服后显得很～。③［形］得意;傲慢。**例**:他伸开五指,很～地在空中挥舞了几下。

神威　　神位

【神威】shénwēi ［名］神奇的威力。**例**:光芒四射的宝剑削铁如泥,在战场上大显～。

【神位】shénwèi ［名］供奉在宗庙或祠堂中的祖先的牌位。**例**:厅中有一座高大的神龛,上立"故三闾大夫屈原之～",

显得异常肃穆。

神志　　神智

【神志】shénzhì　[名]知觉;意识。例:经医护人员全力抢救,他~渐渐地清爽了。

【神智】shénzhì　①同"神志"。②[形]才智卓越。例:生活中大部分人都羡慕~之人,但我觉得一个人拥有良好个性和习惯胜于一切。

审查　　审察

【审查】shěnchá　[动]调查核实并评定是否正确、妥当。例:对企业申请的贷款,银行要逐笔~。

【审察】shěnchá　①[动]仔细地察看。例:不根据实际情况进行讨论和~,一味盲目地执行,这种单纯建立在"上级"观念上的形式主义的态度是很不对的。②同"审查"。

审订　　审定

【审订】shěndìng　[动]审阅修订。例:该书稿经过有关人员~即将出版。

【审定】shěndìng　[动]审查决定。例:这次比赛以单循环制进行,第一次采用国家体委~的比赛规则。

升平　　生平

【升平】shēngpíng　[形]太平。例:许多野物杂居一起,和和睦睦,活现出一派~景象。
【生平】shēngpíng [名]一生;一辈子。例:这部电视剧是根据他的~事迹写成的。

生机　　生计

【生机】shēngjī ①[名]生存的机会。例:绝望中的灾民,终于找到了~。②[名]生命力;活力。例:听了校长的报告,同学们都深受鼓舞,整个校园充满~。
【生计】shēngjì [名]谋生的办法。例:由于生活的逼迫,他不得不到处找门路、谋~。

生气　　声气

【生气】shēngqì ①[动]发怒;因不合心意而不愉快。例:他喜欢安静的环境,如果有人打扰他,他就会~。②[名]生命力;活力。例:由于我们没有努力学习语言,古人语言中的许多还有~的东西我们就没有充分地利用。
【声气】shēngqì ①[名]说话的声音和语气。例:掌柜是一副凶脸孔,又没什么好~,生意当然不会好。②[名]消息或音讯。例:家长和教师之间应互通~,对学生的思想及行为表现多作交流。

生色　　声色

【生色】shēngsè [动]增添光彩。例:我们的石林之行也因为这两朵石莲花而更加丰富、更加~了。

【声色】shēngsè ①[名]说话声音和脸色。例：梁建双臂搭在胸前,不动～地望着山与天相接之处,仿佛在思考着什么。②[名]诗文所表现的意境格调或事物的动人色彩和风格。例：当年他们约请郭沫若加入文学研究会,是为了把《文学旬刊》办得更有～。

生息　　声息

【生息】shēngxī [动]生活;生存。例：我们的祖先就是在这块贫瘠的土地上～下来的。

【声息】shēngxī ①[名]声音。例：他轻轻地推门进去,里面什么～也没有。②[名]消息。例：兄妹俩在战乱中失散了,至今～全无。

生源　　声源

【生源】shēngyuán [名]学生的来源。例：这门专业因为缺少～而停止招生。

【声源】shēngyuán [名]正在发声的物体。例：音调的高低决定于～的频率,频率越大音调越高,频率越小音调越低。

声名　　声明

【声名】shēngmíng [名]在社会上流传的评价。例：她本想早点给小芹找个婆家推出门去,可是因为自己～不正,没人愿意跟她结为亲家。

【声明】shēngmíng ①[动]公开表示态度或说明真相。

例：我国外交部一再~；台湾是中国领土不可分割的一部分。②[名]声明的文告。例：我们坚决拥护我国政府发表的~。

声响　　声像

【声响】shēngxiǎng ①[名]声音；响声。例：他在楼梯口伫立了一会，听到楼下没有~，才走下楼去。②[动]出声；做声。例：这件事情就这么定了，大家千万不要~。

【声像】shēngxiàng ①[名]图像与声音。例：每个人心中都有关于这座城市的~记忆。②[名]录制下来的声音、图像。例：多媒体电子出版物包括电子图书、电子期刊、电子新闻报纸和电子~制品等。

声援　　声源

【声援】shēngyuán [动]公开发表言论表示支援。例：当年赵丹他们大难不死得力于周恩来同志组织的来自延安、重庆等方面的营救与~。

【声源】shēngyuán [名]正在发声的物体。例：音调的高低决定于~的频率，频率越大音调越高，频率越小音调越低。

圣地　　胜地

【圣地】shèngdì ①[名]具有重大历史意义及纪念意义的地方。例：今年夏天我们将去革命~延安。②[名]宗教徒称与教主生平事迹有重大关系的地方。例：耶路撒冷是基督教徒的~。

【胜地】shèngdì　[名]著名的度假、游览的地方。**例**：青岛是著名的避暑～。

圣明　　盛名

【圣明】shèngmíng　[形]旧时称颂皇帝认识清楚、无所不晓。**例**：被康有为吹捧为有才能的～之主光绪皇帝其实是一个"未辨菽麦"的"小丑"。

【盛名】shèngmíng　[名]很高的名望。**例**：晚会组织者把全国不少负有～的艺术家、歌舞演员都请来了,大家各出新招,演出精彩纷呈。

胜迹　　胜绩

【胜迹】shèngjì　[名]有名的古迹。**例**：不要把历史的～视为可有可无,这是我们祖国历史的骄傲、人类文化的精华。

【胜绩】shèngjì　[名]在比赛或竞争中获胜的成绩。**例**：该支足球队在客场作战中从未尝～。

胜景　　胜境　　盛景

【胜景】shèngjǐng　[名]优美的风景。**例**：我站在船头,尽情欣赏石湖的～。

【胜境】shèngjìng　①[名]环境优美的地方。**例**：张家界的旅游～吸引无数游客。②[名]非常美好的境界。**例**：进入九寨沟,如同走进天堂～。

【盛景】shèngjǐng　[名]盛大的景象。**例**：大家围坐在电视机前,观看国庆阅兵式的～。

盛世　　盛事

【**盛世**】shèngshì　[名]经济繁荣、人民生活安定幸福的时代。例：这繁荣～的景象,我们应该充分加以描绘。

【**盛事**】shèngshì　[名]盛大的事情。例：来自二十多个省、市、自治区的名花、佳卉、盆景、根雕,千红万紫,争奇斗艳,这是我国花坛空前的～。

盛妆　　盛装

【**盛妆**】shèngzhuāng　[名]华丽的化妆。例：女明星们～出席颁奖典礼。

【**盛装**】shèngzhuāng　[名]华丽的服饰。例：欢度"六一"的孩子们换上了节日的～。

失禁　　失敬

【**失禁**】shījìn　[动]大小便失去控制。例：他小便～,常常一天尿四五次裤子。

【**失敬**】shījìng　[动]客套话。对人表示歉意,自责礼貌不周。例：您老大驾光临,未能远迎,～,～!

失礼　　失理

【**失礼**】shīlǐ　①[动]客套话。感到自己招待不周而向对方表示歉意。例：我不知道你正在忙,请原谅我的～。②[动]违反礼节;没有礼貌。例：女教师正在埋怨她的学生表现出来的疏忽与～。

【失理】shīlǐ　[动]违背道理或事理。例：循理曰义,就是遵循道理而不~。

失迷　　失密

【失迷】shīmí　[动]迷失;弄不清楚。例：他掉队后~于荒郊旷野。

【失密】shīmì　[动]泄露机密或秘密。例：他发现原本密封的信件被拆开了,显然已经~。

失眠　　失明

【失眠】shīmián　[动]晚上睡不着或醒来后不能再入睡。例：最近一段时间我常常~。

【失明】shīmíng　[动]失去视力。例：他母亲已双目~了。

失时　　失实

【失时】shīshí　[动]错过时机。例：要抓紧播种,不能~。

【失实】shīshí　[动]不合乎事实。例：这是记者在采访时,由于感情用事造成报道~的一个典型事例。

失势　　失事

【失势】shīshì　[动]失去权势。例：一个人可以~,但绝不能让自己失去良知,因为失去了良知,便失去了一切。

【失事】shīshì　[动]发生不幸的事故。例：有报道说,~飞机上的黑匣子已被找到。

失手　　失守

【失手】shīshǒu　①[动]手没有把握好,造成不好的后果。例:他～打碎了一个玻璃茶杯。②[动]意外的失利或失败。例:她为这最后一场的～,感到无限惋惜。

【失守】shīshǒu　[动]没有守住自己的地区被敌方占领。例:战况最危险时,我方四分之三阵地～。

失言　　食言

【失言】shīyán　[动]无意中说出不该说的话。例:当他意识到自己～时为时已晚。

【食言】shíyán　[动]言而无信。例:陆晓平果真没有～,他每天都去看珊裳。

失贞　　失真

【失贞】shīzhēn　[动]女子失去贞操。例:～的女孩也能收获爱情。

【失真】shīzhēn　①[动]失去本意或本来面目。例:在这种强烈的光线下,人物的面貌有时会～。②[动]无线电技术中谓输出信号与输入信号不一致。例:音质变化、图像变形等都是～现象。

失宜　　失意　　实意

【失宜】shīyí　[形]不适宜;不妥当。例:由于教练指挥～,

火箭队与冠军头衔失之交臂。

【失意】shīyì [形]不如意;不得志。例:事业上的～并没有使他一蹶不振。

【实意】shíyì [名]真诚的心意。例:小顺硬要请老杨同志在他家吃饭,老杨同志见他是一番～,也就不再推让,跟大家一起吃起来。

失主　　施主

【失主】shīzhǔ [名]失窃或失落的财物的所有者。例:捡到手机的出租车司机正在寻找～。

【施主】shīzhǔ [名]佛道对布施者的敬称。例:老和尚双手合十问道:小～,你是谁家子弟?

师父　　师傅

【师父】shīfù ①[名]对和尚、尼姑、道士的尊称。例:悟空认出那女子是妖怪变的,叫～少管闲事。② 同"师傅①"。③ 同"师傅②"。

【师傅】shī·fu ①[名]某些行业中传授技艺的人。例:你要好好地向～学习。②[名]对有技艺的人的尊称。例:这位就是八级钳工老～。

施放　　释放

【施放】shīfàng [动]发放出。例:章鱼～黑色液体来保护自己。

【释放】shìfàng ①[动]恢复被拘捕、关押者的人身自由。**例**：他刑满～后在一家私营企业工作。②[动]散放；放出。**例**：原子核被高速度运动的中子撞击时，就～出原子能。

施行　　实行

【施行】shīxíng [动]实行；执行。**例**：本条例自颁布之日起～，原《工农业产品和工程建设技术标准管理办法》停止执行。

【实行】shíxíng [动]用行动来实现理论、纲领、政策、计划等。**例**：还有半年时间，如果要～这个计划，得马上动手准备。

十足　　实足

【十足】shízú ①[形]非常充足。**例**：穿上军装以后，小明显得神气～。②[形]成色纯。**例**：这是一块成色～的黄金。

【实足】shízú [形]确实足数的。**例**：我调入这个单位～十年。

什物　　实物

【什物】shíwù [名]家庭日常生活用品。**例**：那个客栈很简陋，院子周围堆满～。

【实物】shíwù ①[名]真实而具体的事物（相对于文字、图画而言）。**例**：这架显微镜可以把～放大200倍。②[名]实际应用的物品（相对于货币而言）。**例**：这家期货交易市场很少对原材料进行~交割,因此并没有对金属、谷物和原油的实际生产和消费产生影响。

石板　　石版

【石板】shíbǎn　［名］片状的石头。多用作建筑材料。**例**:这条路上的~有些松动了,走在上面会发出声响。

【石版】shíbǎn　［名］用多孔的石料制成的印刷底版。**例**:~印刷传入中国的时间,大约在19世纪30年代初。

时长　　时常

【时长】shícháng　［名］时间的长短。**例**:手机用户根据通话~付费。

【时常】shícháng　［副］常常;经常。**例**:你我虽然相隔万里,但我心里~想到你。

时价　　实价

【时价】shíjià　［名］现时的价格。**例**:这种小型张邮票的~达六千多元,比面值高出几百倍。

【实价】shíjià　［名］实际的价格。**例**:这家商店的信誉好,所有商品明码~,不坑骗顾客。

时时　　实时

【时时】shíshí　［副］常常。**例**:这幅画~唤起人们珍藏在心底的记忆。

【实时】shíshí [副]与某事发生、发展过程同时。例:有关国庆联欢会的盛况,电视台将进行～报道。

时势　时事　实事

【时势】shíshì [名]某一时期内的客观形势。例:我们要经常分析～,以利把握发展机遇。

【时事】shíshì [名]近期发生的国内外大事。例:每天一早我都要打开电脑,上网了解最新的～动态。

【实事】shíshì ①[名]真实存在的事物或情况。例:讽刺漫画所描绘的不必是曾有的～,但必须是会有的实情。②[名]切实有益的事。例:政府要为老百姓多办～,并且说了就办,这样才能取信于民。

时习　实习

【时习】shíxí [动]经常练习或温习。例:学而～之,不亦说乎。

【实习】shíxí [动]把学到的知识拿到实际工作中检验,以锻炼工作能力。例:大四时,他到一家贸易公司～。

时效　实效

【时效】shíxiào ①[名]在一定时间内能起的作用。例:这组连续报道～快、纵深感强、宣传效果好,受到了观众及新闻界专家的好评。②[名]法律所规定的有关刑事责任和民事诉讼权利的有效期限。例:本教材系统地论述了我国民法的基本原则和适用范围以及民事法律关系、民事主体、所有权和债权、民事责任和诉讼~等。

【实效】shíxiào [名]实际的效果。例：新厂长很注重工作~。

时新　　时兴

【时新】shíxīn [形]某一时期最新的(多指服装样式)。例：这条连衣裙的款式很~。

【时兴】shíxīng [动]一时流行。例：现在正~这种款式的凉鞋。

识趣　　拾趣

【识趣】shíqù [形]知道进退；不惹人讨厌。例：他以前同这个小伙子交过手，知道对手身上那股子倔劲，便~地不再多说什么。

【拾趣】shíqù [动]多用于文章的标题。意为把某方面有趣的材料收集起来。例：这本《古人养生观~》介绍了我国古代丰富的养生理念。

实底　　实地

【实底】shídǐ [名]真实的情况。例：他估摸不透这些对手的~，不知道该用什么战术去对付他们。

【实地】shídì ①[副]在事情发生或产生的地方；在现场。例：这些生动的描述都是实有其事的，是记者在战场~采访中获得的。②[副]实实在在地。例：读书月的目标是倡导每个人在活动期间～读一本书,通过营造集体性、群众性的读书氛围,激发大家读书的兴趣,强化深层次精神交往的内在需要。

实力　　实例

【**实力**】shílì　[名]军事、经济等方面的实在的力量。**例**:在国际市场上,这两家规模庞大、～雄厚的跨国公司是主要竞争对手。

【**实例**】shílì　[名]实际的例子。**例**:为了帮助学生理解这个定理,物理老师举了许多～。

实心　　实行

【**实心**】shíxīn　①[形]心地诚实。**例**:大家不要取笑他,他可是一个～实意的人。②[形]物体内部是实的。**例**:这个金属球是～的。

【**实行**】shíxíng　[动]指用行动来实现纲领、政策和计划等。**例**:这项规定下月初开始～。

实验　　试验

【**实验**】shíyàn　①[动]为了检验某种科学理论或假设而进行某种操作或从事某种活动。**例**:～表明,张教授的推测完全正确。②[名]指实验的工作。**例**:今天上课做化学～。

【**试验**】shìyàn　[动]进行性能分析、测试结果的研究工作。**例**:让我们来～一下这辆自行车的刹车情况。

实用　　使用

【实用】 shíyòng　①[动]实际使用。例:这台机器的性能要~后才能检验出好坏。②[形]有实际使用价值的。例:这本成语词典很~。

【使用】 shǐyòng　[动]使人、钱财、器物等为某种目的服务。例:他善于~一种火辣辣的艺术语言,来赞颂人类最美好的心灵。

实证　　实症

【实证】 shízhèng　[名]确实的证据。例:充分的~是判断当事人主张案件事实的依据。

【实症】 shízhèng　[名]中医通常指发病时高烧、大便不通、胸腹胀满等症状。例:中医所说的虚症就是五脏六腑气血不足造成的疾病,~是指体内邪气亢盛而产生的疾病。

拾取　　拾趣

【拾取】 shíqǔ　[动]把地上的东西拿起来。例:一群小孩子在海滩边~贝壳。

【拾趣】 shíqù　[动]把某方面有趣的材料收集起来。多用于图书、文章的标题。例:这本《古人养生观~》介绍了我国古代丰富的养生理论。

史籍　　史迹

【史籍】 shǐjí　[名]历史典籍;史书。例:根据~记载,在明代我国广东、福建、浙江、江苏等省已经开始广泛种植番薯。

【史迹】shǐjì [名]历史文化遗迹。例：今年暑假这些大学生将踏访延安的革命～。

矢量　　适量

【矢量】shǐliàng [名]既有大小又有方向的量。例：在计算机中，～图可以无限放大永不变形。

【适量】shìliàng [形]适宜的数量。例：老年人要注意饮食～。

士族　　氏族　　世族

【士族】shìzú [名]东汉以后在地主阶级内部逐渐形成的世家读书做官的大族。在政治、经济各方面都享有特权。士族制度于南北朝时最盛，至唐末渐趋消亡。例：唐代的古文运动，主要是在中小地主阶层和～地主阶层的政治斗争基础上发生和发展起来的。

【氏族】shìzú [名]原始社会由血统关系联系起来的人的集体。氏族内部禁婚，生产资料集体所有，实行集体生产和集体消费。例：在原始社会，凡住在～地域内的成员都有着血缘关系。

【世族】shìzú [名]旧指世代显贵的家族。例：在会同县黎家是远近闻名的～。

示例　　事例

【示例】shìlì ①[动]举出或做出具有代表性的例子。

例：老师正在~说明个人房屋租赁合同书订立时的注意事项。②[名]举出的例子。例：每位学生都拿到了毕业论文摘要~。

【事例】shìlì [名]具有代表性的并可以作为例子的事情。例：要抓住那些确实具有代表性的典型~，作认真的剖析，总结出实实在在的经验。

世道　　市道

【世道】shìdào [名]社会风尚。例：现在是什么~，还允许这班人胡作非为？

【市道】shìdào [名]市场价格的状况；市面上商品、证券、外汇等价格的状况。例：最近~低迷，你投资股票会有一定的风险。

世故　　事故

【世故】shìgù [名]处世的经验。例：他还年轻，不懂人情~，请您多多关照。

【事故】shìgù [名]指意外的变故或灾祸。例：这一~为我们敲响了安全生产的警钟。

世面　　市面

【世面】shìmiàn [名]形形色色的社会情况。例：这位没见过多少~的农村妇女，不懂承包之类的事情，但她相信自己的儿子一定能干好。

【市面】shìmiàn ①[名]街面上；街上。例：那时战火虽然平息,可是~还很混乱,人心很不安定。②[名]工商业活动的一般状况。例:他们正在研究怎样把~繁荣起来。

世情　　事情

【世情】shìqíng　[名]社会上的种种情形;世态人情。例:现实生活中观念陈旧的人,往往故步自封,不知~变化。

【事情】shìqíng　①[名]社会生活中的一切活动和现象。例:自从你们离开以后,这里发生了许多~。②[名]工作;职业。例:他来到上海就是求赵四爹替他儿子找一份~做。③[名]事故;差错。例:你们一定要注意安全,不能出~。

世袭　　世系

【世袭】shìxí　[动]世代继承爵位。例:封建国家的国君一般实行~制和终身制。

【世系】shìxì　[名]家族世代相承的系统。例:这位老人可以将他的~和乡里籍贯原原本本地说清楚。

仕女　　侍女

【仕女】shìnǚ　①[名]旧指官宦人家的女子。例:这位演员没能理解剧情,她竟然将一个有身份的~演绎成一个风尘场的烟花女子。②[名]仕女画中的人物。其形象多属于封建时代中上层的美女。例:唐寅能诗工画,既画人物、~,也画山水、花鸟。

【侍女】shìnǚ　[名]婢女;女仆。例:苏麻喇姑是孝庄皇后之~。

式样　　试样

【式样】shìyàng　[名]人造物体的形状。例：服装店里有各种~的服装。

【试样】shìyàng　①[名]工业生产中为检验质量所采取的样品。例：化验人员正在检测水质的~。②[动]裁缝在精做的服装基本定样时,为了检验其是否合身,请定做者试穿。例：你定做的旗袍已经缝合,明天可以~。

势力　　势利

【势力】shìlì　[名]政治、经济、军事等方面的力量。例：我们处在复杂的国际环境中,国外敌对~从未放弃对我国进行渗透和颠覆活动。

【势利】shì·li　[形]目光短浅,以财产、地位来衡量人。例：这个人太~了,老王刚退休,他就不理不睬了。

事理　　事例

【事理】shìlǐ　[名]事物的道理。例：没有学识而蒙昧的人应当向明白~而有学问的人学习。

【事例】shìlì　[名]具有代表性的并可以作为例子的事情。例：要抓住那些确实具有代表性的典型~,作认真的剖析,总结出实实在在的经验。

事务　　事物

【事务】shìwù　①[名]要做的或所做的事情。例：他对自己的部下很放心,一般日常～不过多干预。②[名]总务;机关单位中的行政杂务。例:他起先担任的是～主任的工作,最近升任副厂长。

【事物】shìwù [名]客观存在的一切物体和现象。例:我们要热情支持新生～。

事宜　　适宜

【事宜】shìyí [名]关于事情的安排和处理。例:在这次校庆活动中,我们几个主要负责接待～。

【适宜】shìyí [形]合适;相宜。例:这种植物只有遇上～的温度才会开花。

侍养　　饲养

【侍养】shìyǎng [动]奉养。例:他思念双亲,决定辞官回乡～老人。

【饲养】sìyǎng [动]喂养动物。例:他～着两只猫。

饰演　　试演

【饰演】shìyǎn [动]扮演。例:首映典礼上,影片总导演和～毛泽东、邓小平、蒋介石的演员与观众见面。

【试演】shìyǎn [动]戏剧、舞蹈等正式公开演出之前的化装排演。例:这次的试排和～,是四幕舞剧中的第二幕。

试销　　适销

【试销】shìxiāo [动]新的产品生产后,为了解市场需求情况所作的试探性销售。**例**:一种新型的儿童旅游鞋由胶鞋研究所试制成功并投入市场~。

【适销】shìxiāo [动]商品因适合消费者需要而销售得快。**例**:这些新产品的许多设计、要求全都来自群众,因而~,刚上市就被抢购一空。

试用　适用

【试用】shìyòng [动]在正式使用之前,先试一段时期,看其效果。**例**:许多中药为中医的经验~有效,尚未被西医采用的还很多。

【适用】shìyòng [动]适合使用。**例**:这本词典对外国人学汉语很~。

适宜　适意

【适宜】shìyí [形]合适;相宜。**例**:这种植物只有遇上~的温度才会开花。

【适意】shìyì [形]舒适;惬意。**例**:秋风徐徐吹来,~极了。

释疑　释义

【释疑】shìyí [动]消除疑问或疑难。**例**:他十分理解病人的心情,耐心~,百问不厌,使病人树立治愈信心,精神上得到安慰。

【释义】shìyì ①[动]解释词语或文章的意义。**例**:这几个都是专业术语,还是听听专家是如何~的吧。②[名]用来释义的文字。**例**:这段~太啰唆,不够精练。

收成　　收存

【**收成**】shōuchéng [名]农作物等收获的成绩。**例**:今年夏粮~很好。

【**收存**】shōucún [动]收拾存放;整理保存。**例**:母亲珍重地用红丝线束起婴儿的胎发并~起来。

收服　　收复

【**收服**】shōufú [动]使投降归顺;制服。**例**:为了~他那颗贪玩的心,家里人决定给他提亲。

【**收复**】shōufù [动]夺回失去的领土、阵地等。**例**:该国军队乘胜出击,不仅~了失地,而且把入侵者全部赶出了自己的国土。

收集　　搜集

【**收集**】shōují [动]使聚集在一起。**例**:为了写好这篇文章,小李~了很多资料。

【**搜集**】sōují [动]寻找并聚集。**例**:他喜欢~钱币。

收敛　　收殓

【**收敛**】shōuliǎn ①[动]减弱或消失。**例**:她的笑容突然~了。②[动]减轻放纵的程度。**例**:他放纵的行为近来有所~。

【收殓】shōuliàn [动]把尸体放进棺材。例：他们把散落的七十二位烈士遗骸~并安葬在黄花岗。

收罗　　搜罗

【收罗】shōuluó [动]把人或物聚集在一起。例：~这些古建筑材料,费了老林半辈子的心血。

【搜罗】sōuluó [动]到处寻求人或物并聚集在一起。例：这本《河池地区古代志书整理汇编》~了河池地区的古代志书、史料、文献等。

收束　　收缩

【收束】shōushù ①[动]结束;收尾。例：文章写到这里应该~了。②[动]收拾。例：马上就要出发了,大家抓紧时间~。③[动]收拢;约束。例：央行将~外资进入国内楼市。

【收缩】shōusuō ①[动]物体由大变小、由长变短或由多减少。例：物质的体积随着温度的升高而膨胀、温度的降低而~。②[动]使分散的聚拢;紧缩。例：信贷~使企业得不到资金更新设备、扩大生产,消费者也无处借钱增加开支,经济回升由此受到抑制。

手记　　手迹

【手记】shǒujì [名]亲手写的记录。例：这些都是我在旅途中写下的~。

【手迹】shǒujì [名]亲手写的字、画的画。例：这封信是用彩笺写的,亲切而富有文采的词句,肥重而优美的字体,令人喜爱,这哪像是一个病人的～呢?

手卷　　手绢

【手卷】shǒujuàn　[名]只供案头观赏、不能悬挂的横幅书画长卷。例:他把不同书家、不同书体、不同风格的若干书法作品拼起来装裱成～。

【手绢】shǒujuàn　[名]随身携带的用来擦汗或擦鼻涕等的方形小块织物。例:为了保护环境,他大力提倡使用～,拒绝使用纸巾。

守时　　守势

【守时】shǒushí　[动]遵守约定的时间。例:德国哲学家康德认为,无论是对老朋友还是对陌生人,～都是一种美德,代表着礼貌和信誉。

【守势】shǒushì　[名]防御的行动或态势。例:防御型战略是企业对未来的发展采取～的方式,一般适用于企业的某些特殊时期。

受奖　　授奖

【受奖】shòujiǎng　[动]受到奖赏、奖励。例:所谓精神鼓励就是对～者给予荣誉方面的表彰,它包括表扬、记功、记大功、通令嘉奖等形式。

【授奖】shòujiǎng　[动]授予奖品、奖状。例:上级部门将在这里召开立功~大会,嘉奖有功人员。

受礼　　受理

【受礼】shòulǐ [动]接受别人的礼物。例:他当干部不吃请不~,很受群众拥护。

【受理】shòulǐ ①[动]接受办理;接受处理。例:信访部门~人民来信、来访。②[动]司法机关接受诉状,进行审理。例:当事人对案件的管辖权有异议的,应向~该案的法院提出。

受命　　授命

【受命】shòumìng [动]接受任务、命令。例:格兰特将军的~是南北战争的转折点,他对夺取战争的胜利起了关键性作用。

【授命】shòumìng ①[动]献出生命。例:我想古往今来那些忠勇的烈士,在他们临危~的时候,一定是心胸开朗、了无牵挂的。②[动]国家元首等下达命令。例:新当选的总统~组阁。

受权　　授权

【受权】shòuquán [动]接受国家或上级委托做某事的权力。例:新华社~发表声明。

【授权】shòuquán [动]把权力委托给某人或某机构代为执行。例:我公司~这家律师事务所发表声明。

书坊　　书房

【书坊】shūfāng　[名]旧时印刷并出售书籍的地方。例：清代时～刻书甚为普遍,全国各地皆有刻书记录。

【书房】shūfáng　[名]读书写字用的房间。例：他的～和卧室相连,是一间朝南的小屋子,阳光充足,空气也很流通。

书写　　抒写

【书写】shūxiě　[动]用笔在纸上或其他东西上写字。例：在写字教学中应注意～工具的区别,不能要求学生在写铅笔字和钢笔字时非要像写毛笔字那样运笔,写出毛笔字的效果。

【抒写】shūxiě　[动]抒发;描写。例：这悠扬的乐曲赞美着祖国山川的明丽,～了年轻人火热的青春和豪迈的事业心。

梳理　　疏理

【梳理】shūlǐ　[动]用梳子整理。例：小李每天要为他家的小狗～毛发。

【疏理】shūlǐ　[动]整理;清理。例：刑警队员再一次～案件,找到了侦破的突破口。

舒散　　疏散

【舒散】shūsàn　①[动]活动筋骨。例：经常伸伸臂弯弯腰可以～一下筋骨。②[动]消除不愉快的心情或疲劳。例：每逢星期天她都要到公园去走走,~一星期来的疲劳。

【**疏散**】shūsàn　①[动]使人或物散开。**例**:对已经~到外地的灾民,要动员各级政府和社会力量关心他们,确保灾民有饭吃、有房住、有衣穿。②[形]稀疏分散。**例**:这一带比较荒凉,只有一些~的村落。

舒展　　舒张

【**舒展**】shūzhǎn　①[动]伸展;不卷缩。**例**:山鸡和野雉在路旁的深草中扑噜扑噜地~着翅膀。②[形]舒畅;舒适。**例**:把憋在心里的话说出来后,他感觉~多了。

【**舒张**】shūzhāng　[动]心脏或血管等肌肉组织由紧张状态变为松弛状态。**例**:当心脏~时,血液可以回流。

疏离　　疏理

【**疏离**】shūlí　[动]疏远;离开。**例**:专家提醒家长,要注意维护与孩子的亲情,不要~孩子。

【**疏理**】shūlǐ　[动]整理;清理。**例**:刑警队员再一次~案件,找到了侦破的突破口。

熟悉　　熟习

【**熟悉**】shúxī　[动]知道得清楚。**例**:我对这一带很~,迷不了路。

【**熟习**】shúxí　[动]对某种技术、学问学习或掌握得很熟练。**例**:他不仅~观念摄影、Video装置和行为艺术,而且在资本运作上更是超出许多艺术家不知多少倍。

树立　　竖立

【树立】shùlì　[动]建立。例：我们要与时俱进,~起新的观念。

【竖立】shùlì　[动]物体垂直后一端朝上,另一端接触地面或埋在地里。例：这些电线杆是刚刚~起来的。

衰颓　　衰退

【衰颓】shuāituí　[动]身体、精神等衰弱颓废。例：在他日渐~的暮年里,妻子是他眼前必不可少的慰藉。

【衰退】shuāituí　①[动]身体、精神、意志、能力等衰弱退步。例：他记忆力~得很厉害,读者来信看后一放就忘。②[动]政治、经济、文化等状况衰落减退。例：该国银行业面临严重困境,这是战后以来仅有的现象,它不仅加深了经济~的程度,而且制约着经济走向复苏。

双响　　双向

【双响】shuāngxiǎng　[名]一种点燃后响一声、升到空中完全爆裂后又响一声的爆竹。例：附近好像有一家铺户开张,在一阵阵鞭炮声中还不时地夹杂着几个~。

【双向】shuāngxiàng　[形]双方互相。例：证券交易印花税税率最高时曾高达6‰,经过不断调整之后,原先的~征收已变成了单向征收,并且其税率已经下调至1‰。

爽心　　爽性

- 【爽心】shuǎngxīn　[形]心情畅快。例：奋战了将近一年的任务终于完成了,大家～地唱起了胜利赞歌。
- 【爽性】shuǎngxìng　[副]索性;干脆。例：她在窗外听得不耐烦了,便～趁此机会直闯进去,把压在心头的怒火全都发泄了出来。

水粉　　水分

- 【水粉】shuǐfěn　[名]一种化妆用的粉状物。例：她换上绣着蝴蝶和牡丹花的旗袍,还对着镜子擦了点胭脂～。
- 【水分】shuǐfèn　①[名]物体内部所含的水。例：这里的地下水位很深,土壤渗透性强,～经常不足。②[名]叙述某一情况时夹杂的不切实、虚夸的成分。例：这份年终总结～太多,需要核实。

水力　　水利

- 【水力】shuǐlì　[名]水流所产生的动力,是自然能源之一。例：山区河流落差大、水流急,蕴藏着丰富的～资源。
- 【水利】shuǐlì　[名]利用水力资源,防止水的灾害。也指水利工程。例：这位卓越的工程师和发明家在建筑、～、土木和机械等方面都有建树。

税利　　税率

- 【税利】shuìlì　[名]企业向有关部门上缴的税金和利润。

例:2020年该行业～为7 529.56亿元,其中上缴国家财政6 001.18亿元,1 528.38亿元为企业留存的利润。

【税率】shuìlǜ [名]计算课税对象每一课税单位应征税额的比率。例:在出口工业品中,有的品因～偏高而造成出口企业亏损的,原则上可以申请减税和免税来解决企业的亏损。

顺变　　顺便

【顺变】shùnbiàn [动]顺应变故或变化。例:谨望吾兄节哀～。

【顺便】shùnbiàn [副]趁做某事的方便做另一件事。例:你回家时～帮我带一张晚报。

顺序　　顺叙

【顺序】shùnxù [名]次序。例:请大家按～排队入场。

【顺叙】shùnxù [名]按照事件发生、发展的时间先后顺序来进行叙述的方法。例:《闪光的金牌》一文,作者使用了～的写作方法。

说到　　说道

【说到】shuōdào [动]说话、写文章时提到过或涉及过。例:他刚～你,你就来了。

【说道】shuōdào [动]说。多用来直接引用某人所说的话。例:他～:"明天我就不来了。"

说合　　说和

【说合】shuōhé　①[动]从中介绍,促使事情成功或使两方面能说到一块儿。例:经过婚介所"红娘"的～,几十对新人喜结良缘。② 同"说和"。

【说和】shuō·he　[动]劝和、调解争执使和解。例:我给他们～已经不止一两回了。

私立　　私利

【私立】sīlì　[形]私人设立的(医院、学校等)。例:这所学校是～的,各方面条件都不错。

【私利】sīlì　[名]个人的利益。例:希望你们不要只顾个人～而妨害集体。

厮打　　撕打

【厮打】sīdǎ　[动]相打;打架。例:他俩在～中,手和胳膊分别被对方抓破和拉伤。

【撕打】sīdǎ　[动]扭扯殴打。例:他一脚踢开门进去,不容分说,抓着鲍二家的就～一顿。

四出　　四处

【四出】sìchū　[动]到各处去。例:为了写好每一首诗,她～采访、寻探。

【四处】sìchù　[名]四方;各处。例:几个做媒的～传扬,说高家女子美貌聪明。

松紧　　松劲

【松紧】sōngjǐn　［名］松或紧的程度。例：宽严～要适可而止。
【松劲】sōngjìn　［动］降低紧张用力的程度。例：防汛指挥部要求大家坚决克服麻痹～思想。

嗖嗖　　飕飕

【嗖嗖】sōusōu　［拟声］形容很快通过的声音。例：子弹从他的头顶上～地飞过。
【飕飕】sōusōu　①［拟声］形容风雨声。例：他曾好几次爬到北固山的顶上，去领略那～的风声。②［拟声］形容很快通过的声音。例：湖面上～跳起几尾银光闪闪的大鱼。③［形］阴冷的样子。例：他已经在～的寒风中等了她一个小时。

夙怨　　夙愿

【夙怨】sùyuàn　［名］旧有的怨恨。例：大家对民警服务辖区居民、耐心调解化解～的行为赞不绝口。
【夙愿】sùyuàn　［名］一向怀有的愿望。例：在那动乱的年代他的美好～成为泡影。

肃静　　素静

【肃静】sùjìng　［形］肃穆寂静。例：升旗仪式开始了，全场一片～。

【素净】 sùjìng ［形］颜色朴素;不鲜艳;不刺目。例:这间屋子布置得非常～。

蔌蔌　簌簌

【蔌蔌】 sùsù ［拟声］形容轻微的声音。例:羊儿吃起草来～有声。

【簌簌】 sùsù ①［拟声］形容风吹叶子等的声音。例:他听见山边竹林里～地响,一会儿便游出一条大蛇来。②［形］眼泪等落下的样子。例:他想起已故的祖母,不禁～地流下眼泪。③［形］颤抖的样子。例:他刚从山上跑下来,双腿还在～地颤抖。

算术　算数

【算术】 suànshù ［名］数学的一个分科。研究各种事物之间数量的相互关系、数的性质、数的计算方法,确定和发展数的概念。例:做～习题时,千万不能粗心大意。

【算数】 suànshù ［动］当真。例:你说话要～,千万不能反悔。

随机　随即

【随机】 suíjī ①［副］依照情势。例:如果出现意外情况,合作双方可～变更合同条款或解除合同。②［形］随意的;不设任何条件的。例:与点源污染相比,非点源污染具有～、间歇、滞后、复杂等特点,不易控制和治理。

【随即】suíjí [副]随后就;立刻。**例**:她看了一眼睡着的孩子,~匆匆离开。

随心　　遂心

【随心】suíxīn [形]顺心;称心。**例**:这叫什么过日子人家,家里家外都没有马连福~的时候。

【遂心】suìxīn [形]合乎自己的心意;满意。**例**:他大概遇上了不~的事,这几天闷闷不乐的。

随意　　遂意

【随意】suíyì [形]任凭自己的意思。**例**:你不要太拘束,可以~一些。

【遂意】suìyì [形]合乎自己的心意;满意。**例**:他一手撑着头,一手很不~地胡乱摸着骨牌。

Tt

他们　　它们

【他们】tā·men　[代] 称自己和对方以外的若干人。例：我爱我的祖国,我爱我的人民,离开了它,离开了～,我就无法生存,更无法写作。

【它们】tā·men　[代] 称不止一个的事物。例：那只黑猪是～中最肥的一只。

踏勘　　踏看

【踏勘】tàkān　①[动] 到出事现场查看。例：他们冷静地、细心地对案发现场进行了～。②[动] 在修路、建筑、采矿等工程之前,对地形、地质状况等进行现场勘察。例：为了完成博物馆的设计蓝图,设计师多次到现场～。

【踏看】tàkàn　[动] 实地查看。例：他经常风尘仆仆,辗转万里,～祖国的山川河谷。

摊牌　　摊派

【摊牌】tānpái　①[动] 把手里所有的牌摆出来,跟对方比较大小,决定胜负。例:这副牌你输定了,不信的话我可以~。②[动]到最后关头把事情的有关情况都向对方公开。例:你先摸摸对方的态度,不要一下子就~。

【摊派】tānpài [动]由众人或各方面分担。例:各种~和名目繁多的集资,加重了农民的负担。

谈心　　谈兴

【谈心】tánxīn [动]谈心里话;闲谈。例:酒馆里很清静,除了他,另外还有两个客人在对酌~。

【谈兴】tánxìng [名]谈话的兴致。例:那时候他微恙初愈,但见了我,~还是很好,从升学问题谈到就业问题,又从社会问题归根到人生问题。

坦陈　　坦承　　坦诚

【坦陈】tǎnchén [动]坦率地陈述。例:与会代表都~了自己的观点。

【坦承】tǎnchéng [动]坦率地承认。例:不少家长~在教育子女的问题上存在困惑。

【坦诚】tǎnchéng [形]坦率;诚恳。例:这一番~的话语,深深地感动了在场的每一位。

坦露　　袒露

【坦露】tǎnlù [动]坦率地吐露。例:他总是如此坦荡地把自己的胸怀~在广大读者面前。

【袒露】tǎnlù ［动］暴露;无遮盖。例:当她那美妙的形体~于前时,画家为之神迷心醉。

叹息　叹惜

【叹息】tànxī ［动］心里感到不痛快而呼出长气。例:我对我所从事的职业仍然有着浓厚的兴趣,我想我们这一代没有理由让前辈摇头一~。

【叹惜】tànxī ［动］慨叹惋惜。例:申花队又输了,令球迷十分~。

炭化　碳化

【炭化】tànhuà ［动］指古代的植物埋藏在沉积物里,在一定的压力、温度等的作用下逐渐变成煤的过程。也叫煤化。例:这具古棺木早已~。

【碳化】tànhuà ［动］指把固体燃料和空气隔绝,加热使分解,如煤干馏后分解成焦炭、焦油和煤气。例:这是一种经过200℃左右的高温~技术处理的实木地板。

探查　探察

【探查】tànchá ［动］审查;检查。例:利用超声波的穿透能力和反射力,可以制成超声波探伤仪,用来~金属内部的缺陷。

【探察】tànchá ［动］探听;侦察。例:仔细观察家兔就可以发现它的鼻和唇时时都在颤动,原来它是靠嗅觉和触觉来~

外界情况的。

探寻　　探询

【探寻】tànxún　[动]探索;寻求。例:杨联康兴致极高地在这里~着古黄河遗迹。

【探询】tànxún　[动]探问;询问。例:他带着一种~的神色望着她,好像在等待她说什么话似的。

陶陶　　淘淘

【陶陶】táotáo　[形]快乐的样子。例:交通规则齐遵守,大家才能乐~。

【淘淘】táotáo　①[形]水势盛大的样子。例:登高远望,扬子江~雪浪,滚滚烟波。②同"陶陶"。③[动]方言。犹唠叨。例:他已经认错了,你就别再~个没完。

特需　　特许

【特需】tèxū　[形]特殊需要的;有特殊需求的。例:~门诊与普通门诊最大的区别就是患者可以自己选定哪位专家接诊,不像普通门诊那样随机安排医生接诊。

【特许】tèxǔ　[动]特别许可。例:这些都是北京残奥会~商品。

特异　　特意

【特异】tèyì　①[形]特殊;不同一般。例:少数民族风情是一种具有～魅力的景象。②［形］特别优异。例：他因成绩～而提前被一所重点高中录取。

【特意】tèyì ［副］表示专为某件事。例：这是我～给您做的饭菜,您一定要尝尝。

特制　　特质

【特制】tèzhì ［动］特地制造。例：当时冶铁炼炉上的鼓风设备是一种～的有弹性的大皮囊。

【特质】tèzhì ［名］特有的性质或内在素质。例：积极向上是成功者的～。

腾跃　　腾越

【腾跃】téngyuè ［动］奔腾跳跃。例：随着一阵又一阵的锣鼓声,两条黄色巨龙在表演场上～。

【腾越】téngyuè ［动］跳跃并跨过。例：教练通过一些带有惊险性的空翻和～动作的练习,来培养运动员果断和勇敢的意志品质。

提拔　　题跋

【提拔】tíbá ［动］选拔提升。例：全员培训要同人事考核、晋升、～和工资调整等相结合,建立和健全一套全面的人事管理制度。

【题跋】tíbá ［名］写在书籍、字画、碑帖等前面的文字叫题,写在书籍、字画、碑帖等后面的文字叫跋,总称"题跋",内容多为品评、鉴赏、考订、记事等。**例**：他藏有一幅倪云林的山水画,上面有张廷济的～。

提词　　题词

【**提词**】tící［动］戏剧演出时在幕后给演员提示台词。**例**：～,是为演员服务、为演出"保驾护航"的一项应急举措。

【**题词**】tící ①［动］题写一段话以表示纪念或勉励。**例**：老师在毕业纪念册上～,勉励学生志存高远、勤奋学习。②［名］所题写的留作纪念或勉励的文字。**例**：毛泽东"向雷锋同志学习"的～原载于1964年3月2日出版的《中国青年》杂志,3月5日《人民日报》转载。

提干　　题干

【**提干**】tígàn ①［动］把非干部编制的人提升为干部。**例**：部队今年有几个～名额。②［动］提拔干部的职务、级别等。**例**：他已经错过了三次～机会。

【**题干**】tígàn ［名］题目的主要意思。**例**：审读～是正确解答高考语文试题的第一要务。

提花　　题花

【**提花**】tíhuā ［动］纺织物上以经线、纬线交错组成的凹凸花纹。**例**：中国古代还发明创造了～织机,它依靠事先设计好的程序使经纬线交错变化而织出预定的图样,这种设计思想颇具程序控制的特点,体现了古代中国人的智慧。

【题花】tíhuā ［名］书籍报刊上装饰标题的图画。例：～好比专栏的脸面、版面的眼睛,能起到美化专栏、为版面增色的效果。

提名　　题名

【提名】tímíng ［动］在决定人选之前提出候选人的姓名。例：他发表声明宣布自己不再争取共和党总统候选人～。

【题名】tímíng ①［动］古人为纪念科场登录、旅游行程等,在石碑或壁柱上题记姓名。例：大雁塔下多～碑记,这是因为古时候凡新登科的人要在大雁塔下集体树立～碑的缘故。②［名］为留纪念所题记的姓名。例：苏州虎丘旧时多宋人～,但因历时久远而渐渐湮没。③［名］题目名称。例：他打算写一篇游记,～已经想好。

题材　　体裁

【题材】tícái ［名］作家用以表现作品主题思想的素材,通常是指那些经过集中、取舍、提炼而进入作品的生活事件或生活现象。例：湖北省武汉市江岸区女子城管队本色出演全国首部城管～微电影《我的城管女友》。

【体裁】tǐcái ［名］文学作品的类别,如诗、小说、散文、戏剧等。例：他虽然也写些文学评论和其他～的文学作品,但倾注主要精力的却是散文。

体力　　体例

【体力】tǐlì ［名］人体活动时所能付出的力量。例：郭祥做了外科手术以后,症状很快消失,～日渐恢复。

【体例】tǐlì　［名］著作的编写格式;文章的组织形式。例:编写者对词典编纂的方法、原则、～等问题从理论上作了一些探讨。

体位　体味

【体位】tǐwèi　［名］医学上指身体所保持的姿势。例:凡合并有颅脑损伤的颌面部伤员,现场急救时必须首先保持呼吸道通畅,并暂包扎头面部出血处,采取仰卧头略高的～。

【体味】tǐwèi　［动］体会;寻味。例:看上去他的公司一帆风顺,他的事业蓬勃发展,可是谁能～到个中的甘苦呢?

体形　体型

【体形】tǐxíng　［名］人或动物身体及机器等的形状。例:T台上的女模特个个～优美。

【体型】tǐxíng　［名］人体和动物体的类型,主要指各部分之间的比例。例:他的身躯是那么魁梧,他的～是那么匀称,他的肌肉是那么丰满,他的动作是那么灵活。

体制　体质

【体制】tǐzhì　①［名］国家机关、企事业单位等的组织方式和结构。例:应通过改革,建立新的教育～,为科技、经济、社会的协调发展提供各种类型的合格人才。②［名］文章中的结构、体裁。例:从赋、比、兴的～而言,赋为直抒其情,比为借物言志,兴为托物兴辞。

【体质】 tǐzhì [名]身体的素质。多指健康状况而言。例:他从小爱好体育运动,~很好。

天机　　天际

【天机】 tiānjī [名]旧指神秘不可知的天意。借指特别秘密的事。例:正当游客对眼前奇特景象产生的原因争论不休的时候,导游点破了~。

【天际】 tiānjì [名]肉眼能看到的天地交接的地方。例:站在闸上向外望,看得见海上的一片烟波、~的几点风帆。

天姿　　天资

【天姿】 tiānzī [名]容貌。特指俊美的容貌。例:她像她的母亲,是一个~玉质的美人。

【天资】 tiānzī [名]人与生俱来的资质。例:~只是能力和天才发展的基础,不能把它看成能力或天才。

添补　　填补

【添补】 tiānbǔ [动]添置补充。例:她光给孩子们花钱,就不晓得给自己~点什么。

【填补】 tiánbǔ [动]补充空缺或欠缺。例:这家公司有几个岗位空着却没有具备相应条件的人来~。

恬美　　甜美

【恬美】 tiánměi [形]安静优美。例:我非常喜欢小区内~

的环境。

【甜美】 tiánměi ①[形]味道甜。例：这种西瓜很～。②[形]舒适愉快；美好。例：她的歌声～动听。

恬静　　甜净

【恬静】 tiánjìng [形]安静。例：这里环境幽雅～,他躺在椅子上,欣赏着优美的乐曲。

【甜净】 tiánjìng [形]花香甜美、纯净。例：屋子里满是水仙花～的香味。

条理　　调理

【条理】 tiáolǐ [名]层次；秩序。例：他平时说话做事～清晰,可是今天却一反常态,激动不已。

【调理】 tiáolǐ ①[动]调养；调护。例：老奚最近身体不大好,朋友劝他吃几副中药～一下。②[动]调教；训练。例：他觉得像马立本这样一个有本事的会计,要是～好了,就是自己的一只膀子。③[动]照料；管理。例：小区进出的车辆太多,应该安排专人～。

条理　　条例

【条理】 tiáolǐ [名]层次；秩序。例：他平时说话做事～清晰,可是今天却一反常态,激动不已。

【条例】 tiáolì [名]国家制定或批准的规定某些事项的法律文件；规定某一机关的组织、职权等的法律文件。例：他把全部精力都用到了法制建设事业上,积极参与各种～、条令的制定和修改。

条文　　条纹

【条文】tiáowén　[名]法律章程等分条说明的文字。例:最高人民法院发布《关于在裁判文书中如何表述修正前后刑法～的批复》。

【条纹】tiáowén　[名]条状的花纹。例:他看见斑马了,好几十匹,浑身是黑白相间的～,俊得很,也机灵得很。

岧岧　　迢迢

【岧岧】tiáotiáo　[形]高的样子。例:面对～的东方明珠,他不禁感慨当今人类的智慧。

【迢迢】tiáotiáo　[形]路途遥远的样子。例:参加校庆的校友们千里～从各地汇集而来。

调节　　调解

【调节】tiáojié　[动]根据要求加以调整、节制。例:冬季养殖热带鱼,正确～水温是关键。

【调解】tiáojiě　[动]协调、劝解纠纷。例:经过居委会的～,这两家邻居化解了矛盾。

调试　　调适

【调试】tiáoshì　[动]试验并调整机器、仪器等。例:经过两年的努力,这台机车投入~运行,完全符合设计要求。

【调适】tiáoshì [动]调整使适应。例:一个人如果不于善自我~,会使心理失衡,不仅影响人的工作、生活,还严重影响人的健康。

调协　　调谐

【调协】tiáoxié [动]调和;协调。例:一桩标的额为2 700万元的一审案件宣告~成功,主持该案件的法官赢得了各方当事人热烈的掌声。

【调谐】tiáoxié ①[形]和谐。例:画框平平地躺在地上,那画面的颜色鲜明刺眼,与这灰暗零杂的小屋子很不~。②[动]调节可变电容器或线圈使收音机与无线电波达到谐振。例:他正在~助听器。

调制　　调治

【调制】tiáozhì [动]调配制造。例:药剂师根据医生的处方~药丸。

【调治】tiáozhì [动]调养治疗。例:在这位老中医的精心~下,他很快恢复了健康。

跳跃　　跳越

【跳跃】tiàoyuè [动]跳动;腾跃。例:当太阳从海水中跳出来的时候,金光照在海面上,一耀一闪,就像是千万条鲤鱼在~。

【跳越】tiàoyuè　［动］跳着越过某一点、某一空间或区域。例：这名中年男子从房间里面出来的时候,因地上堆满了杂物,只能～着前行。

铁纱　铁砂

【铁纱】tiěshā　［名］用细铁丝编结成的网状物。多用来做纱窗、纱门。例：中间的门开着,隔着一层～门。

【铁砂】tiěshā　①［名］含铁的矿砂。例：～是高炉炼铁的主要原料。②［名］铁制小颗粒,包括铁砂丸、喷涂铁砂、配重铁砂等。例：这家公司生产的喷涂～,颗粒均匀,粒度精细。

铁索　铁锁

【铁索】tiěsuǒ　［动］钢丝编成的索或粗铁链。例：这道桥由三根～组成,下方一根供人落脚,上方一左一右两根供人拉扶。

【铁锁】tiěsuǒ　［名］用铁制成的加在门、箱子、抽屉等物体上的封缄器,要用专用的钥匙、密码等才能打开。例：主人外出了,门上挂着一把～。

听证　听政

【听证】tīngzhèng　［动］法院、立法机关或行政机关为公正执法、保障法律法规的合法性和合理性或实施行政规定听取当事人或各方面的意见。例：1993年深圳在全国率先实行的价格审查制度,可以说是价格~制度的雏形。

【听政】tīngzhèng [动]帝王或摄政人坐朝处理政务、主持国政。例:两宫皇太后垂帘~。

亭亭　　婷婷

【亭亭】tíngtíng ①[形]高而直立的样子。例:出水很高的荷叶在微风的吹拂下轻轻飘荡,像~少女的衣裙。②[形]人或花木美好的样子。例:荷花~映日,红妆娇艳,别有一番风韵。

【婷婷】tíngtíng 同"亭亭②"。

停板　　停版

【停板】tíngbǎn [动]交易所因一天之内的行情暴涨或暴跌至一定限度而停止交易。例:这个股票已经连续三天涨~。

【停版】tíngbǎn [动]书刊等停止出版,不再印行。例:这本书因为版权合同到期已经~。

停火　　停伙

【停火】tínghuǒ ①[动]停止烧火。例:如果现在~,就会毁了这一窑瓷器。②[动]交战双方或一方停止应战活动。例:前线传来~的消息。

【停伙】tínghuǒ [动]停止供应伙食。例:学校食堂全力做好后期保障工作,并没有因为疫情防控而~。

停止　　停滞

【停止】tíngzhǐ　①［动］不再进行。例：博物馆要调换陈列品,这几天~对外开放。②［动］停息。例：父母的争吵终于~了。

【停滞】tíngzhì　［动］因受阻而不能前进或发展。例：因为沉迷于网吧,他的学业~不前。

通常　　通畅

【通常】tōngcháng　［形］平常;普通。例：按照~的想法,诗意总是指一种优美动人的东西。

【通畅】tōngchàng　①［形］思想、文字等流畅。例：这篇文章的文字读来十分~。②［形］运行无阻。例：这个城市的交通十分~。

通力　　通例

【通力】tōnglì　［副］一齐出力。例：只有各方~协作,才能较快地把学科建设搞上去。

【通例】tōnglì　［名］常规;惯例。例：保护本土创新是当代国际竞争的~。

通通　　统统

【通通】tōngtōng　①［拟声］形容鼓声。例：楼下传来一阵~的鼓声。②［副］表示全部。例：第一次全体学生大会,所有学生、教师~都来参加。

【统统】tǒngtǒng 同"通通②"。

通同　　统同

【通同】tōngtóng [动]串通。**例**:他们~好了来否决这项议案。

【统同】tǒngtóng [副]全部;全都。**例**:你把这些东西~搬到楼上去。

通脱　　通妥

【通脱】tōngtuō [形]通达脱俗;不拘小节。**例**:他为人很~。

【通妥】tōngtuǒ [形]通顺妥帖。**例**:这篇习作遣词造句极其~。

通信　　通讯

【通信】tōngxìn ①[动]相互之间用书信反映情况、互通消息。**例**:毕业后他俩经常~。②[动]利用电波、光波等信号传送消息、图像等。根据信号方式的不同,可分为模拟通信和数字通信。旧称通讯。**例**:这种设备不受电波干扰,不怕炮火,不需要能源,是任何一种现代~设备都无法与之相比的。

【通讯】tōngxùn ①[名]一种比较详细报道典型人物、事件、消息等的新闻体裁。**例**:记者把这个细节写到~里了。② 同"通信②"。

同时　　同事

【同时】 tóngshí ①[名]同时代;同一时候。**例**:两人～对望了一下,彼此心照不宣。②[连]并且。**例**:意大利的达·芬奇,不但是画家,～也是自然科学家。

【同事】 tóngshì ①[动]在同一单位工作。**例**:我俩～多年,彼此很了解。②[名]在同一单位工作的人。**例**:对面过来的那人分明是我做教员时代的～。

同心　　同行

【同心】 tóngxīn [动]思想或认识一致。**例**:"两人～,其利断金"是中国人民几千年的智慧的结晶。

【同行】 tóngxíng [动]一同行走。**例**:～的朋友一路有说有笑,一直到校门口,才自行散去。

同性　　同姓

【同性】 tóngxìng ①[形]性别相同的;性质相同的。**例**:她所交往的多数是～朋友。②[名]同性的人;性质相同的事物。**例**:人们往往习惯于～间的接触,而不习惯于异性间的接触。

【同姓】 tóngxìng [动]同一姓氏。**例**:他俩不但～,而且还是一对好朋友。

同一　　统一

【同一】 tóngyī [形]共同的一个或一种。**例**:大家齐心协力,朝着~目标前进。

【统一】tǒngyī ①[形]整体的;一致的。例:他们的意见一直不~,此事看来很难办成。②[动]将分散归为集中。例:连锁超市由中心店~管理、供货,这样能保证商品的质量。

铜板　　铜版

【铜板】tóngbǎn [名]即铜圆,我国清末民初到抗日战争前通用的铜质圆形辅币。例:那辆破烂车只配卖废铁,能值几个~?

【铜版】tóngbǎn [名]用铜制成的印刷版,主要用来印刷照片、图片等。例:以前规模较大的报馆,均设有~部,使图片能与有关之新闻同时刊出。

童贞　　童真

【童贞】tóngzhēn [名]处女或处男的贞操。例:他愿意为自己心爱的人守住~。

【童真】tóngzhēn [名]儿童的幼稚、天真。例:他的创作主题主要是歌颂母爱与~,其他内容很少涉及。

统观　　统管

【统观】tǒngguān [动]总的观察。例:领导者必须~全局,审时度势,在千头万绪之中找出问题的关键所在。

【统管】tǒngguǎn [动]统一起来进行管理。例:对于~后勤工作的何老师来讲,目前这种倾斜性的工作格局是不够完善的。

统帅　　统率

【统帅】tǒngshuài　①[动]统领全部武装力量的主帅。例：他立刻就要看见西北战场的~了。②同"统率"。

【统率】tǒngshuài　[动]统辖;率领。例：他在《人类传播概览》一书中提出传播无处不在,无所不包,领域广阔,无法用一种观点~。

统制　　统治

【统制】tǒngzhì　[动]集中控制。例：战时经济~政策是保证抗战取得胜利的重要因素。

【统治】tǒngzhì　①[动]凭借政权、地位来控制、管理国家或地区。例：在国民党反动派~上海的时期,金圆券不值钱,时时刻刻往下跌。②[动]控制;支配。例：三位金融女高管联手举起了监管华尔街银行家们的大旗,这预示着华尔街正式进入女性~时代。

痛楚　　痛处

【痛楚】tòngchǔ　[形]悲痛;苦楚。例：听到母亲去世的消息,她的内心~万分。

【痛处】tòngchù　[名]感到痛苦或疼痛的地方。例：我很想问问她女儿的情况,又怕碰了她的~。

头排　　头牌

【头排】tóupái　[形]看演出、听报告等时位子在第一排的。

例：这几张～票早就被抢光了。

【头牌】tóupái ［名］旧时演戏时,演员的姓名写在牌子上,悬挂在剧院门口,挂在最前面的牌子叫"头牌"。例：那时他在戏班子里还不是个～,只是个二三流的角色。

头胎　　投胎

【头胎】tóutāi ①［形］第一次生育的。例：她女儿～生了双胞胎。②［名］第一次生育的小孩。例：她因为非婚生子,又是生～,不敢跟人说。

【投胎】tóutāi ［动］迷信指人或动物死后灵魂投入他胎,转生世间。例：你的宝儿命大,庙祝说他原是观音大士跟前的金童下凡～的。

投身　　投生

【投身】tóushēn ［动］参加进去；献身出力。例：越来越多的人正～充满乐趣的体育竞争中。

【投生】tóushēng ［动］投胎。例：他妻子开玩笑地说："我就是担心你这驴脾气下辈子不能～成人啊！"

透彻　　透澈

【透彻】tòuchè ［形］详尽而深入。例：这篇文章文字简洁锋利,说理～周密。

【透澈】tòuchè ［形］清澈明亮。例：这是一双明亮～的眼睛,日夜守望着祖国的海洋。

凸起　　突起

【凸起】tūqǐ　[动]鼓起。例：增生性瘢痕和瘢痕疙瘩的外在表现就是瘢痕～。

【突起】tūqǐ　①[动]突然发生；突然兴起。例：在改革开放30年的历史中，没有哪个行业可以像 IT 业如此风云～并炫耀夺目。②[动]高耸；突出。例：那位烧伤的少妇头上缠着绷带，脸色白得像一张纸，颧骨高高地～，眼睛没有光彩。

凸显　　突显　　突现

【凸显】tūxiǎn　[动]清楚地显现。例：虽然田不易的声音恢复了平静，但冷淡之意却～出来。

【突显】tūxiǎn　[动]突出地显示。例：这些产品的包装～出民族特色。

【突现】tūxiàn　[动]突然出现。例：原始初民对某些自然现象赋予神秘的崇仰之情，称颂天穹中～的多彩云光谓之"神迹"。

图板　　图版

【图板】túbǎn　[名]制图时垫在图纸下面的木板。例：途中遇上大雨，为保护～、资料和仪器，他们就把自己的雨衣拿出来为它们盖上，宁可自己衣衫全部淋湿，坚持在雨水中观测海潮。

【图版】túbǎn　[名]用于印制照相图片、插图或表格的一种印刷版,用铜、锌等金属制成。例:印刷博物馆收藏了民国时期的许多书籍的～。

途经　　途径

【**途经**】tújīng [动]中途经过。例:他去广州～上海时会来看望我们。

【**途径**】tújìng [名]方法;路子。例:他们已经找到解决问题的～。

团员　　团圆

【**团员**】tuányuán ①[名]代表团、参观团、文工团等组织的成员。例:这支合唱团～的平均年龄超过五十五岁。②[名]中国共产主义青年团团员的省称。例:他是他所在单位超龄～中第一批退团的。

【**团圆**】tuányuán ①[动]家庭成员等散而复聚。例:月饼象征～,物甜意美,故千百年来历久不衰。②[形]圆形的。例:她长着一张～脸,很可爱。

推导　　推倒

【**推导**】tuīdǎo [动]根据已知的公理、定义、定理、定律等经过演算和逻辑推理而得出新的结论。例:他甚至连最复杂艰深的数学～都记得一清二楚。

【**推倒**】tuīdǎo [动]否定已有的说法、计划、决定等。例:一切诬蔑不实之词应予～。

推见　　推荐

【推见】tuījiàn　[动]由推想而知。例：从这些生活琐事上可以～其为人。

【推荐】tuījiàn　[动]介绍好的人或事物希望被任用或接受。例：一些省、市出版社，文艺刊物，特别是一些儿童剧院，向我们～了孩子们所喜爱的剧本。

推理　　推力

【推理】tuīlǐ　[动]逻辑学名词。从已知的前提推出新的结论。例：抽象的思索和凭空的～，只有跟实际生活相对照，才能显出它的空虚无用。

【推力】tuīlì　[名]从后面所施之力。例：航天飞机发射需要借助于固体火箭助推器形成的～，因此火箭必须携带大量燃料。

推托　　推脱

【推托】tuītuō　[动]借故拒绝。例：他～自己什么都不懂，不能签字。

【推脱】tuītuō　[动]推卸；推辞。例：～责任是要付出代价的。

推卸　　推谢

【推卸】tuīxiè　[动]推脱；不肯承担。例：他是个懒汉，总是想法把任务~掉。

【推谢】tuīxiè ［动］推辞；辞谢。例：我婉言~,他却执意要我收下这些礼物。

推延　　推演

【推延】tuīyán ［动］推迟拖延。例：韩美原计划6月底在西部海域举行的大规模联合军事演习将~至7月。

【推演】tuīyǎn ［动］推论演绎。例：为了攻克这一技术难关,他们进行了无数次的试验,一次又一次地对操作流程作了~。

颓市　　颓势

【颓市】tuíshì ［名］低迷的行情。例：为挽回证券市场的~,有关部门连续出台利好政策。

【颓势】tuíshì ［名］衰败的趋势。例：梁太祖看到~已成,性格变得更加暴躁。

退化　　蜕化

【退化】tuìhuà ①［动］生物的某些器官构造或机能减退甚至完全消失。例：始祖鸟的翅膀是其~的前足变成的。②［动］泛指事物的退步。例：一些国营企业的技术~得很厉害。

【蜕化】tuìhuà ①［动］虫类脱皮。例：蚕卵孵化出蚁蚕,经过3—4次的~,约30天后长成熟蚕,吐丝结茧。②［动］腐化堕落。例：要坚决把~变质分子从党内清除出去。

退火　　退伙

【退火】tuìhuǒ　①[动]金属工具因受热而降低原来的硬度。例:磨刀不带水的话,容易~。②[动]加热后逐渐冷却,使金属工件硬度降低,增加可塑性。例:这钢丝太硬,要先~,才能扳弯过来。③[动]使人或动物体内的火气减退。中医认为身体发烧或发炎是火气太盛所致。例:有些养殖户会用小麻油烧一盆家制的豆腐给牛吃,说是给它~。

【退伙】tuìhuǒ　①[动]退出集体伙食。例:他结婚以后自己做饭,就~了。②[动]旧指退出帮会团伙。现指合伙人退出合伙企业,从而丧失合伙人资格。例:法律规定退伙人对其~前已发生的合伙企业的债务,与其他合伙人承担连带责任。

煺毛　　褪毛

【煺毛】tuìmáo　[动]将已宰杀的猪、鸡等用滚水烫后去掉毛。例:鸡已经杀好了,我来~,你去洗菜。

【褪毛】tuìmáo　[动]鸟兽等换新毛时脱毛。例:小鸭子已经开始~了。

屯聚　　囤聚

【屯聚】túnjù　[动]聚集、集合人马等。例:敌人在山下~了大量兵力,准备反攻。

【囤聚】túnjù　[动]储存、聚集货物等。例:最近有大批的进口车入关,赶在新年前到的车子可能要~在保税区的仓库里。

屯粮　　囤粮

【屯粮】túnliáng　[动]将粮食聚集并储存起来。例：1938年辽县就成为晋东南地区的抗日模范县,1939年全县完成~任务2.2万石。

【囤粮】túnliáng　[动]储存粮食。例：有关收购和~过程中应注意的质量安全问题可查阅中国质量检验协会编写的《农产品质量安全知识问答》一书。

托身　　托生　　脱身

【托身】tuōshēn　[动]寄身;安身。例：她今年六十多岁,是个无夫无子女无亲戚无处~的乞丐婆。

【托生】tuōshēng　[动]迷信指人或动物死后灵魂投入他胎,转生世间。例：他患胃癌到了晚期,因而常常想到死并和病房里的几个病友聊起死后如何~的事。

【脱身】tuōshēn　[动]抽身摆脱。例：遇到这样的人,真是怒不得、笑不得,觉得无聊,却又~不得。

拖期　　脱期

【拖期】tuōqī　[动]拖延时间。例：工程~不仅会给业主带来损失,而且对承包商来讲也影响工程的进展,因此各方应尽量减少或避免此类事情的发生。

【脱期】tuōqī　[动]延误预定的日期。多指期刊出版延期。例：一月份的刊物,说是一月一日出版,其实~是常有的事。

哇哇　　娃娃

【哇哇】wāwā ①[拟声]形容哭笑声。例:那孩子只是~的哭,并不说话。②[拟声]形容吵嚷声。例:听说要交税,有些人就~叫。③[拟声]形容鸟鸣声。例:湖底芦苇茂密,其间不时飞出一只野禽,在空中~鸣叫两声。

【娃娃】wá·wa ①[名]婴儿。例:今年吃你们喜糖,明年就该抱~了。②[名]小孩儿。例:这些糖果带回去给~吃。③[名]方言。指青少年。例:迎面走来的一个十五六岁的~,望了他一眼。

外部　　外埠

【外部】wàibù ①[名]外面;外表。例:事物发展的根本原因,不是在事物的~而是在事物的内部。②[名]某一范围以外。例:这项任务难度大、时间紧,我们部门人手不够,只能向~寻求帮助。

【外埠】wàibù [名]本地以外的较大的城镇。例:东风市场出售本市郊区农场种植的大白菜,价格比~同类产品低

30%左右。

外家　　外嫁

【外家】wàijiā ①[名]外祖父、外祖母的家。例：他出生后不久父母就去了边疆,他从小生活在～。②[名]女子出嫁后称娘家为外家。例：她嫁到外地后已经好多年没有回～了。③[名]旧指男子于正妻之外在别处所置之妾。例：他祖父在世之时有一个～,前几年也过世了。

【外嫁】wàijià [动]嫁到外地或外国。例：随着社会的开放,～女的队伍日益壮大。

外交　　外教

【外交】wàijiāo [名]一个国家在国际关系方面的活动,如参加国际组织和会议、互派使节、进行谈判、签订条约和协定等。例：中方再次敦促该国切实尊重中国的领土主权,停止一切挑衅,切实拿出诚意,与中方进行严肃、认真的～对话。

【外教】wàijiāo [名]外籍教师或教练。例：这家培训机构请的都是～。

外路　　外露

【外路】wàilù [形]外地的;外乡的。例：门口站着一位～打扮的年轻人,是不是来应聘的?

【外露】wàilù [动]明显地表现在外。例：他的个性很张扬,情绪也很～。

外贸　　外貌

【外贸】wàimào　[名]对外贸易。例：～公司在代理进出口贸易时要预防信用证"陷阱",防范可能出现的信用证诈骗。

【外貌】wàimào　[名]外表;仪表。例：其实以前给她说媒的人很多,但她总是看不上人家的～,年复一年地耽搁下来,转眼就三十四岁了。

外延　　外沿

【外延】wàiyán　[名]逻辑学名词。适合于某一概念的一切对象,即概念的适用范围。例："圆"这个概念的～是指大大小小一切的圆。

【外沿】wàiyán　[名]边沿。例：她的嘴唇～经常都是紫色的,中医认为是缺氧缺血引起的,建议她多补气血。

外域　　外遇

【外域】wàiyù　[名]本国以外的地区或国家。例：这一部部贯穿中华民族发展史的音乐史诗,曾经使多少～商贾学者为之倾倒啊!

【外遇】wàiyù　[名]已婚男女在外面的不正当的男女关系。例：在平时的心理咨询接触中,经常会遇到有关家庭琐事或老公出轨、有～的话题。

宛转　　婉转

【宛转】wǎnzhuǎn　①[动]辗转。例：在战火纷飞的年代,为躲避战乱,父母带他前后~于北京、重庆、武汉、南京等地。② 同"婉转"。

【婉转】wǎnzhuǎn ①[形]声音悦耳动听。例:收音机里传来了孩子们~的歌声。②[形]说话温和而委婉。例:他的话虽然很~,可是分量却很重。

晚景　　晚境

【晚景】wǎnjǐng ①[名]傍晚时的景色。例:作者下笔不落俗套,没有按春夏秋冬依次写景,而只写了夏季的江边~,正是这种小角度的写法才突出了北国独特的景色。② 同"晚境"。

【晚境】wǎnjìng [名]晚年的境况。例:弥尔顿写出了包括《失乐园》在内的使他流芳百世的名著,但~凄凉,在穷困潦倒中结束其一生。

万世　　万事

【万世】wànshì [名]很多的世代;很久的年代。例:一个人的躯体不能永在,但某些高尚的品德却可以留传~。

【万事】wànshì [名]一切事情;所有事情。例:一些家长认为将孩子送到学校就~大吉了,平时缺乏对孩子的关心和教育。

枉然　　惘然

【枉然】wǎngrán [形]徒然;白费。例:用粗暴的方法教育孩子是～的。

【惘然】wǎngrán [形]失意、忧思的样子。例:他～地站在河边,望着波光粼粼的水面发呆。

忘形　忘性

【忘形】wàngxíng ①[动]因过度高兴而失去常态。例:朱细芳～地扑向周祺,好像周祺就是她日夜想念而杳无音信的亲哥哥。②[动]与朋友相处不拘形迹。例:以前同住一个宿舍,他们是多么～地亲热过。

【忘性】wàngxìng [名]容易忘掉事情的毛病。例:～大很可能是良性老年性遗忘症。

旺市　旺势

【旺市】wàngshì [名]交易旺盛的市场形势。例:为营造节日～,几家大型超市提前打起了促销战。

【旺势】wàngshì [名]旺盛的势头。例:保健食品近年呈现出销售～。

危机　危及　危急

【危机】wēijī ①[名]危险的祸根。例:当前的国际形势严峻复杂,～四伏。②[名]严重的困难关头。例:这个国家的政治～刚刚过去,又面临着严重的经济危机。

【危及】wēijí [动]有害于;威胁到。例:不能让这种飞来横祸再次在高速公路上～公共安全。

【危急】wēijí [形]危险;紧急。例:在这～时刻,小程跳下池塘救起落水的儿童。

威吓　　威赫

【威吓】wēihè [动]用武力或威风使对方恐惧或产生自卑感。例:这些拳打脚踢的动作和伴有侵扰奚落的嘲讽,都是一种～行为,都会给对方造成伤害。

【威赫】wēihè [形]威风显赫。例:阿拉善王府建筑群在历史上曾～一时,现已开发为阿盟的主要旅游景点。

微利　　微粒

【微利】wēilì [名]微薄的利润;很小的利益。例:这类小型～企业的创立和发展对于创造大量自我就业机会、扶助弱势群体、促进经济发展和保持社会稳定都具有积极作用。

【微粒】wēilì [名]极细小的颗粒,包括肉眼看不到的分子、原子、离子等以及它们的组合。例:英国研究人员报告说,他们研发出一种新型溶剂,可用它来提取回收那些比金子还珍贵的纳米～。

微渺　　微妙

【微渺】wēimiǎo [形]轻细;微弱。例:他独自一人在田间小路上行走,月色明亮,～的清风吹拂着他的脸庞。

【微妙】wēimiào [形]深奥;难以明了。例:他们两个人的关系很～。

违反　　违犯

【违反】wéifǎn　[动]不符合、不遵守法则、规程等。例：一位校长认为,学校不应鼓励孩子揭发自己的父母、撕裂亲情,这是一种~人性的做法。

【违犯】wéifàn　[动]有意识地破坏和触犯法律法规。例：他~了《刑法》,自然是罪有应得。

围护　　维护

【围护】wéihù　[动]围绕在四周保护。例：院子的左方有一株大柏树,有圆形石坛~其根。

【维护】wéihù　[动]维持并加以保护。例：有关部门采取措施~消费者的合法权益。

委曲　　委屈

【委曲】wěiqū　①[形]曲调、道路、河流等曲折。例：黄河在流经秦晋大峡谷时形成了五个~的弯道,令人惊叹不已。②[名]事情的经过、底细。例：我不知道这件事情还有这样的~,刚才错怪你了。

【委屈】wěiqū　①[形]受到不公平的待遇而心情不好。例：她觉得很~,忍不住哭了。②[动]使受到委屈。例：我们这里住宿条件不好,~大家了。

委琐　　猥琐

【委琐】wěisuǒ　①[形]琐碎;琐屑。例：后勤部门的事情~

不堪。②同"猥琐"。

【猥琐】wěisuǒ ［形］卑俗;不大方。例：恍惚间他觉得那个人身材魁梧,意态轩昂,比起来,自己真是太~了。

位置　　位子

【位置】wèi·zhi ①［名］所处地位或地方。例：我们要把做好食品安全工作放在最高的~。②［名］职位。例：她希望能够找到一个小学教员的~。
【位子】wèi·zi ①［名］所占据的地方、座位。例：刚巧一位带着婴儿的少妇左边有个空~,我就坐下了。②同"位置②"。

温和　　温厚

【温和】wēnhé ［形］性格、态度和善、不粗暴。例：奶奶总是那么~,那么慈祥。
【温厚】wēnhòu ［形］温和宽厚。例：母亲的善良、父亲的~,造就了他平易近人的性格。

温雅　　文雅

【温雅】wēnyǎ ［形］温和文雅。例：前来应聘的是一位~的青年男子。
【文雅】wényǎ ［形］言谈举止温和而有礼貌。例：她举止很~。

文才　　文采

【文才】wéncái ［名］写作才能。例：在实际生活和工作中,口才显得比~更有用。

【文采】wéncǎi ①[名]文章中表现出来的色彩和风格。例:他写文章过于讲究词章和~,思想内容却相当贫乏。②[名]文艺方面的才华。例:他才貌出众,~过人。

文理　　纹理

【文理】wénlǐ ①[名]文章内容和行文方面的条理。例:这几名捣蛋学生在黑板上写的那几句打油诗,~还很通顺的。②[名]文科和理科。例:由于我国高等教育长期坚持~分科,使许多学者的知识面狭窄,造成隔行如隔山之势,严重影响了科学事业的发展。

【纹理】wénlǐ [名]物体表面的花纹或线条。例:那小小沙子黯然有光,仔细看时,上面隐隐似有~。

文人　　闻人

【文人】wénrén [名]会写文章的读书人。例:"画中有诗"曾经是~画家孜孜以求的最高境界。

【闻人】wénrén [名]有名望的人。例:黄金荣、杜月笙、张啸林等都是旧上海~。

文饰　　纹饰

【文饰】wénshì ①[名]文辞上的修饰。例:这段文字思想内容较好,就是缺少~。②[动]掩饰自己的过错。例:这些~之词都掩盖不了事情的真相。

【纹饰】wénshì [名]器物上的花纹装饰。例:青铜器上的~图案美丽,有些还有特别的含意。

问世　问事

【问世】wènshì ①[动]著作出版,与读者见面。例:《西行漫记》~于1938年。②[动]新产品首次上市,与消费者见面。例:1946年,第一台电子计算机~了。

【问事】wènshì ①[动]问询信息、事情等。例:一般火车站、码头都设有~处。②[动]过问具体事务。例:他在一家企业当顾问,但从不~。

污蔑　诬蔑

【污蔑】wūmiè ①同"诬蔑"。②[动]玷污。例:孙辈们不光彩的行为~了冰心老人的光辉形象。

【诬蔑】wūmiè [动]捏造事实来诋毁别人。例:马英九曾就台湾发生~钱穆先生"霸占公产"的"素书楼"风波,郑重向钱胡美琦表达歉意。

无辜　无故

【无辜】wúgū ①[形]没有罪的。例:那时社会制度黑暗,有罪者得隐其辜,~者反加以罪。②[名]没有罪的人。例:罪责应当自负,不能株连~。

【无故】wúgù [副]没有缘故。例:明天的会议很重要,不得~缺席。

无几　　无际

【无几】wújǐ　[动]没有多少;很少。**例**:这两人的岁数相差～。

【无际】wújì　[形]没有边缘。**例**:银燕在辽阔～的天空中飞翔。

无礼　　无理　　无力

【无礼】wúlǐ　[动]缺乏礼貌;对人不尊敬、不尊重。**例**:她教育出来的孩子,一个比一个～。

【无理】wúlǐ　[动]没有道理。**例**:这种～的条件我们当然不能接受。

【无力】wúlì　①[动]没有力气。**例**:他忙了一天到现在还没吃饭,饿得有气～。②[动]没有力量。**例**:你看我是一个多么软弱～的人。

无乃　　无奈

【无乃】wúnǎi　[副]表示委婉反问。相当于"不是""岂不是"。**例**:将一个主权国家的领土提交国际仲裁,～国际事务中的怪事?

【无奈】wúnài　①[动]没有办法;无计可施。**例**:秋末冬初,落叶已无力在空中飞舞,～地躺在地上令人踩躏。②[连]用在转折句的开头,表示由于某种原因,不能实现上文所说的意图,有"可惜"的意思。**例**:恒元很想吩咐喜富一下叫他不要乱说,～有那么多人在场,也只好罢了。

无妄　　无望

【无妄】wúwàng　[形]意想不到的。例:在经历了一场～之灾后,他们坚强地擦干眼泪、重建家园。

【无望】wúwàng　[动]没有指望;没有希望。例:国际油价突然暴涨,国内汽柴油价格短期内～下调。

无味　　无畏

【无味】wúwèi　[形]食物没有滋味。例:这碗汤淡而～。

【无畏】wúwèi　[形]没有畏惧;不害怕。例:我们要学习他那种英勇～的精神。

无瑕　　无暇

【无瑕】wúxiá　[动]没有瑕疵。比喻没有缺点或污点。例:这块宝石堪称完美～。

【无暇】wúxiá　[动]没有空闲时间。例:精神焦虑令她睡眠受困扰,要花更多时间照顾自己的身体,因此～顾及女儿。

无限　　无线

【无限】wúxiàn　[形]没有穷尽。例:站在山顶朝四处看,风光～美丽。

【无线】wúxiàn　[形]电、电波、网络等不用导线的。例:他在上中学时,对～电产生了浓厚的兴趣,课余时间不是试着安装收音机,就是翻阅有关书刊。

无行　　无形

【**无行**】wúxíng　[形]行为恶劣;品行不好。**例**:要坚决防止把～的、群众口碑差的人选进领导班子。

【**无形**】wúxíng　[形]没有某事物的形式、名义而有相似作用的。**例**:企业～资产越丰富,其获利能力越强,反之则获利能力就弱,市场竞争力也就越差。[副]不知不觉地。**例**:他们的小组～中解散了。

无遗　　无疑　　无异

【**无遗**】wúyí　[动]一点不遗留。**例**:只要在这里发现敌人的主力,那么敌人的一切诡计就暴露～。

【**无疑**】wúyí　[动]没有疑惧;没有猜疑。**例**:这本书～是他写得最好的一本。

【**无异**】wúyì　[动]没有区别;等同。**例**:你在争论中又翻老账,～于火上加油。

无益　　无意

【**无益**】wúyì　[动]没有益处。**例**:暴饮暴食是有害～的。

【**无意**】wúyì　①[动]没有做某件事的愿望。**例**:看他～追问,大家也就不说了。②[副]不是有意的。**例**:儿童入学后,他们的～注意和有意注意都在学习过程或从事其他活动的过程中发展着。

无援　　无缘

【**无援**】wúyuán　[动]得不到援助。**例**：他不忍心看着对方孤立～，他觉得自己应该站出来说几句公道话。

【**无缘**】wúyuán　[动]没有缘分。**例**：在～世界杯之后,中国女足把所有的希望都寄托在了进军奥运会上。

武工　　武功

【**武工**】wǔgōng　[名]多指戏曲中的武术表演。**例**：演员这一连续高难度的～技巧,赢得了观众的阵阵掌声。

【**武功**】wǔgōng　①[名]军事方面的功绩。**例**：蒙恬是中国古代～卓著的名将。②[名]武术功夫。**例**：听说你的～不坏,他带了几个高手来和你比试比试。③同"武工"。

务须　　务虚

【**务须**】wùxū　[副]务必;必须。**例**：这个会议很重要,你～准时出席。

【**务虚**】wùxū　[动]就某项工作的政治、思想、政策、理论等方面进行研讨学习。**例**：求真主要是一种理论工作,因而是一种～的工作,它同务实不是相互排斥,而是相互依赖的。

物象　　物像

【**物象**】wùxiàng　[名]物候现象。**例**：如果没有～的提醒,我们也许根本就看不到时间的变化。

【**物像**】wùxiàng ［名］来自物体的光通过小孔或受到反射、折射后形成的像。**例**：本文介绍了计算机～识别系统,它能把图形分解成尽量小的部件,有助于了解人脑的工作原理。

物质　　物资

【**物质**】wùzhì ①［名］独立存在于人的意识之外的客观实在。**例**：分子是组成～的一种微粒,是微观粒子。②［名］金钱、生活资料等。**例**：她不是个贪图～享受的人。

【**物资**】wùzī ［名］生产上和生活上所需要的物质资料。**例**：社会各界都要大力支持青少年的科技活动,要在活动场地、～、经费等方面多提供一些方便。

悉心　　细心

【悉心】xīxīn ［副］用尽全部的心思。例：在母亲~照料下,小芳终于恢复了健康。

【细心】xìxīn ［形］用心仔细;不疏忽大意。例：老徐办事~稳当。

习习　　袭袭

【习习】xíxí ［形］微风轻吹的样子。例：在一个春光融融、和风~的日子里我们来到了植物园游览。

【袭袭】xíxí ①［量］套套;件件。例：~棉衣送灾区。②［量］阵阵。例：山上花香~,山下柳絮霏霏。

习用　　袭用

【习用】xíyòng ［动］频频使用;惯用。例：本办法为加强地区性民间~药材的管理而制定。

【袭用】xíyòng ［动］沿袭采用。例：这种药丸系~古方配制而成的。

喜兴 喜幸

【喜兴】xǐxìng [形]快活;欢乐。例:那时在农村每年年前杀猪宰羊是件~的事。

【喜幸】xǐxìng [动]欢喜;庆幸。例:令大家~的是他竟然将衡老手写的一张小条幅随身带来了。

戏说 细说

【戏说】xìshuō ①[动]附会历史题材,虚构一些有趣或引入发笑的情节进行创作或讲述。例:大家围坐在一起听历史学家~乾隆。②[动]不是严肃认真的解说某件事情。例:这是件很严肃的事情,不得~。

【细说】xìshuō [动]详细地解说、述说。例:本书作者以生动别致的讲史形式~了自东汉末年黄巾起义到三国归晋这一历史时期的重要人物和事情。

细纱 细砂

【细纱】xìshā [名]用于织布或纺线的由粗纱再纺而成的较细的纱。例:~是纺纱生产的最后产品,其质量的好坏直接影响后续加工和织物的质量。

【细砂】xìshā [名]由直径 0.1—0.25 毫米之间的颗粒组成的砂。例:这家公司主营~提取设备。

侠义 狭义

【侠义】xiáyì [形]见义勇为;舍己助人。例:想到彼此间两年来的友谊以及最近一段时期的相依飘零,他不禁涌起一种~的心情,决定尽全力相助。

【狭义】xiáyì [名]范围比较狭窄的意义或定义。例:这里所说的"新的文学"是广义的,与~的单指新式白话的"新文学"有范围上的不同。

下手　下首

【下手】xiàshǒu ①[名]习惯上称右边的位置为下手。例:吃饭时我就坐在他的~。②[名]助手。例:我跟她说了半天,她才同意做我的~。③[动]动手;着手。例:她想挽回这个局面,但又不知道从何~。

【下首】xiàshǒu 同"下手①"。

下限　下线

【下限】xiàxiàn [名]数量最小或时间最晚的限度。例:这种降价无~的促销举动真是让人难以理解啊!

【下线】xiàxiàn [动]某产品从生产线上完成下来。通常指新产品或新型号首次完成生产。例:世界最大矿用挖掘机在太原~,这标志着我国大型露天矿用挖掘机生产制造水平已跻身世界先进水平行列。

下泄　下泻

【下泄】xiàxiè [动]比较大的水流流向下游。例:三峡水库再次加大~流量,以遏制长江中下游的旱情。

【下泻】xiàxiè ①[动]水流急速地往下排。例:他们正在整治河道以利水流~。②[动]腹泻。例:引起上吐~的原因很多,最好去医院就诊。

仙人　　先人

【仙人】xiānrén [名]神话传说中长生不老、神通广大的人。例:秦朝时,有方士徐福为秦始皇求长生不老药,出海寻找蓬莱、瀛洲诸仙山上的~。

【先人】xiānrén ①[名]祖先。例:清明扫墓可训练小孩子一种恭肃静默的对~的敬礼。②[名]已故的父亲。例:他们兄弟俩因争夺~医疗事故赔偿款而产生嫌隙。

先决　　先觉

【先决】xiānjué [形]为解决某一问题而必须首先解决的。例:大多数女孩都认为买房是结婚的~条件。

【先觉】xiānjué [名]事先认识觉察的人;觉悟早于常人的人。例:这个事情事先他看得很准,大家都说他是能引路的~。

纤悉　　纤细

【纤悉】xiānxī [形]细微;详尽。例:这份合同条款制订得非常~。

【纤细】xiānxì [形]非常细。例:~的柳条在风中飘拂。

鲜明　　显明

【鲜明】xiānmíng ①[形]指颜色明亮。例:这件衣服颜色很~。②[形]明确,不含糊。**例**:对这个问题,他的观点很~。

【**显明**】xiǎnmíng [形]清楚;明白。**例**:大家都非常~地表达了自己的态度。

闲静　　娴静

【**闲静**】xiánjìng [形]宁静;寂静。**例**:他常想在纷扰的环境中寻出一丝~的气息来。

【**娴静**】xiánjìng ①[形]文雅;安详。**例**:在她那~的眼神里,显露出坚定和刚强的神色来。②[形]幽静。**例**:月光下,昆明湖显得格外~。

闲人　　贤人

【**闲人**】xiánrén ①[名]清闲无事的人。**例**:大家都兴高采烈地忙着工作,没有看见一个~。②[名]不相干的人。**例**:只见大门紧紧地关着,门上还贴着一张"~莫入"的纸条。

【**贤人**】xiánrén [名]有才德的人。**例**:~的行为谦恭而不虚伪,用度节俭而不吝啬。

显形　　显性

【**显形**】xiǎnxíng [动]显出原形;露出真相。**例**:专家慧眼辨真伪,使假茅台~。

【**显性**】xiǎnxìng [形]性质或性状表现在外的。**例**:在杂合体中,能够显示出性状的基因称为~基因。

显要　显耀　险要

【显要】 xiǎnyào　①[形]地位高;权势大。**例**:他在公司里的地位非常~。②[名]地位高、权势大的人。**例**:袁保恒曾任户部、刑部侍郎等职,官儿不小,往来的客人少不了当朝~。

【显耀】 xiǎnyào　①[形]名声、权势显赫。**例**:他曾经是该集团的~人物。②[动]显摆;炫耀。**例**:他总是喜欢在别人面前~自己能干。

【险要】 xiǎnyào　[形]地势险峻并且重要的地方。**例**:这一带地势十分~,你们一定要小心啊!

险厄　险恶

【险厄】 xiǎn'è　[形]地势、情势等危险可怕。**例**:在历次战斗中,我军指战员英勇顽强,机智灵活,无论处境多么~,毫不畏惧。

【险恶】 xiǎn'è　①同"险厄"。②[形]阴险恶毒。**例**:敌人的用心十分~。

县志　县治

【县志】 xiànzhì　[名]记载一个县的历史、地理、风俗、人物、文教、物产等的专书。**例**:文件附件中列出了该县~编纂委员会名单。

【县治】 xiànzhì　[名]旧指县政府所在地。**例**:古城风貌依旧,历史文化底蕴丰厚,是中国古代最早的~之一。

现价　　限价

【**现价**】xiànjià　[名]目前的、现在的价格。**例**：黄金交易的～是根据纽约、伦敦、香港、上海等交易所的实时价格计算出来的。

【**限价**】xiànjià　[名]限定的价格。**例**：这个贸易商场里的商品没有～,价格由买卖双方自己商定。

现期　　限期

【**现期**】xiànqī　[名]当即;当时。**例**：外汇～交易是指买卖成交后,交易双方于当天或两个交易日内办理交割手续的一种交易行为。

【**限期**】xiànqī　①[动]限定日期,不许超过。**例**：环境保护部门下发了关于督促有关城市污水处理厂～整改的通知。②[名]限定的不许超过的日期。**例**：整改～已到,这些违章建筑还没拆除。

现身　　献身

【**现身**】xiànshēn　[动]出现;露面。**例**：章太炎先生虽然也曾以革命家～,后来却成为退居于宁静的学者。

【**献身**】xiànshēn　[动]贡献出自己全部精力或生命。**例**：建设中国特色社会主义事业也需要提倡～精神。

现时　　现实　　限时

【**现时**】xiànshí　[名]现在;此刻。**例**：展销会让消费者近距离领略~最流行的、多样化的厨房装修风格,为消费者全面诠释时尚生活新概念。

【现实】xiànshí ①[名]当前的客观实际。例:地面前的严酷~是如何在这个城市生存下来。②[形]符合客观情况的。例:他的建议比较~,可以尝试一下。

【限时】xiànshí [动]限定时间。例:这家专卖店以~特卖的形式,定期定时推出国际知名品牌。

现行　　现形

【现行】xiànxíng ①[形]正在施行的;现在有效的。例:新闻出版工作必须遵守~法律、法规。②[形]正在进行或不久前进行犯罪活动的。例:市中级人民法院决定公审一批~犯罪分子。

【现形】xiànxíng [动]把原来的样子显露出来。例:药监部门启用了药品快速筛查技术,保健食品中违法添加的成分只需1分钟就能~。

献计　　献技

【献计】xiànjì [动]进献计策。例:学校召开师生座谈会,动员大家为学校的发展~献策。

【献技】xiànjì [动]呈献技巧;献演技艺。例:电影节上,国内演艺精英纷纷~。

乡邻　　相邻

【乡邻】xiānglín [名]同乡;邻居。例:大家都是~乡亲,帮忙也是应该的。

【相邻】 xiānglín ［动］毗连。**例**：上大学时,我俩的寝室～。

乡亲　　相亲

【乡亲】 xiāngqīn ①［名］同乡的人。**例**：我们是～,还沾着点亲戚。②［名］农村中对当地人的通称。**例**：爷爷人缘好,～都愿意上我家聊天。

【相亲】 xiāngqīn ①［动］男女双方家长或本人在议婚时安排的一次会面。**例**：这是一家专门举办～旅游活动的婚介机构。②［动］互相亲爱、亲近。**例**：来宾们祝贺新郎新娘～相爱,永结同心。

乡思　　相思

【乡思】 xiāngsī ［名］对故乡的思念之情。**例**：雨淅淅沥沥地越下越大了——这是唤起～的巴山夜雨啊!

【相思】 xiāngsī ［动］彼此想念。多指男女相悦而无法接近所引起的想念。**例**：～的滋味是甜的,即使因为见不到面而苦苦的思念,也是美好的。

相识　　相似

【相识】 xiāngshí ①［动］相互认识。**例**：他们～才几天,就像老朋友一样。②［名］指认识的人。**例**：他们是老～了。

【相似】 xiāngsì ［形］相像;相近。**例**：他俩工作性质～,一个在报社工作,一个在出版社工作。

相通　　相同

【相通】xiāngtōng　［动］彼此沟通；互相通融。**例**：母亲和孩子的感觉是～的。

【相同】xiāngtóng　［形］一致；无区别。**例**：他俩的口音～，好像是老乡。

相像　　想象

【相像】xiāngxiàng　［形］彼此有共同或相似的地方。**例**：她俩的性格很～。

【想象】xiǎngxiàng　［动］对未见过或不在眼前的事物想出它的具体形象；设想。**例**：他以坚强的毅力，克服了难以～的困难，终于完成了这项艰巨的任务。

相应　　相映

【相应】xiāngyìng　①［动］相适应；相宜。**例**：天气炎热，机关的作息时间作了～的调整。②［动］相互呼应、照应。**例**：这篇文章首尾～，结构完整。

【相映】xiāngyìng　［动］互相映衬。**例**：两位嘉宾出席酒店剪彩仪式，一黑一白的服装～成趣。

相应　　响应

【相应】xiāngyìng　①［动］相适应；相宜。**例**：天气炎热，机关的作息时间作了～的调整。②［动］相互呼应、照应。**例**：这篇文章首尾~,结构完整。
- 【响应】xiǎngyìng [动]回声应和。比喻赞同、支持他人的倡议或意见。例：校长提出的保障学生安全的倡议,得到了学生家长的热烈~。

详悉　详细

- 【详悉】xiángxī ①[动]知道得很详细。例：他~这款所谓的新车型,只是在老款外形的基础上增加了更多的镀铬装饰条,使全车看起来更加高档抢眼。②[形]详细;全面。例：这份说明书写得非常~。
- 【详细】xiángxì [形]周密;完备。例：他比较~地介绍了大队部的会议要点。

降伏　降服

- 【降伏】xiángfú [动]用强力使驯服。例：在NBA东部决赛上,隆多勇猛如疯也~不了詹姆斯。
- 【降服】xiángfú ①[动]投降;屈服。例：小陆的棋艺只能在我们中间称霸,遇到高手,他也不得不表示~。②[动]使驯服;制服。例：经过一番搏斗,他终于~怪兽。

想望　向往

- 【想望】xiǎngwàng ①[动]希望;企求。例：怀着一种隐秘的~,他终于爬上了那个山顶。②[动]仰慕。例：她从小~邓稼先的爱国志向。

【向往】xiàngwǎng [动]因敬仰、羡慕而希望得到或达到。例：原来她有着比她现在已有成就更高更远的～。

向背　　项背

【向背】xiàngbèi [动]拥护与反对。例：事情的成败取决于人心的～。

【项背】xiàngbèi [名]颈项和背脊。指人的背影。例：姚明曾令NBA好几位中锋难以望其～。

消失　　消逝　　消释

【消失】xiāoshī [动]事物逐渐减少以至没有。例：不一会儿,她就～在茫茫人海之中。

【消逝】xiāoshì [动]消失。例：夕阳渐渐地～在天边。

【消释】xiāoshì ①[动]消溶；融化。例：春回大地,冰冻～。②[动]消除；解除。例：他俩之间的误会过了很长时间才～。

消受　　消瘦

【消受】xiāoshòu ①[动]享用；受用。多用于否定。例：面对一桌子精致可口的菜肴,正闹肠胃炎的他无福～。②[动]把痛苦、困难、不幸的遭遇等勉强承受下来。例：我无法～他们蛮横无理的态度。

【消瘦】xiāoshòu [动]变瘦。例：饱受病魔的折磨,他身体一天天地～。

萧然　　翛然

【萧然】 xiāorán ［形］寂静、冷落的样子。**例**：谁都没想到这个～的小镇竟成了热闹非凡的影视城。

【翛然】 xiāorán ［形］无拘无束、洒脱的样子。**例**：有时夜半醒来,万籁俱寂,皓月中天,～回顾,觉得心中一片空灵。

萧萧　　潇潇

【萧萧】 xiāoxiāo ①［拟声］形容马叫声、风雨声、流水声、草木摇落声、乐器声等。**例**：无边落木～下,不尽长江滚滚来。②［形］毛发花白稀疏的样子。**例**：几年不见,他竟然已是白发～。

【潇潇】 xiāoxiāo ①［形］风雨急骤的样子。**例**：他出生于一个风雨～的夜晚。②［形］小雨下个不停的样子。**例**：～秋雨下个不停。

小节　　小结

【小节】 xiǎojié ①［名］与原则无关的琐碎的事情。**例**：老王在生活中不拘～。②［名］音乐节拍的段落。**例**：这段曲子每～四拍。

【小结】 xiǎojié ①［名］对一个阶段的总结。**例**：同学们都在写期末～。②［动］做小结。**例**：你把这一段时间的学习情况～一下。

小心　　小型

【小心】xiǎoxīn ①[动]留神;注意。例:他不~摔了一跤。②[形]谨慎。例:他做事一向很~。

【小型】xiǎoxíng [形]形状或规模小。例:这里将兴建一个~水利工程。

小传　　小篆

【小传】xiǎozhuàn [名]略述人物生平事迹的传记。例:这就是鲁迅写的《柔石~》。

【小篆】xiǎozhuàn [名]秦代通行的一种字体。亦称秦篆,后世通称篆书。例:~是秦统一后经过丞相李斯整理的一种通行书体。

笑哈哈　　笑呵呵

【笑哈哈】xiàohāhā [形]大笑的样子。例:他刚说话,大伙儿便~地鼓起掌来。

【笑呵呵】xiàohēhē [形]满脸欢喜的样子。例:老李是个乐观的人,整天~的。

效力　　效率

【效力】xiàolì ①[动]效劳。例:征战奥运会的运动员们为祖国~。②[名]事物所产生的有利的作用。例:这种新药~很好。

【效率】xiàolǜ [名]单位时间内完成工作量的大小。例：我们一定要讲究工作～。

协调　谐调

【协调】xiétiáo ①[形]配合得适当。例：他们的新房布置得很～。②[动]使配合调理得当。例：在工作中～好人与人之间的关系,是十分重要的。

【谐调】xiétiáo 同"协调①"。

协同　偕同

【协同】xiétóng [动]各方面互相配合。例：公检法三部门～作战,终于破获了这起走私大案。

【偕同】xiétóng [动]和别人一起到某处去。例：他～夫人去参加同事的婚礼。

邪路　斜路

【邪路】xiélù [名]不正当的生活道路。例：你这个人为何放着正路不走,要走～呢?

【斜路】xiélù [名]比喻错误的道路或途径。例：德国财政部长朔伊布勒认为,通过欧洲央行来解决债务危机将是一条～。

泄劲　懈劲

【泄劲】xièjìn [动]失去信心和劲头。例：大家不要～,我们和榜首只差6分,两场球就追上来了。

【懈劲】xièjìn ［动］松劲。例:老师勉励学生勤奋学习,永不~。

泄漏　　泄露

【泄漏】xièlòu ①［动］气体、液体等走漏。例:燃气~不但可能导致一氧化碳中毒,还可能引发爆炸。②同"泄露"。
【泄露】xièlòu ［动］消息、秘密被透露。例:他在不经意中~了秘密,自己也感到很难过。

卸责　　卸职

【卸责】xièzé ［动］推卸责任。例:这位质监部门官员拿"检验人员不专业"说事,显然有~之嫌。
【卸职】xièzhí ［动］解除或辞去职务。例:该国议会会议不会敦促总统~。

心潮　　新潮

【心潮】xīncháo ［名］像潮水一样起伏的心情。例:看了这部电影,他~起伏,百感交集。
【新潮】xīncháo ①［名］新的社会风气或思潮。例:这种思想符合当前的文化~。②［形］符合新潮的。例:这家时装公司为你展示最~、最时尚的服装搭配。

心底　　心地

【心底】xīndǐ ［名］内心深处。例:我从~感谢大家对我的帮助。

【心地】xīndì ①[名]人的内心。例:这孩子~善良。②[名]心情;心境。例:近来他工作很顺利,~也特别轻松。

心服　　心腹

【心服】xīnfú [动]衷心信服。例:他从革命的根本利益出发,启发我们顾全大局,使我口服~。

【心腹】xīnfù ①[名]亲信的人。例:他是厂长的~,任何事都瞒不了他。②[形]藏在心里不轻易对人说的。例:小华向他倾吐了许多~话儿。

心甘　　心肝

【心甘】xīngān [动]愿意。例:回忆是座牢狱,而他却~沉浸于此。

【心肝】xīngān ①[名]心脏和肝脏的统称。比喻良心。例:你那个没~的老婆,真的不管你死活么?②[名]最心爱的人或物。例:她是我生命中的一切,是我的~!

心机　　心肌　　心计

【心机】xīnjī [名]心思;计谋。例:他这样做真是枉费~,自寻烦恼。

【心肌】xīnjī [名]由心肌细胞构成的一种肌肉组织。例:~的收缩性与自律性、兴奋性、传导性共同决定着心脏的活动。

【心计】xīnjì [名]计谋;内心打算。例:别瞧她平时不声不响,~可多呢!

心境　　心静

【**心境**】xīnjìng ［名］心情。**例**:这几天他~不好,看什么都不顺眼。

【**心静**】xīnjìng ［形］内心平静。**例**:这里远离喧闹的城市,他感到很~。

心里　　心理

【**心里**】xīnlǐ ①［名］胸口内部。**例**:她一想起这件事,~就发痛。②［名］思想里;头脑里。**例**:小明把~话告诉了老师。

【**心理**】xīnlǐ ［名］思想、感情等内心活动的总称。**例**:做了多年的班主任,他已经摸透了学生们的~。

心事　　心思

【**心事**】xīnshì ［名］心里盘算、思虑的事。多指感到为难的事。**例**:随着社会的飞速发展,在现在这个竞争日益激烈的年代,花季少男、少女的烦恼与~也随之而来。

【**心思**】xīnsī ①［名］想法;念头。**例**:自私的人总是费尽~地盘算着如何获取私利。②［名］思考、记忆等能力。**例**:她的~缜密,早就做好了准备,没想到一个意外打乱了她的计划。③［名］心情。**例**:这件事搞得她焦头烂额,哪有~来跟他们扯闲话。

心术　心数

【**心术**】xīnshù　①［名］居心;心思。**例**: 他这个人～不正,得提防着点。②［名］计谋;内心打算。**例**: 他是个有～的人,你可以听听他的意见。

【**心数**】xīnshù　同"心术②"。

心酸　辛酸

【**心酸**】xīnsuān　［形］心里悲痛。**例**: 听了对方的诉说,她不禁～落泪。

【**辛酸**】xīnsuān　［形］痛苦;悲伤。**例**: 回忆起旧社会的苦难岁月,老人流下了～的眼泪。

心志　心智

【**心志**】xīnzhì　［名］意志。**例**: 天将降大任于是人也,必先苦其～。

【**心智**】xīnzhì　①［名］智慧。**例**: 为了创作这个剧本,他用尽～。②［名］心理;性情。**例**: ～成熟的考生易得高分。

新近　新进

【**新近**】xīnjìn　［副］不久以前的一段日子。**例**: 这位校长是～调来的。

【**新进**】xīnjìn　［动］新被录用;新被任用。**例**: 他们正在对～员工进行业务培训。

新兴　　新型

【新兴】xīnxīng　[形]最近兴起的。例：他很喜欢结交新朋友,如同他喜欢去了解某种～学说一样。

【新型】xīnxíng　[形]类型新;新式。例：建筑工人采用～技术,提前完成了这幢大楼的装修任务。

新义　　新意

【新义】xīnyì　[名]新的词义。例：仿冒的品牌或伪造的商品是"山寨"一词的～。

【新意】xīnyì　[名]新的意境;新的见解、想法。例：今年高考作文很有～。

新妆　　新装

【新妆】xīnzhuāng　[名]女子新颖别致的修饰打扮。例：进出这家酒楼的都是些服饰华丽、淡素～的贵妇人。

【新装】xīnzhuāng　[名]新的服装。例：半天不见,柳妹妹又换上～了。

信史　　信使

【信史】xìnshǐ　[名]纪事真实可信、无所讳饰的史籍。例：古人称《春秋》为～。

【信使】xìnshǐ　[名]奉派担任使命或传达消息、递送书信的人。例：经过驯养的鸽子,具有远飞传信的特殊技能,可以

信手　　信守

【信手】xìnshǒu　[副]随手。例：这张画是他在家休假时～涂抹的。

【信守】xìnshǒu　[动]忠诚地保持。例：在商务活动中，～合同为最大要点。

兴亡　　兴旺

【兴亡】xīngwáng　[动]兴盛与衰亡。例：国家～，匹夫有责。

【兴旺】xīngwàng　[形]兴盛；旺盛。例：衷心地祝愿祖国更加～发达，繁荣昌盛。

星相　　星象

【星相】xīngxiàng　[名]星命与相术。例：～学认为，天体，尤其是行星和星座，都以某种因果性或非偶然性的方式预示人间万物的变化。

【星象】xīngxiàng　[名]星体的明暗及位置等现象。古代迷信的人据以占测人事的吉凶祸福。例：因为当时国家内忧外患，国王鲁道夫只要求开普勒能根据天上～的变化来预卜自己的吉凶祸福，根本不管什么科学研究。

猩猩　　惺惺

【猩猩】xīng·xing　[名]哺乳动物。体高可达1.4米，臂长,头尖,吻突,鼻平,口大,全身有赤褐色长毛。栖于树,主食果实。能在前肢帮助下直立行走。古亦指猿猴之类。例:科学家们普遍认为~的智商仅次于人类。

【惺惺】xīngxīng ①[形]清醒的样子。例:历代禅师都认为参禅要保持~寂寂的特质,甚至在睡梦中也要如猫捕鼠、如鸡抱卵,无令间断。②[形]聪明、机灵的样子。例:一个人只要保持~聪明,那么顺逆成败都不会影响自己的心境。③[名]指聪明的人。例:他俩~相惜,心凑到一块,便成为无话不谈的朋友。④[形]假心假意的样子。例:她假~地掉了几滴眼泪。

刑罚　　刑法

【刑罚】xíngfá [名]依照法律对违法者实行的强制处分。例:我国刑法规定的~有主刑和附加型两类。

【刑法】xíngfǎ [名]关于犯罪和刑罚的法律规范的总称。例:《中华人民共和国~》已由中华人民共和国第八届全国人民代表大会第五次会议于1997年3月14日修订。

刑期　　行期

【刑期】xíngqī [名]服刑的限期。例:~从终审判决生效开始执行之日起算,但此前被羁押的时间可以折抵。

【行期】xíngqī [名]出行的日期。例:为了今天的聚会,他特地把~改到了明天。

行迹　　形迹

【行迹】xíngjì　[名]行动的踪迹。**例**：日寇虽然狡猾,但最终还是没有发现我边区领导机关的～。

【形迹】xíngjì　①[名]举动;神色。**例**：这家伙～十分可疑。②[名]痕迹;迹象。**例**：从他身上看不出一点主任的～来,简直就是一名勤快的职工。

行经　　行径

【行经】xíngjīng　[动]行走时经过。**例**：火车～上海时,已经半夜了。

【行径】xíngjìng　[名]行为;举动。**例**：全世界人民愤怒声讨超级大国的霸权～。

行礼　　行李

【行礼】xínglǐ　①[动]按一定的仪式或姿势致敬。**例**：获奖人上台领奖时,向授奖者及全体与会者鞠躬～。②[动]送礼。**例**：～时要根据对方的品位选择较为合适的礼物。

【行李】xíngli　[名]出行所带的东西。**例**：我去买车票,你照看～。

行使　　行驶

【行使】xíngshǐ　[动]执行;履行。**例**：公民应依法～权利,自觉履行义务。

【行驶】xíngshǐ　[动]开动车船等前行。例：大客车在高速公路上～。

形式　　形势

【形式】xíngshì　[名]指事物的形状、结构等。例：这次联欢活动，将以小组为单位的～进行有奖竞答。

【形势】xíngshì　①[名]地势。多指从军事上考虑。例：这里背山面水，～险要，不宜久留。②[名]事物发展的趋势。例：改革开放后，经济～发生了根本变化。

醒木　　醒目

【醒木】xǐngmù　[名]说书艺人为了使听众肃静或加强语言气势，用来拍桌子的小木块。也有用玉石制的。例：紫芝把～朝桌上一拍，说道："列位安静。"

【醒目】xǐngmù　[形]文字、图像明显、清楚，引人注目。例：这家餐馆的招牌非常～。

凶狠　　凶横

【凶狠】xiōnghěn　[形]凶恶狠毒。例：～的日本鬼子对这个村实行惨无人道的"三光"政策。

【凶横】xiōnghèng　[形]凶恶蛮横。例：他蛮不讲理，态度非常～。

凶杀　　凶煞

【凶杀】xiōngshā　[动]杀害人命。例：凡是传播伪科学和宣传低级、庸俗以及教唆～、赌盗、淫乱的坏书一概不准出版。

【凶煞】xiōngshà [名]迷信的人指凶恶神。例：她奶奶非常迷信，认为孙子发烧是犯了～，应该求神安魂。

雄威　　雄伟

【雄威】xióngwēi [形]雄壮威武。例：门前这两个～的大狮子充分显示了这所宅子主人的显赫地位。

【雄伟】xióngwěi [形]雄壮高大。例：毛主席的像挂在～的天安门城楼上。

雄心　　雄性

【雄心】xióngxīn [名]远大的志向。例：毕业典礼上，同学们展望未来，～勃勃。

【雄性】xióngxìng [名]生物两性之一。能产生精子。例：在缺乏雌性的情况下，～的个体并不能自我繁殖。

休戚　　休憩

【休戚】xiūqī [名]喜乐和忧虑；有利的和不利的遭遇。例：人类是～与共的命运共同体。

【休憩】xiūqì [动]休息。例：他们浴着凉爽的海风，望着那缀满了星星的夜空，尽情地说笑，尽情地～。

休书　　修书

【休书】xiūshū [名]旧时休妻所立的文书。例：从一纸～上可以看出中国古代歧视女性的男尊女卑的封建社会制度。

【修书】xiūshū ①[动]写信。例:那时尽管通讯很不发达,但他每到一地必～一封,向妻子述说思念之情。②[动]编纂书籍。例:汉代的～活动极为繁荣,不仅拯救了先秦文化典籍,并且产生了《史记》和《汉书》两部历史巨著和以《说文解字》为代表的我国第一批辞书。

休学　修学

【休学】xiūxué [动]学生因故不能继续学习,经学校同意,暂停学习,但仍保留学籍。例:他上小学时因健康原因～一年。

【修学】xiūxué [动]治学;研习学业。例:吕思勉在谈读书～的方法时,特别强调要端正态度和目的。

休养　修养

【休养】xiūyǎng [动]休息调养。例:退管会组织离退休干部去杭州～。

【修养】xiūyǎng ①[名]理论、知识、技术、品德等方面所达到的水平。例:他有很高的艺术～。②[名]指养成的待人处世的态度。例:小李待人处世很有～。

休业　修业

【休业】xiūyè ①[动]停止营业。例:这家商店因经营不善而～。②[动]结束一个阶段的学习。例:校长在～仪式上作上半学期总结并对下半学期的工作提出进一步的要求。

【**修业**】xiūyè [动]学习知识；钻研学问。**例**：学历教育的～年限由学校决定。

休整　修整　修正

【**休整**】xiūzhěng [动]休息整顿。**例**：连续参加了多场比赛，队员们深感疲劳，急需～一下。

【**修整**】xiūzhěng [动]整修；整治。**例**：这里十年前还是荒野，如今竟～得美好异常。

【**修正**】xiūzhèng [动]修改使正确。**例**：这些条例发布时较仓促，难免有不全面的地方，所以上级领导决定作出～。

秀美　秀媚

【**秀美**】xiùměi [形]清秀美丽。**例**：这几名舞蹈演员体态婀娜，容貌～。

【**秀媚**】xiùmèi [形]秀丽妩媚。**例**：我母亲写得一手～的蝇头小楷。

须要　需要

【**须要**】xūyào [动]一定要。**例**：乡村教师～奉献精神。

【**需要**】xūyào ①[动]应该有；必须有。**例**：做这件事，～专业人士参加。②[名]对事物的要求或欲望。**例**：根据灾区的～，我们及时提供了1 000斤大米和200条棉被。

序言　　绪言

【**序言**】xùyán ［名］写在著作正文前的文章。有作者自己写的,也有别人写的。**例**:这篇~简要地介绍了本书的思想内容和艺术特色。

【**绪言**】xùyán ［名］学术著作的开头部分,一般说明全书的主旨和内容等。**例**:本书的~简要地介绍了全书的基本特点和内容。

叙述　　叙说

【**叙述**】xùshù ［动］把事情的前后经过说出来或记下来。**例**:小明把事情的经过~了一遍。

【**叙说**】xùshuō ［动］把事情的前后经过口头叙述出来。**例**:他向我们~了虎口脱险的经过。

畜养　　蓄养

【**畜养**】xùyǎng ［动］饲养。**例**:这个农场~了许多梅花鹿。

【**蓄养**】xùyǎng ［动］积蓄培养。**例**:运动员们既加强技能训练又注重~实力。

宣示　　宣誓

【**宣示**】xuānshì ［动］公开表示;宣布。**例**:这艘渔政船将主要担负在中国南沙群岛和西沙群岛护渔护航的任务,并~

中国对南海诸岛的主权。
【宣誓】xuānshì [动]当众宣布誓言,表示严格遵循的决心。例:新团员正在举行入团~仪式。

玄乎　　悬乎

【玄乎】xuán·hu [形]玄虚;不可捉摸。例:你说得太~了,天底下哪有这种事情?
【悬乎】xuán·hu [形]危险;不保险;不牢靠。例:他太粗心,办这件事可有点~。

玄空　　悬空

【玄空】xuánkōng [形]虚幻不实。例:借助电脑软件,我们可以创造一个~的世界。
【悬空】xuánkōng ①[动]离开地面,悬在空中。例:高奇坐在飞翼船前端,两脚~,在几百米的空中摆晃着。②[动]没有落实;没有着落。例:由于疫情,他原本已经通过面试的工作又~了。

选才　　选材

【选才】xuǎncái [动]选拔人才。例:企业领导者如何~用人,关系到企业的生存发展和兴衰成败。
【选材】xuǎncái ①同"选才"。②[动]选择适用的材料或素材。例:很多小学生在写作文的时候,经常会感到没有内容可写,面对作文题目不知道如何~。

选集　　选辑

【选集】xuǎnjí　[名]选录一个人或若干人的著作而成的集子。例：这套20世纪短篇小说～共有六册。

【选辑】xuǎnjí　①[动]挑选并辑录。例：那部包括上下数千年的《古文观止》，上起东周，下迄明末，共～文章220篇。②[名]选辑成的书。例：这部中国哲学史教学资料～由北京大学哲学系中国哲学史研究室编写。

悬梯　　旋梯

【悬梯】xuántī　[名]悬挂着的梯子。例：陡峭的山崖上垂下一条由绳索制成的～。

【旋梯】xuántī　[名]螺旋形楼梯。例：在三峡工程水电施工的现场，几十米高的～随处可见。

炫丽　　绚丽

【炫丽】xuànlì　[形]鲜艳华美。例：会议大厅的墙壁上镶嵌着由各种宝石组成的花卉图案，夺目～。

【绚丽】xuànlì　[形]灿烂美丽。例：～的朝霞，放射出万道光芒。

学力　　学历

【学力】xuélì　[名]学问上的造诣；学问达到的程度。例：我们公司也招收有同等～的人员。

【学历】xuélì　[名]求学的经历。指曾在哪些学校肄业或毕业。例：她的最高～是大学本科。

学时　　学识

【学时】xuéshí　［名］一节课的时间,通常为四十五分钟。例：这门学科一学期有四十个～。

【学识】xuéshí　［名］学问；知识。例：李教授～渊博,精通五国语言。

学说　　学术

【学说】xuéshuō　［名］科学上有系统的主张或见解。例："百花齐放,百家争鸣"就是提倡对不同～的探讨。

【学术】xuéshù　［名］有系统、较专门、理论性较强的学问。例：我们经常在一起讨论～问题。

血亲　　血清

【血亲】xuèqīn　［名］具有血缘关系的亲属。例：依血缘关系的亲疏远近,可分为直系～和旁系～。

【血清】xuèqīng　［名］血液凝固后,在血浆中除去纤维蛋白分离出的淡黄色透明液体或指纤维蛋白已被除去的血浆。例：抗蛇毒～要求在2℃—8℃避光干燥保存,有些地方医院没有这个条件。

血型　　血性

【血型】xuèxíng　［名］血统的类型,根据血细胞凝结现象的不同分成O、A、B和AB四种。例：你的～和我的一样。

【血性】xuèxìng　［名］刚强正直的气质和品性。例：这是一个没有～、只顾自己的懦弱之人。

寻查　　巡查　　询查

【寻查】xúnchá　［动］寻找；查找。例：在警方彻夜～下，一名失踪的初中女生重回父母的怀抱。

【巡查】xúnchá　［动］一边走一边查看。例：这条街上刚发生抢劫案子，公安人员正在～。

【询查】xúnchá　［动］询问；查问。例：刑警队分别对案发现场的有关人员进行了深入细致的～。

寻访　　巡访　　询访

【寻访】xúnfǎng　［动］寻找查访。例：你路过重庆的话，请帮我～一位多年前和我一起整理古籍的老友。

【巡访】xúnfǎng　［动］巡查访问。例：市民～团在城市文明创建活动中所作的重要贡献得到了市委、市政府各级领导的肯定和赞扬。

【询访】xúnfǎng　［动］征询访问。例：定期的产品质量～和跟踪是公司售后服务中的一项重要内容。

询问　　讯问

【询问】xúnwèn　［动］征求意见；打听。例：校长向老师～同学们的学习情况。

【讯问】xùnwèn　［动］审问。例：公安人员正在～犯罪嫌疑人。

巡查　巡察

【巡查】xúnchá　[动]一边走一边查看。例：这条街上刚发生抢劫案子,公安人员正在~。

【巡察】xúnchá　[动]巡行察访;巡视。例：县劳动和社会保障局将开展党风廉政建设~工作。

训示　训释

【训示】xùnshì　[动]上级、长辈对下级、晚辈的训导。例：他命令他的卫士、挑夫和轿夫们停下休息三分钟,他有~要下达。

【训释】xùnshì　[动]注解;解释。例：该书中的字词~既充分尊重和吸收前贤的研究成果,又有作者自己独到的见解。

迅即　迅急　迅疾

【迅即】xùnjí　[副]立即。例：接到电话后,我~乘车来到机场。

【迅急】xùnjí　[形]急速。例：家里出了事,请你~回家。

【迅疾】xùnjí　[形]迅速。例：武警战士的动作非常~。

徇情　殉情

【徇情】xùnqíng　[动]为了私情而做不合法的事。例：剑三爱才,但决不~。

【殉情】xùnqíng　[动]因爱情受到挫折而自杀。例：小说叙述了一对被封建礼教折散的恋人~而死的故事。

压车　　押车

【压车】yāchē　[动]由于道路堵塞,车辆短时间内无法行走。例:段兴东路信号灯处,因为经常~,司机们给这里起了一个绰号"压车地段"。

【押车】yāchē　[动]为防止物品丢失或出现其他差错而随车看管、照料。例:郭晓军作为~员,一年中有三分之二的时间是在这个车皮后面的一个狭小的空间里度过的。

押运　　押韵

【押运】yāyùn　[动]运输货物时随同监督、照管。例:每辆运钞车都有两名武警战士负责~。

【押韵】yāyùn　[动]诗词歌赋句末用同一韵母的字,以使声韵和谐。一般用于偶句句末。例:~是加强诗歌节奏的一种手段,韵愈繁,节奏愈急。

殷红　　嫣红

【殷红】yānhóng　[形]带黑的红色。例:地上有一摊~的血迹。

【嫣红】yānhóng ［形］鲜艳的红色。例：炉膛中～的火光映照在她那苍白的脸上。

淹没　　湮没

【淹没】yānmò ①［动］大水浸过或浸没。例：河水猛涨,～了小桥。②［动］掩盖;盖没。例：列车开走了,小站又～在浓黑的夜色里。

【湮没】yānmò ［动］埋没。例：难道你们就这样把自己美好的岁月和生命～在牢骚和怨言里吗?

严紧　　严谨

【严紧】yánjǐn ①［形］严格;严厉。例：父母对他的管教非常～。②［形］严密。例：这场排球比赛,双方的防守都非常～。

【严谨】yánjǐn ［形］严密谨慎。例：他的工作作风非常～。

严整　　严正

【严整】yánzhěng ［形］严肃整齐。例：这支队伍的纪律非常～。

【严正】yánzhèng ［形］严肃正当;严肃公正。例：我国政府重申了反对霸权主义的～立场。

言语　　言喻

【言语】yányǔ ［名］说的话。例：一个人显露于别人面前的是他的～、行为和态度。

【言喻】yányù [动]用言语来说明。**例**：此刻她心中的痛楚是难以～的。

沿线　　眼线

【沿线】yánxiàn [名]靠近交通线、边界线的地方。**例**：我国东部平原地区经济发达、人口稠密,在铁路、公路～,城镇密布。

【眼线】yǎnxiàn ①[名]暗中侦察情况、及时汇报或作向导的人。**例**：他靠着一些～或是中间人,向做小买卖而资金短缺的人放高利贷。②[名]化妆时在上下眼皮边沿画的黑色线条。**例**：化妆时利用～的修饰,可以让双眼更具立体感。

衍化　　演化

【衍化】yǎnhuà [动]多指事情、事件的发展变化。**例**：史传文学的递嬗之迹,反映了南朝美文的～进程。

【演化】yǎnhuà [动]多指自然界的发展变化。**例**：一切生物的～过程都是由互相排斥和吸引的矛盾运动所推动的。

眼福　　艳福

【眼福】yǎnfú [名]看到珍奇或美好事物的福分。**例**：这是网游界一次创新的艺术展示,让玩家大饱～。

【艳福】yànfú [名]男子得到美女欢心的福分。**例**：公司里才貌双全的女同事看上了他,他真是～不浅呢。

眼睛　　眼镜

【眼睛】yǎn·jing ［名］人或动物的视觉器官。例：我们要爱护自己的～。

【眼镜】yǎnjìng ［名］戴在眼睛上矫正视力或保护眼睛的透镜。例：两个戴～的人,挟持小明离开了家。

演习　　演戏

【演习】yǎnxí ［动］实地练习。例：广场上正在进行消防技能～。

【演戏】yǎnxì ［动］表演戏剧。例：以前这里的生活条件很差,一些专业剧团的演员都不愿意来这里～。

演义　　演绎

【演义】yǎnyì ①［动］阐发义理。例：鲁迅的《故事新编》和《朝花夕拾》,前者是神话、传说及史实的～,后者则只是回忆的记事。②［名］根据史事、传说敷衍而成的长篇章回体小说,为古代小说的一种体裁。例：从～的描述来看,戎马生涯几十年的刘备,在主观修养上可以说是比较成熟的。

【演绎】yǎnyì ①［名］由一般原理推演出特殊情况下的结论。例：～的基本形式是三段论,它包括大前提、小前提和结论。②［动］推演;铺陈。例：古代作家的作品要被现代人所接受,必须经过现代人自身的理解阐释,进行一番～之后的理解才更为深刻。

艳服　　艳福

- 【艳服】yànfú [名]华丽的服饰。例：她的母亲虽然年事已高,但仍然盛妆~,光彩动人。
- 【艳福】yànfú [名]男子得到美女欢心的福分。例：恩特开始了他的大球星生涯,真是享不尽的荣华富贵,看不尽的佳境奇景,受不完的横财~。

扬长　　扬场

- 【扬长】yángcháng [形]大模大样的样子。例：堂吉诃德惩罚了毒打徒弟的师傅,自以为立了功,便~而去。
- 【扬场】yángcháng [动]把打下来的谷物、豆荚等用机器、木锹等扬起,借风力吹掉壳和尘土,分离出干净的子粒。例：我家房前的平地是~的好地方。

扬尘　　扬程

- 【扬尘】yángchén ①[动]扬起尘土。例：相关人员正要检查建筑工地防止~的措施。②[名]扬起的尘土。例：《中华人民共和国固体废物污染环境防治法》规定了防治各类城市~污染的基本原则和主要措施。
- 【扬程】yángchéng [动]某物(如运河船闸中的水)升起的距离或长度;水泵向上扬水的高度。例：水泵的~、流量和功率是考察水泵性能的重要参数。

扬言　佯言

【扬言】 yángyán　[动]故意说出要采取某种行动的话。**例**：他～要对揭发者进行报复。

【佯言】 yángyán　[动]说谎话；用言语欺诈。**例**：他～将出国留学。

佯装　洋装

【佯装】 yángzhuāng　[动]假装。**例**：民警发现一名男子～散步打电话,却对路边停放的几辆无人看管的助动车很感兴趣。

【洋装】 yángzhuāng　[名]西服。**例**：～虽然穿在身,我心依然是中国心。

养气　氧气

【养气】 yǎngqì　①[动]培养品德；涵养意志。**例**：听到这样的胡说,我自认～功夫不够,不免有一点儿疾言厉色了。②[动]保养元气；涵养本有的正气。**例**：如果将人比作一棵树,气就是树根,～就是养根,气养好、养足了,身体才会硬朗、结实,才能百病不侵。

【氧气】 yǎngqì　[名]氧元素最常见的单质形态,在标准状况下是无色无味无臭的气体。**例**：～是空气的组成部分,占空气体积的20.9%。

养神　养生

【养神】 yǎngshén　[动]使自己的身体与心理处于平静状态,

来恢复精神和体力。例:他打算在家里静坐两天,一则~,二则出去怕人找他。

【养生】yǎngshēng [动]保养身体。例:这位老人很懂得~之道。

要约　邀约

【要约】yāoyuē [动]一方当事人以缔结合同为目的,向对方当事人所作的意思表示。发出要约的人称为要约人,接受要约的人则称为受要约人、相对人和承诺人。例:从协议收购向~收购发展,是资产重组市场化改革的必然选择。

【邀约】yāoyuē [动]邀请。例:这次联欢会,我们~退休职工参加。

野心　野性

【野心】yěxīn [名]对名利、权力强烈而非分的欲望。例:一个人要有事业心,但不能有~。

【野性】yěxìng [形]性情不驯服。例:这种~的马很难驯服。

一班　一斑

【一班】yībān [数量]用于人群。常含贬义。例:潘三见一伙人在那里围着一张桌子赌钱,便骂道:你们这~狗才,无事便在我这里胡闹!

【一斑】yībān [名]豹身上的一块斑纹。比喻事物的一小部分。例:端木的坚强性格,从他冷对"十年浩劫"中自己所受的折磨,也可以见到~。

一般　　一半

【一般】yībān ①[形]一样;同样。例:兄弟俩长得~高。②[形]普通;通常。例:他的外语水平~。

【一半】yībàn [名]二分之一。例:这瓶饮料我俩各喝~。

一步　　一部

【一步】yībù [名]行走时两脚间的距离。例:他踩着厚厚的积雪,~一个脚印,向城里走去。

【一部】yībù [数量]用于书籍、乐舞、车辆、机械等。例:经过多年的努力,他终于买了~车子。

一次　　依次

【一次】yīcì [名]表示事物只有单次的变化或出现。例:这种低级错误犯~就够了,没想到你居然会犯第二次。

【依次】yīcì [副]按照次序。例:大家~入座后,会议就开始了。

一代　　一带

【一代】yīdài ①[名]一个朝代。例:萧何位冠群臣,声施后世,为~之宗臣。②[名]一个时代;当代。例:石达开是太平天国最富有传奇色彩的人物,堪称~英豪。③[名]生物繁衍,新旧交替,亦称一代。例:现在这~昆虫似乎对这一喷剂有了抗药性。

【一带】yīdài ［名］表示所说的地区及其附近。例：人民广场～环境十分优美。

一幅　　一副

【一幅】yīfú ［数量］用于布帛、纸张、图画等。例：他画了～漫画,讽刺一些同志说得多、做得少。

【一副】yīfù ①［数量］用于成对或成套的器物。例：她给我织了～手套。②［数量］用于容貌、面部表情、姿势等。例：他的脸上呈现出～满不在乎的神情。

一经　　一径

【一经】yījīng ［副］表示只要经过某种行为或某个步骤,就可以产生相应的结果。例：对公务员录用考试作弊将实行零容忍,违纪违规行为～发现,将严格按照《公务员录用考试违纪违规行为处理办法》进行处理。

【一径】yījìng ①［副］径直。例：这班客机从广州～飞往海口。②［副］方言。一直;连续不断。例：他大学毕业后～在中学任教。

一力　　一例

【一力】yīlì ［副］尽力;竭力。例：她父母～主张把女儿嫁给这个年轻力壮的小伙子。

【一例】yīlì ［副］一律;同样。例：老师应该爱护学生,～对待每一位学生。

一蓬　一篷

【一蓬】yīpéng　[数量]用于枝叶繁茂的花草。例：窗外的院子里长着～兰草。

【一篷】yīpéng　[名]一艘帆船。也指一艘船。例：～何处客,吟凭钓鱼舟。

一齐　一起

【一齐】yīqí　[副]同时。例：我们～去打球。

【一起】yīqǐ　①[名]同一个地方。例：他俩住在～。②[副]一共。例：这些书和录音带～多少钱？③[副]一同。例：我明天去东方明珠观光,你～去吗？

一垧　一晌

【一垧】yīshǎng　[数量]用于计算土地面积。各地不同,东北地区一垧一般合15亩,西北地区一垧合3亩或5亩。例：这种肥料根本没有什么效果,但售价却很高,～地需要2 200元。

【一晌】yīshǎng　[数量]用于时间。例：他们三人静对着沉默了好～。

一身　一生

【一身】yīshēn　①[名]全身;浑身。例：这一句带威胁性的话,使菊生起～鸡皮疙瘩。②[名]一个人。例：他孑然～,悲叹自己孤苦无告的处境。③[数量]用于衣服。例：靠车后门边的那个座位上坐着的是一个穿着~咖啡色的条子西装的青年。

【一生】yīshēng [名]从生到死;一辈子。例:老人~过着非常俭朴的生活。

一时　一事

【一时】yīshí ①[名]一个时期。例:杂耍演员带回来了一项轰动~的绝技。②[名]短时间。例:病人刚做完手术,~还醒不过来。③[副]临时;偶然。例:他~来了兴致,想到外面去走走。

【一事】yīshì [名]业务或组织上有关系的;一起的。例:东区的这家大卖场和北区的那家是~。

一通　一同　一统

【一通】yītōng [数量]一阵;一次。例:因为布置会场这件事,他还与我吵了~。

【一同】yītóng [副]表示动作、行为是由两个或两个以上的主体在同时同地发出的。例:他们两人~走进食堂,坐在一个饭桌上交谈起来。

【一统】yītǒng [动]统一。多指全国统一。例:秦始皇是封建社会时期第一个~天下的君主。

一心　一新

【一心】yīxīn ①[副]全心全意地;专心。例:她在屋里坐立不安,~盼望着女儿赶快回来。②[形]齐心;同心。**例**:我们万众~,冒着敌人的炮火前进!

【一新】 yīxīn [形]全部更换成新的。**例**:房子不大,但处处粉刷~,散发着浓烈的油漆味。

一支　　一枝

【一支】 yīzhī ①[数量]用于队伍。**例**:我们要建设~善于治国理政的高素质干部队伍。②[数量]用于歌曲或乐曲。**例**:《昨日重现》是20世纪被改编、演奏、播放最多的~乐曲。③[数量]用于细长的东西。**例**:老师像~蜡烛,照亮别人燃烧了自己。

【一枝】 yīzhī [数量]用于带枝的花朵。**例**:春色满园关不住,~红杏出墙来。

一直　　一致

【一直】 yīzhí ①[副]不拐弯地前进。**例**:~往前走就到百货商店了。②[副]表示动作始终不改变。**例**:这小孩~哭个不停。

【一致】 yīzhì [形]相同;齐心;没有分歧。**例**:全班同学~选举小王为学习委员。

一柱　　一炷

【一柱】 yīzhù ①[名]一根柱子。也用于像柱子的东西。**例**:傍晚时分天空中有一白色云柱直指蓝天,好似擎天~。

②[名]指旧式账簿或清册里的一个项目。例：店主交出账本,内中每～都列得清清楚楚。

【一炷】yīzhù [数量]用于点着的香。例：这位信徒恭恭敬敬地给观音菩萨奉上～香。

医师　　医士

【医师】yīshī [名]受过高等医学教育或具有同等能力、经国家卫生部门审查合格的负主要医疗责任的医务工作者。例：卫生部办公厅下发关于进一步做好～定期考核管理工作的通知。

【医士】yīshì [名]受过中等医学教育或具有同等能力、经国家卫生部门审查合格的负医疗责任的医务工作者。例：临床医生有高低不同的职称,代表这个医生的水平和资历,分为～、助理医师、医师、主治医师、副主任医师、主任医师。

依靠　　倚靠

【依靠】yīkào ①[动]指望别的人或事物来达到一定的目的。例：这项任务要～大家一起来完成。②[名]可以依靠的人或东西。例：离开了集体,他便失去了～。

【倚靠】yǐkào ① 同"依靠①"。②[动]身体靠在物体上。例：妈妈忙了一天太累了,刚吃完晚饭就～在沙发上睡着了。

仪容　　遗容

【仪容】yíróng [名]仪表;容貌。例：美好的～总能令人敬慕和青睐。

【遗容】yíróng　[名]人死后的容貌。例：来自全国各地的人们排着整齐的队伍瞻仰毛主席～。

怡人　　宜人

【怡人】yírén　[形]使人舒适的、愉快的。例：一阵阵凉风吹来，果园里散发出～的香味。

【宜人】yírén　[形]合人心意的。例：桂林景色～，是旅游的好去处。

遗案　　疑案

【遗案】yí'àn　[名]遗留下来尚未了结的案件。例：平谷县曾解决"文革"～一千二百余件。

【疑案】yí'àn　①[名]有疑问而难以判决的案件。例：他因屡破～而威名大震。②[名]情况不明，令人疑惑不解、不能确定的事件。例：母亲说我七个月大时就会说话，父亲说世上没有七个月就会说话的孩子，这成了我们家庭历史中的～。

遗迹　　疑迹

【遗迹】yíjì　[名]古代或旧时代的人和事物遗留下来的痕迹。例：在翠微峰下有一处古代～，题作"冰川擦痕"。

【疑迹】yíjì　[名]可疑的痕迹。例：勘查案发现场时调查人员应当对发现的～、物证，及时拍照并将实物取下。

以至　　以致

【**以至**】yǐzhì　①［连］表示时间、数量、程度、范围等的延伸和发展。**例**：从沿海城市～广大农村,到处是一片欣欣向荣的动人景象。②［连］用于下半句开头,表示上述情况所达到的深度或结果。**例**：他专心致志地工作,～有人招呼他也没有听到。

【**以致**】yǐzhì　［名］用在下半句的开头,表示下文是上述情况造成的结果。多指不好的事情。**例**：他们由于不注意安全操作～出了严重的事故。

疑义　　异义

【**疑义**】yíyì　［名］不了解或不理解的含义或道理。**例**：奇文共欣赏,～相与析。

【**异义**】yìyì　［名］不同的含义、意思、观点等。**例**：我们把古义和今义不相同的词叫古今～词。

义气　　意气

【**义气**】yìqì　［名］主持公道或甘于承担风险或牺牲自己利益的气概。**例**：他交朋友很讲～。

【**意气**】yìqì　①［名］志向;气概。**例**：从来也没有看见人民群众像现在这样精神振奋,斗志昂扬,～风发。②［名］主观、偏激的情绪。**例**：你也不必太～用事了,现在找一份理想的工作实在不容易。③［名］志趣;性格。**例**：你们之间

异趣　　逸趣

【异趣】yìqù　[名]不同的志趣;别具一格的情趣。例：人到中年,再次玩起小时候玩过的游戏,真是别有～。

【逸趣】yìqù　[名]超逸不俗的情趣。例：东方天边的云承着日光,反射鲜明的红色,灿烂而有～。

异味　　意味

【异味】yìwèi　①[名]不同寻常的美味。例：做这个菜非常简单,材料也是很普通的,不过做出来可就是～了啊！②[名]不正常的气味。例：这些鱼虾已有～,不能再吃了。

【意味】yìwèi　①[名]情趣;趣味。例：这首乐曲～无穷。②[动]含有某种意义。例：绿色～着生命。

异形　　异型

【异形】yìxíng　[形]不同形状的。例："异形"和"异型"是一组同音～词。

【异型】yìxíng　[形]某些材料剖面形状不同于常见的方形、圆形等形状的。例：这家商场专门经营～钢材。

异性　　异姓

【异性】yìxìng　①[形]性别不同的;性质不同的。例：～电荷互相吸引。②[名]性别不同的人;性质不同的事物。

例：她脾气古怪,拒绝与任何～交往。

【异姓】yìxìng　［形］不同姓的。例：他俩是一对～兄妹。

异义　　异议

【异义】yìyì　［名］不同的含义、意思、观点等。例：我们把古义和今义不相同的词叫古今～词。

【异议】yìyì　［名］不同的意见。例：觉新看见大家都这样主张,也就没有～。

抑止　　抑制

【抑止】yìzhǐ　［动］阻止;遏止。例：调解员奉劝那些感情冲动的人千万要～住自己的情绪,别让"赌气婚姻"赌走幸福。

【抑制】yìzhì　①［动］大脑皮层的两种基本神经活动过程之一。在外部或内部刺激下产生的阻止皮层的兴奋和器官机能的活动。例：睡眠就是大脑皮层全部处于～的现象。②［动］阻止;遏止。例：看见这种情形,他～不住感情的爆发,向对方猛扑过去。

译注　　译著

【译注】yìzhù　［动］翻译并注解。例：他在语言文字领域的贡献主要体现在古汉语语法和虚词的研究方面以及对古籍的整理和～。

【译著】yìzhù　①［动］翻译,著述。例：钱锺书先生毕生～过多部外国文学作品。②［名］翻译的作品。例：这些～都是钱锺书先生翻译、著述的。

意见　臆见

【意见】yìjiàn ①[名]对事物的看法或主张。例：有~的话咱们可以单独交换。②[名]对人或事认为不对而有不满意的想法。例：我对这项规定有~。

【臆见】yìjiàn [名]主观的看法。例：鄙人学寡智劣,未能博览诸书,不敢以~妄谈。

意想　臆想

【意想】yìxiǎng [动]料想;猜想。例：抽烟、酗酒、缺乏体育锻炼和肥胖会增加人们患上心脏病的可能性,但也有其他一些~不到的致病因素。

【臆想】yìxiǎng [动]主观地想象。例：达·芬奇拒绝从宗教出发的一切独断的~,而只从科学的实证和理性的思考中去追求真实的知识。

意向　意象

【意向】yìxiàng [名]意图;目的。例：不少毕业生已与用人单位签订了~书。

【意象】yìxiàng [名]客观形象与主观心灵融合成的带有某种意蕴与情调的东西。例：这幅山水画~新颖。

意韵　意蕴

【意韵】yìyùn [名]意境和韵味。例：这首诗朗朗上口,别有~。

【**意蕴**】yìyùn ［名］包含的意思；内在的意义。**例**：这首诗的~相当丰富。

意旨　　懿旨

【**意旨**】yìzhǐ ［名］意图；旨意。**例**：毛泽东《在陕甘宁边区参议会的演说》："它（共产党）应受人民的监督，而决不应该违背人民的~。"

【**懿旨**】yìzhǐ ［名］皇太后或皇后的诏令。**例**：邀请诰命夫人进宫的~由传旨太监传了下去。

因缘　　姻缘

【**因缘**】yīnyuán ①［名］佛教指使事物生起、变化和坏灭的主要条件为因，辅助条件为缘。**例**：佛法讲~，认为世间任何事物都是由它和合而成。②［名］机会；缘分。**例**：我很仰慕先生，遗憾的是没有~相见。

【**姻缘**】yīnyuán ［名］婚姻的缘分。**例**：这段~非常美满。

阴私　　隐私

【**阴私**】yīnsī ［名］隐秘不可告人的事。**例**：似乎被人发现了~，兰女士的脸色突然变了。

【**隐私**】yǐnsī ［名］不愿告诉人的或不愿公开的个人的事。**例**：这是别人的~，你最好不要打听。

引见　　引荐

【引见】yǐnjiàn　［动］引人相见,使彼此认识。例：如果你真想拜他为师,我可以给你～一下。

【引荐】yǐnjiàn　［动］推荐;荐举。例：你能帮我～一位建筑设计师吗?

隐蔽　　隐避

【隐蔽】yǐnbì　①［动］借别的事物来遮掩。例：战士们～在树林里。②［形］被别的事物遮掩而不易发现的。例：罪犯的作案手法极为～。

【隐避】yǐnbì　［动］隐藏躲避。例：犯罪分子早已为自己找了一个退逃～之所。

隐讳　　隐晦

【隐讳】yǐnhuì　［动］有所忌讳而隐瞒不说。例：他从不～自己的缺点和错误。

【隐晦】yǐnhuì　［形］意思曲折,不明显。例：这些朦胧诗写得～含蓄。

印记　　印迹

【印记】yìnjì　①［名］痕迹;标记。例：轻快的马蹄,在沙滩上留下一串～。②［名］盖章的印迹。例：公章一按,留下了鲜红的～。③［动］把印象深刻地保持着。例：他早已把这一切～在心里。

【印迹】yìnjì　[名]痕迹;踪迹。例:现在所编的这个选本里,他有意识地尽量保留了自己成长的～。

印象　　影响

【印象】yìnxiàng　[名]事物在人脑中留下的记忆或迹象。例:她给我留下的第一～是纯真。

【影响】yǐngxiǎng　①[动]对人或事物起作用。例:明天北方有一股冷空气将～本市,气温会明显下降。②[名]对别人的思想或行动所起的作用。例:小华受老王的～迷上了武术。

英名　　英明

【英名】yīngmíng　[名]杰出的名声;美名。例:刘白羽同志是我十分敬重的著名作家之一,他的～永存。

【英明】yīngmíng　[形]明智而卓越。例:实践证明,改革开放是～决策。

英雄　　英勇

【英雄】yīngxióng　[名]才能勇武过人的人;不怕困难、不顾自己、令人钦佩的人。例:黄继光不愧是一位战斗～。

【英勇】yīngyǒng　[形]勇敢;出众。例:他在抗洪斗争中～地牺牲了。

迎战　　应战

【迎战】yíngzhàn　[动]朝着敌人来的方向上前去作战。

例：她强行让自己先冷静下来,事情既然已经找上门了,她也只能~。

【应战】yìngzhàn ①[动]与进攻的敌人作战。例：敌人进攻了,我们要沉着~。②[动]接受对方提出的挑战条件。例：三班提出挑战,我班积极~。

营利　　赢利

【营利】yínglì [动]谋求私利;谋求利润。例：这几家新书坊,都不是以~为目的。

【赢利】yínglì ①[名]经营某事所得的利益。例：企业的经济核算和~问题、成本问题、价格问题等都具有现实意义。②[动]获得利润。例：这家企业连续三年亏损,今年终于~。

应激　　应急

【应激】yìngjī [动]机体对外界刺激作出反应。例：一定强度的刺激引起的~反应有助于提高机体的适应水平。

【应急】yìngjí [动]应付急需;应付紧急情况。例：当突如其来的事件发生时,这些~措施也许可以用上。

应时　　应市

【应时】yìngshí ①[形]适合时令的。例：这些~水果销路很好。②[副]立时;马上。例：自行车一歪,坐在后面的他~摔了下来。

【应市】yìngshì [动]根据市场情况而出售。例：新产品即将~。

用工　　用功

- 【用工】yònggōng ［动］招收工人；使用工人。例：部分劳动密集型企业常年缺工，节后～形势更为严峻。
- 【用功】yònggōng ①［动］努力学习。例：他正在课堂里～。②［形］用的工夫多。例：他钻研技术很～。

优美　　幽美

- 【优美】yōuměi ［形］美好。例：～的生态环境依靠我们大家一起营造。
- 【幽美】yōuměi ［形］幽静美丽。例：屋前有一片～的小树林。

优雅　　幽雅

- 【优雅】yōuyǎ ［形］优美雅致；优美高雅。例：他弹奏钢琴的动作很～。
- 【幽雅】yōuyǎ ［形］幽静雅致。例：这里的环境很～。

优裕　　优越　　幽越

- 【优裕】yōuyù ［形］丰饶；富裕。例：他们的生活并不～，但男耕女织，过得相当充实。
- 【优越】yōuyuè ［形］优异；胜过。例：这所全国重点大学的学习条件很～。
- 【幽越】yōuyuè ［形］悠扬。例：池塘边传出一阵阵～的蛙鸣声。

幽暗　黝暗

【幽暗】yōu'àn　[形]昏暗。例：一堂红木家具摆得整整齐齐,越发显出大厅里的～。

【黝暗】yǒu'àn　[形]黑暗,没有光亮。例：～的墙角边仿佛有个人影在晃动。

幽幽　悠悠

【幽幽】yōuyōu　①[形]光线微弱的样子。例：航标灯发出～的亮光。②[形]深远的样子。例：只有身在异国他乡的人才会产生这种～的思乡之情。③[形]声音轻微。例：远处传来一阵～的哭泣声。

【悠悠】yōuyōu　[形]长久;遥远。例：岁月～,如今他终于熬出头了。

幽远　悠远

【幽远】yōuyuǎn　[形]深远;幽深。例：这首诗描绘了剑桥那种宁静～的华美。

【悠远】yōuyuǎn　①[形]离现在时间很长。例：这些事情都发生在～的年代。②[形]距离远。例：渐渐之石,维其高矣。山川～维其劳矣。

邮船　游船

【邮船】yóuchuán　[名]海洋上定线、定期航行的大型客运轮船。因过去水运邮件总是委托这种大型快速客轮运载,故名。例：船快要靠岸了，约克逊号～无数窗眼里飞出五色飘扬的纸条，远远地抛到岸上。

【游船】 yóuchuán ［名］供游览用的船。例：我们登上豪华的～，游览了黄浦江的夜景。

邮轮　　游轮

【邮轮】 yóulún ［名］邮船。例：～旅游曾经是很多人向往但又望尘莫及的旅游项目。

【游轮】 yóulún ［名］游船。例：重庆将瞄准～行业，推动三峡黄金水道旅游发展。

邮品　　油品

【邮品】 yóupǐn ［名］集邮爱好者所搜集的邮票、明信片、首日封、邮折等。例：苏沪浙将联合举办新春～拍卖周。

【油品】 yóupǐn ［名］石油经过炼制等加工工艺生产出的汽油、煤油、柴油和润滑油等。例：由于～有一定的危险性，在储存和使用中，要严格遵守安全管理制度和有关操作规程，以杜绝事故的发生。

邮箱　　油箱

【邮箱】 yóuxiāng ①［名］邮局设在街道旁供人投寄信件的信箱。例：有些国家邮政设置了不同颜色的～，用于区别不同类别的邮件。②［名］通过网络电子邮局为网络客户提供的网络交流的电子信息空间。例：电子～具有存储和收发电子信息的功能,是互联网中最重要的信息交流工具。

【油箱】yóuxiāng ［名］装油的容器。例：这种～具有防腐蚀、抗撞击、不易泄漏等特点。

油彩　　油菜

【油彩】yóucǎi ［名］演员化妆用的含有油质的颜料。例：存放的时间太久,这罐～的颜色已经不够鲜亮了。

【油菜】yóucài ［名］一、二年生的草本植物,为我国南方主要油料作物。例：远远望去,田野里满是金色的～花。

有礼　　有理

【有礼】yǒulǐ ［形］有礼貌;符合礼节。例：君子敬而无失,与人恭而～。

【有理】yǒulǐ ［形］有道理;符合道理。例：老师听他说得有情～,也就不追问了。

有力　　有利

【有力】yǒulì ［形］有力量;分量重。例：我们要给敌人以～的回击。

【有利】yǒulì ［形］有好处;有帮助。例：这种教学方法～于启发学生的智慧。

有心　　有幸

【有心】yǒuxīn ①［动］有某种心意或想法。例：领导～在人力物力上为我们提供方便。②［形］故意。例：他提出这个问题,是～要我难堪。

【有幸】yǒuxìng [形]很幸运;有运气。例：在峨眉山的金顶上我～看到了"佛光"。

余力　　余利

【余力】yúlì [名]剩余的力量;多余的精力。例：我工作很忙,没有～顾及这些小事。

【余利】yúlì [名]盈利;利润。例：扣除各项投入和人员开销,本次展销会共有～2万元。

语义　　语意

【语义】yǔyì [名]词语的意义。例：语言作为信息的研究,在～学和词典编纂学中特别具有实用的价值。

【语意】yǔyì [名]话语中所包含的意义。例：李老师的这番话～深长啊！

预订　　预定

【预订】yùdìng [动]预先订阅、订购。例：需要该书的读者可以向当地新华书店办理～。

【预定】yùdìng [动]预先规定或约定。例：这项工程～在明年底完成。

预示　　喻示

【预示】yùshì [动]预先显示。例：灿烂的晚霞～着明天又是个好天气。

【喻示】yùshì　[动]表明;显示。**例**:这幅腊梅画~作者坚强不屈的性格。

预制　预治

【预制】yùzhì　[形]预先制造的。**例**:这幢楼用的是~板结构。

【预治】yùzhì　[动]预防并治疗。**例**:失眠科专家认为学生考试焦虑症是可以~的。

遇合　愈合

【遇合】yùhé　①[动]相遇而彼此投合。**例**:阅读对他来说,不仅是精神上的契合,更是一种生命的~。②[动]碰到;遇到。**例**:在日常工作中总是会~那些令人意想不到的事情。

【愈合】yùhé　[动]伤口长好。**例**:事情虽然已经过去了,但他心头的伤口能~吗?

元件　原件

【元件】yuánjiàn　[名]指电器、无线电、仪表等工业的某些零件,如电容、晶体管、游丝、发条等。**例**:电子~是组成电子产品的基础。

【原件】yuánjiàn　[名]原始的文件或物件。**例**:本书作者和摄影人员专门到博物馆拍摄该出土文物的~图片。

原形　原型

【原形】yuánxíng　[名]原来的形状;本来的面目。**例**:真相被揭穿后,他便~毕露了。

【原型】yuánxíng [名]原来的类型或模型。特指叙事性文学作品中塑造人物形象所依据的现实生活中的人。例:这位老人就是这部电影中主人公的~。

原意　　愿意

【原意】yuányì [名]原来的意思;本意。例:这个设计方案与我们的~有点距离。

【愿意】yuànyì ①[动]因符合心愿而同意做某事。例:既然你不~帮我的忙,我就只能自己一个人做这件事情了。②[动]希望发生某种情况。例:如果你~,我就想办法给你弄一张参观票。

远方　　远房

【远方】yuǎnfāng [名]距离较远的地方。例:有朋自~来,不亦乐乎?

【远房】yuǎnfáng [名]血统疏远的宗族人员。例:他去探望夫人那位~侄儿。

远景　　愿景

【远景】yuǎnjǐng ①[名]远处的景物。例:眺望~,路两旁都是收割后的水田。②[名]将来的景象。例:大家都被这更宏伟的~所鼓舞,个个信心百倍。

【愿景】yuànjǐng [名]希望看见的前景。例:只有心中有~,

才会积极进取。

远扬　　远洋

【**远扬**】yuǎnyáng　［动］传播到远处。**例**：全校师生为自己学校的声名～而自豪。

【**远洋**】yuǎnyáng　［名］距离大陆远的海洋。**例**：我国海运一般分为沿海航线和～航线。

怨望　　愿望

【**怨望**】yuànwàng　［名］心中的不满或仇恨。**例**：她的眼神中时常充满着失望后的痛苦与～。

【**愿望**】yuànwàng　［名］希望能达到某种目的的想法。**例**：情感和～是人类一切努力和创造力背后的动力。

院子　　垸子

【**院子**】yuàn·zi　［名］房屋前后用墙或栅栏围起来的空地。**例**：他家有一个很大的～。

【**垸子**】yuàn·zi　［名］我国南方地区在沿江、湖地带围绕房屋、田地等修建的类似堤坝的防水构筑物。**例**：看着即将遭洪水围困的～，他们心急如焚。

月历　　月利

【**月历**】yuèlì　［名］一月一页的历书。**例**：每到年末，他总会送我一本新一年的～。

【月利】yuèlì [名]按月计算的利息。例:银行活期储蓄和定期储蓄的~是不同的。

月中　　月终

【月中】yuèzhōng [名]一个月的当中几天。例:他是一个标准的"月光族",每月的工资只够过到~。

【月终】yuèzhōng [名]一个月的最后几天。例:经过几天的努力,他终于把~总结会的报告写好了。

芸芸　　沄沄　　纭纭　　耘耘

【芸芸】yúnyún [形]众多的样子。例:这位诗人以一颗常心,真实、自然、诗意地潜栖于~众生之中。

【沄沄】yúnyún [形]水流动的样子。例:一江春水~流动。

【纭纭】yúnyún [形]多而乱的样子。例:园子里全是~杂草。

【耘耘】yúnyún [形]耕作兴盛的样子。例:春日~,秋日丰丰。

陨灭　　殒灭

【陨灭】yǔnmiè ①[动]物体从高空掉下而毁灭。例:一颗流星~在远方的天际。② 同"殒灭"。

【殒灭】yǔnmiè [动]丧失生命。例:一个气罐爆炸,~了17条生命。

Zz

杂记　　杂技　　札记

【杂记】zájì ①[名]文体的一种。题材多样,以记叙风景、琐事、感想为主。例:《人民文学》发表散文《还乡～》。②[名]混杂的记录。例:他打算将这些旅途～结集出版。

【杂技】zájì [名]手技、口技、车技、驯兽和魔术等技艺表演的统称。例:独轮车是～表演中经常出现的节目。

【札记】zhájì [名]读书时摘记的要点、心得等。例:这些教学～记录了教师在教育教学中认为值得研究或需要总结的问题。

杂务　　杂物

【杂务】záwù [名]琐碎的事务。例:她是学校的后勤总管,每天要处理许多～。

【杂物】záwù [名]零星的、杂乱的物品。例:这间屋子专门用来堆放一些～。

灾异　　灾疫

【灾异】zāiyì [名]某些异常的自然灾害或自然现象。例:《聊斋志异》中涉及的～现象之丰富与集中,令人称奇赞叹。

【灾疫】zāiyì　［名］灾害;瘟疫。例:旧社会～频仍,劳动人民苦不堪言。

再世　　在世

【再世】zàishì　①［名］来世。例:一个人如果连今生都把握不住,就不要谈论～。②［动］死而复生。例:那位医生有着高深的医术,仿佛华佗～。

【在世】zàishì　［动］活在世上。例:老舍若是～,他一定会为今日文坛欣欣向荣的局面而叫好。

赃物　　脏物

【赃物】zāngwù　［名］用贪污、受贿、盗窃等非法手段获取的财物。例:～是违法犯罪分子的非法所得,往往通过一些不法商贩或以私人转卖的形式低价出售。

【脏物】zāngwù　［名］不干净的东西。例:施工人员从阴井中清淘出的～未能及时清运,气味难闻,影响了居民的正常生活。

造像　　照相

【造像】zàoxiàng　［名］用泥塑成或用石头、木头、金属等雕成的形象。例:我们可以从这些～的肤色、脸型及服装特征上,分辨出它们成像于哪个时代。

【照相】zhàoxiàng　［动］拍摄人或景物的影像。例:他看我带着照相机,便请我为他~。

增值　　增殖

【增值】zēngzhí ［动］商品或资产的价值增加。例：配套设施齐全的小区,房产~的潜力就大。

【增殖】zēngzhí ①［动］繁殖。例：无性繁殖是指不经生殖细胞结合的受精过程,由母体的一部分直接产生子代的~方法。②［动］生物体某一部分组织的细胞数目增加,体积扩大。例：细胞~是生物繁殖基础,也是维持细胞数量平衡和机体正常功能所必需。

渣滓　　渣子

【渣滓】zhāzǐ ①［名］物品提出精华后剩下的东西。例：肥肉榨油后剩下的~很好吃。②［名］品质恶劣、对社会起破坏作用的人。例：这伙危害社会治安的~受到了应有的惩罚。

【渣子】zhā·zi ［名］碎屑。例：这道油~烧黄芽菜勾起了一桌子人对童年时代的记忆。

轧机　　闸机

【轧机】zhájī ［名］轧钢用的机器。例：这家冶金机械厂拥有多年生产~的丰富经验,信誉和业绩赢得众多著名企业的信任。

【闸机】zhájī ［名］一种通道阻挡装置。用于管理人流并规范行人出入,可用于各种场合的出入口。例:只要是用于管理人流出入且能满足一次只通行一人的设备都可以视为广义的～。

展况　　战况

【展况】zhǎnkuàng [名]展销、展览等活动的情况。例:本文是全国普法万里行书画巡回展～回顾。

【战况】zhànkuàng [名]作战的情况。例:他那兴奋的喊声,在我们寂静地听取～的指挥所里显得特别洪亮。

展露　　崭露

【展露】zhǎnlù [动]展现;显露。例:进入待发射状态的飞船～真容。

【崭露】zhǎnlù [动]突出地显露。例:他在这次比赛中～锋芒,夺得第一名。

展品　　展评

【展品】zhǎnpǐn [名]展览的物品。例:所有～一定要在开展日期之前送达展馆展位,确保展商有充足的时间布展。

【展评】zhǎnpíng [动]展示;评估。例:美术学院正在举行新人新作～活动。

展示　　展事

【展示】zhǎnshì [动]清楚地摆出来;明显地表现出来。

例：文化馆里正在举办电脑～会。

【展事】zhǎnshì　[名]展销、展览等活动。例：他是一名书画爱好者,非常关注各类艺术品～。

展现　　展限

【展现】zhǎnxiàn　[动]清楚明显地摆出来,表现出来。例：我站在海边,一望无际的大海～在眼前。

【展限】zhǎnxiàn　[动]延长限期。例：他的购房贷款已经到期,这几天正在申请～。

占地　　战地

【占地】zhàndì　[动]占据土地。例：新建的公园～面积近千亩。

【战地】zhàndì　[名]两军交战的地方或接近交战的区域。例：～记者与死神相伴,报道战争最真实场景。

占先　　占线　　战线

【占先】zhànxiān　[动]处于优先地位。例：这次广播操比赛,高一(2)班～了。

【占线】zhànxiàn　[动]电话线路被占用。例：他那里的电话打不进去,老～。

【战线】zhànxiàn　[名]敌对双方军队作战时的接触线。借指思想斗争和生产斗争中各个不同的阵地。例：他长期工作在农业～。

战火　　战祸

【战火】zhànhuǒ　[名]战争;战事。例:～蔓延,百姓遭殃。

【战祸】zhànhuò　[名]战争带来的祸害。例:东汉末年由于中央政权的衰败,国家分裂,～不断,民不聊生。

战时　　战事

【战时】zhànshí　[名]战争时期。例:～手术室是外科抢救伤病员的重要场所。

【战事】zhànshì　[名]与战争有关的各种活动。例:从前此地也算是该国第一商埠,几经～,凋敝不堪。

绽开　　张开

【绽开】zhànkāi　[动]裂开;开放。例:鲜花～,小鸟歌唱,这里一片鸟语花香。

【张开】zhāngkāi　[动]使合拢的东西分开或使紧缩的东西放开。例:他～嘴让医生检查牙齿。

长门　　掌门

【长门】zhǎngmén　[名]家族中长子的一支。例:觉新在这一房里是长子,在这个大家庭里又是～的长孙。

【掌门】zhǎngmén　[名]旧时武林中某一门派的主持人。例:堂堂的少林一派～,怎么可能下落不明、生死莫卜呢?

仗势　　仗恃

【仗势】zhàngshì　[动]倚仗别人的势力做事情。**例**：他在这部戏中扮演一味～欺人的家丁。

【仗恃】zhàngshì　[动]倚仗;依靠。**例**：因为有了这样的靠山,他不免有所～,觉得到了那里总会有更好的出路了。

招工　　招供

【招工】zhāogōng　[动]招收工人。**例**：这家网站为打工者与～单位架设最便利的桥梁。

【招供】zhāogòng　[动]供出犯罪事实。**例**：纪委的一个小组介入了案件的调查,犯罪嫌疑人目前已经～。

招收　　招手

【招收】zhāoshōu　[动]用考试或其他办法接受学员、工作人员等。**例**：这所网上学院今年～了一百多名学生。

【招手】zhāoshǒu　[动]举手上下挥动,表示叫人过来或跟人打招呼。**例**：他～示意我们可以入座了。

照理　　照例

【照理】zhàolǐ　[副]按照情理。**例**：他辛苦了一个整天,～应该早点休息。

【照例】zhàolì　[副]按照惯例;按照常情。**例**：扫帚不到,灰尘～不会自己跑掉。

照应　　照映

【照应】zhàoyìng ［动］照料。例：一路上乘务员对旅客～得很周全。

【照映】zhàoyìng ［动］照射；映照。例：八角楼上的灯光，～着密密的竹林。

肇始　　肇事

【肇始】zhàoshǐ ［动］发端；开始。例：1949年是中国历史的分水岭，它宣告了旧时代的结束，新时代的～。

【肇事】zhàoshì ［动］引起事故；闹事。例：交通～罪属于危害公共安全的犯罪。

折寿　　折受

【折寿】zhéshòu ［动］迷信的人认为太受恩宠或过于享福会折损寿命。例：旧时不少老人认为享受的礼遇太过分会～。

【折受】zhéshòu ［动］因受到过分尊敬或优待而使人承当不起。例：韦老师如此夸奖，令我～不起。

折子　　褶子

【折子】zhé·zi ［名］用纸折叠而成的册子。例：这是一个银行的～。

【褶子】zhě·zi ①［名］衣服、布匹等因折叠而留下的痕迹。例：她解开腰带，把衬裙脱下来，双手使劲揉搓着那些柔软的～。②[名]皮肤上的皱纹。例：几年不见,她脸上多了许多～。

贞节　　贞洁

【贞节】zhēnjié　　[名]封建礼教指女子不失身、不改嫁的道德行为。例：老太太深信她的哲理是天下最好的,因为"忍"字教她守住～。

【贞洁】zhēnjié　　[形]妇女在节操上没有污点。例：尽管她被小镇上的人视作荡妇而驱逐出去,但这无损于她灵魂的～。

侦查　　侦察

【侦查】zhēnchá　　[动]公安机关为了确定犯罪事实和犯罪人而进行的调查。例：我们三人负责这起案件的～任务。

【侦察】zhēnchá　　[动]进行暗中调查、察看等活动。例：他爸爸年轻时当过～兵。

真心　　真性

【真心】zhēnxīn　　[名]真实的心意。例：我说的是～话。

【真性】zhēnxìng　　①[名]天性;本性。例：对爱情的渴望和执着是人类的～。②[形]真的。例：～近视很难自我调整恢复。

振荡　　震荡

【振荡】zhèndàng　　①[动]振动。例：这些天上证指数出现小幅～。②[动]电路中电压或电流能维持周期性重复变化的过程。例：大小和方向都随周期发生变化的电流叫～电流。

【震荡】zhèndàng [动]震动;动荡。例：山谷中回声～。

振动　　震动

【振动】zhèndòng [动]物体的全部或一部分沿直线或曲线往复运动,有一定的时间规律和周期。例：这是一家集科研、开发、生产、销售～机械和输送机械为一体的新型高新技术企业。

【震动】zhèndòng ①[动]使人心不平静。例：我国航天技术突飞猛进,～了全世界。②[动]受外力影响而颤动。例：搅拌机强烈地～着。

震慑　　镇慑

【震慑】zhènshè [动]震惊慑服。例：这声音仿佛是从地层的深处发出的,沉闷而威严,有着一种～人心的力量。

【镇慑】zhènshè [动]用威力慑服。例：治安通告的发出对不正之风有一定的～作用。

争气　　正气

【争气】zhēngqì [动]发愤图强,不甘心落后或示弱。例：我们一定要～,不能输给他们。

【正气】zhèngqì [名]光明正大的作风或风气。例：我们要树立～,打击不正之风。

争战　　征战

【**争战**】zhēngzhàn　[动]战争;打仗。**例**:五代十国都是封建割据政权,彼此之间互有～。

【**征战**】zhēngzhàn　[动]出征打仗。**例**:花木兰替父～,立下了赫赫战功。

征尘　　征程

【**征尘**】zhēngchén　[名]旅途中所染的灰尘。含有劳碌辛苦之意。**例**:见面后两人泪如雨下,染湿了满是～的衣襟。

【**征程**】zhēngchéng　[名]征途;行程。**例**:在苍茫的暮色里,人们又踏上了新的～。

征发　　征伐

【**征发**】zhēngfā　[动]征集调遣人力或物资。**例**:秦始皇时代徭役之重、～民力之广绝非百姓所能承受。

【**征伐**】zhēngfá　[动]讨伐;出兵攻打。**例**:康熙～噶尔丹,粉碎了其侵略瓜分蒙古的阴谋。

征候　　症候

【**征候**】zhēnghòu　[名]发生某种情况的迹象、征兆。**例**:全国多数城市成交量出现反弹,让不少业内人士看到了楼市回暖的～。

【**症候**】zhènghòu　①[名]疾病。**例**:治疗这种～,在现在是极其平常的事了。②[名]症状。例：头痛是许多疾病的～。

征招　　征召

【征招】zhēngzhāo　[动]招募；招收。例：网上有一则世界大学生运动会志愿者～公告。

【征召】zhēngzhào　[动]征兵。例：文艺兵的～对象为地方艺术类学校优秀学员及应届毕业生。

睁睁　　铮铮

【睁睁】zhēngzhēng　[形]睁大眼睛、定睛直视的样子。例：老人吓呆了，只能～地看着窃贼偷了东西后翻窗溜走了。

【铮铮】zhēngzhēng　①[拟声]形容金属撞击发出的响亮的声音。例：钟声～悦耳。②[形]坚贞、刚强的样子。例：这批年轻人凭着满腔热血已经铸就～铁骨。③[形]言词刚劲有力。例：方志敏言辞～，驳得敌人哑口无言。

蒸气　　蒸汽

【蒸气】zhēngqì　[名]液体或固体因蒸发或沸腾后所产生的气体。例：水沸腾后变成～从而推动这台涡轮发电。

【蒸汽】zhēngqì　[名]水蒸气。例：大量的～凝成小水滴从浴室的墙上流淌下来。

整风　　正风

【整风】zhěngfēng　[动]整顿思想作风、工作作风。例：1941

年5月毛泽东同志在延安高级干部会议上作《改造我们的学习》的报告,标志着~运动的开始。

【正风】zhèngfēng [名]纯正的风气。例:整风就是互相帮助,把歪风整掉,变为~。

整式　　正式

【整式】zhěngshì [名]整式是有理式的一部分,在有理式中可以包含加、减、乘、除四种运算,但在整式中除数不能含有字母。例:$2x \div 3, 0.35 \times 5$ 是~。

【正式】zhèngshì [形]合乎一般公认标准的;合乎一定手续的。例:话剧《金大班的最后一夜》已~公演。

整数　　正数

【整数】zhěngshù ①[名]不含分数或小数的数,即零和带正号或负号的自然数。例:$-2, -1, 0, 1, 2$ 这样的数称为~。②[名]没有零头的数目。例:$10,200, 4\,000, 5$ 万等是~。

【正数】zhèngshù [名]大于零的数。对负数而言。例:$1, 2, 33, 55$ 都是~。

整休　　整修

【整休】zhěngxiū [动]一面整顿,一面休息。例:部队到达驻地后要~几天。

【整修】zhěngxiū [动]整治修理。例:这些水利设施需要~

与更新。

正规　　正轨

【正规】zhèngguī　[形]符合正式规定的或一般公认标准的。例：她的舞蹈动作受过～训练。

【正轨】zhèngguǐ　[名]正道；正当的途径。例：经过一段时间的磨合，这对小夫妻的婚姻生活终于走上了～。

正论　　政论

【正论】zhènglùn　[名]正确合理的言论。例：这是客观的看法，也是适时的～。

【政论】zhènglùn　[名]针对时政问题发表的评论。例：这篇～观点鲜明、论述充分、结构严谨。

正牌　　正派

【正牌】zhèngpái　[形]正规的；非杂牌的。例：我们网站卖的绝对都是～货！

【正派】zhèngpài　[形]品行、作风正直、严肃，光明磊落。例：小李的工作作风很～。

正式　　正事

【正式】zhèngshì　[形]合乎一般公认标准的或合乎一定手续的。例：新编话剧《雷雨》已～公演。

【正事】zhèngshì　[名]合乎正道的事；正经的事。例：老师们正在谈～,你们在外面等一会儿。

正确　　准确

【**正确**】zhèngquè　［形］符合事实、道理或某种公认的标准。**例**：我们对策～,所以赢了这场比赛。

【**准确**】zhǔnquè　［形］结果完全符合实际或预期要求。**例**：这道数学题计算得相当～。

正题　　正体　　政体

【**正题**】zhèngtí　［名］说话、写作的主要议题或中心内容。**例**：我们先干一杯,再谈～。

【**正体**】zhèngtǐ　①［名］规范的汉字字形。**例**：异体字就是跟规定的正体字同音、同义,写法不同而能够被～所取代的字。②［名］拼音文字的印刷体。**例**：这几行字应该排～,不要排成斜体。③［名］正楷体书法。**例**：他在临赵孟頫的～。

【**政体**】zhèngtǐ　［名］国家政权的构成形式。政体是与国体相适应的,中华人民共和国的政体是人民代表大会制度。**例**：自古以来,人们一直试图对纷繁复杂的～类型进行概括和分类。

正直　　正值

【**正直**】zhèngzhí　［形］公正,坦率。**例**：小王为人很～。

【**正值**】zhèngzhí　［副］适逢。**例**：～我在看书的时候,妈妈叫我吃饭了。

支出　　支绌

【支出】zhīchū ①[动]付出去;支付。例:明天开茶话会,工会准备～两千元。②[名]付出去的款项。例:我们要开源节流,尽量减少～。

【支绌】zhīchù [动]财力或能力难以应付。例:一个过河卒子,你要当他车、马、炮用,当然左右～。

支使　　指使

【支使】zhīshǐ [动]命令人做事。例:吴荪甫乘机把姑奶奶～开,拉住杜竹斋进行谈判。

【指使】zhǐshǐ [动]出主意叫别人去做某事。例:他暗中～不明真相的职工与新厂长作对。

知名　　知命

【知名】zhīmíng [形]出名;著名。例:他们正在盘点推动我国游戏产业发展的那些～游戏公司。

【知命】zhīmìng ①[动]懂得事物生灭变化都由天命决定的道理。例:他们这群人中没有一个不是乐天～的。②[名]《论语·为政》:"五十而知天命。"后因以"知命"代称五十岁。例:他虽然年近～,但心态还很年轻。

执罚　　执法

【执罚】zhífá [动]执行处罚。例:工商管理部门按规定对违规房地产开发商~。

【执法】 zhífǎ ［动］执行法律、法规。例：~不严会使犯罪分子有机可乘。

执勤　　值勤

【执勤】 zhíqín ［动］执行勤务。例：每星期三轮到我~。

【值勤】 zhíqín ［动］多指在规定的时间内负责治安保卫、交通等工作。例：交通警正在马路上~。

执业　　职业

【执业】 zhíyè ［动］从事某一职业或某一行业。例：~资格证书是国家对特殊行业或开展业务规定资格准入的凭证，即没有此类资格证书不能从事某一行业或开展某项业务。

【职业】 zhíyè ①［名］个人在社会中所从事的作为主要生活来源的工作。例：他的~是医生。②［形］专业的；非业余的。例：我是业余足球队员，不是~运动员。

执意　　致意

【执意】 zhíyì ［副］坚持自己的意见。例：他~要这么做，大家都劝说不了。

【致意】 zhìyì ［动］向人表示问候之意。例：他向与会者~后便开始演说。

直拨　　直播

【直拨】 zhíbō ［动］电话不经过转接可直接拨通外线或长途

线路。**例**：这门电话可以～国际长途。

【**直播**】zhíbō ①［动］不经过育苗,把种子直接播种到地里。**例**：这片小麦是～的。②［动］广播电台或电视台不经过录音或录像直接播送。**例**：电视台将～世界杯足球赛开幕式。

直接　　直截

【**直接**】zhíjiē ［形］不经过第三者发生关系的。**例**：你还是～找他谈一谈吧。

【**直截**】zhíjié ［形］说话、做事不绕弯子,干脆爽快。**例**：紫芝妹妹嘴虽厉害,好在心口如一,～了当,倒是一个极爽快的人。

值守　　职守

【**值守**】zhíshǒu ［动］值班;看守。**例**：应急～工作是确保政令畅通、信息及时报告的关键环节。

【**职守**】zhíshǒu ［名］工作岗位。**例**："最美女教师""最美司机"都得是恪尽～的人。

指名　　指明

【**指名**】zhǐmíng ［动］指出人或事物的名称。**例**：在这家医院,病人可以～医生进行诊治。

【**指明**】zhǐmíng ［动］指点明白。**例**：《汉语大词典》中的每个词语都～出处。

指示　　指事

【指示】zhǐshì　①[动]上级对下级或长辈对晚辈说明处理某项问题的原则和方法。例：上级～我们必须按时完成任务。②[名]指示下级或晚辈的话。例：我们会坚决执行上级的～。

【指事】zhǐshì　[名]六书之一。以象征性的符号来表示意义的造字法。例：汉字的造字方法主要有象形、～、会意、形声。

指使　　致使

【指使】zhǐshǐ　[动]出主意叫别人去做某事。例：他暗中～不明真相的职工与新厂长作对。

【致使】zhìshǐ　[动]导致；因某种原因而造成。例：他由于过分疲劳，～工作出了差错。

指正　　指证

【指正】zhǐzhèng　[动]指出错误或缺点，以便改正。例：我如果说得不对，请大家批评～。

【指证】zhǐzhèng　[动]指认并证明。例：经目击者～，他们几个就是那天晚上抢劫金店的人。

至爱　　挚爱

【至爱】zhì'ài　①[形]最亲爱的；最喜爱的。例：同学们踊跃参加十大～金曲评选活动。②[名]最喜爱的人或事。

例：军事战争游戏是男孩们的～。

【**挚爱**】zhì'ài ［动］深爱；热爱。例：一路上他～的国土,他就感受到这里所发生的日新月异的变化。

至诚　　挚诚

【**至诚**】zhìchéng ［形］极为诚恳。例：你千万不要辜负他一片～之心。

【**挚诚**】zhìchéng ［形］真挚；诚恳。例：我是那样～地讲述着我所知道的一切。

至死　　致死

【**至死**】zhìsǐ ［动］到死。例：春蚕～丝方尽。

【**致死**】zhìsǐ ［动］导致死亡。例：有关部门正在查找河鱼～原因。

志趣　　稚趣

【**志趣**】zhìqù ［名］志向；兴趣。例：他～非常高雅。

【**稚趣**】zhìqù ［名］童趣。例：这种游戏一点～都没有,孩子们当然不喜欢。

志愿　　自愿

【**志愿**】zhìyuàn ［名］志向；愿望。例：他的～是当一名军人。

【**自愿**】zìyuàn ［动］自己愿意。例：同学们可以～报名参加兴趣小组活动。

制服　　治服

【**制服**】zhìfú ①[名]根据不同对象,按照规定式样制成的服装。例:这款小学生~很别致。②[动]用强力手段或措施使驯服。例:经过反复试验,这一影响工程质量的"拦路虎"终于被~了。

【**治服**】zhìfú ①[动]准备行装。例:他将出国考察一段时间,这几天正在理装~。②"制服②"。

质朴　　稚朴

【**质朴**】zhìpǔ [形]朴实;不矫饰。例:老李为人~忠厚。
【**稚朴**】zhìpǔ [形]稚嫩而纯朴。例:他是一个~的男孩。

质疑　　置疑

【**质疑**】zhìyí [动]提出疑问。例:老师喜欢~问难的学生。
【**置疑**】zhìyí [动]怀疑。例:小王勤学苦练的精神不容~。

制备　　置备

【**制备**】zhìbèi [动]化学工业上指采用化学或物理等方法制造并取得。例:化学老师正在~明天做实验用的试剂。
【**置备**】zhìbèi [动]指购买设备、用具等。例:小王正在~结婚用的家具。

制伏　　制服

【**制伏**】zhìfú [动]用强力手段或措施使驯服。例:经过反复试验,这一影响工程质量的"拦路虎"终于被~了。

【制服】zhìfú [名]根据不同对象,按照规定式样制成的服装。例:这款小学生~很别致。

治理　　自理

【治理】zhìlǐ ①[动]统治;管理。例:阿斗有自知之明,知道自己昏庸无用,所以就把全权交给诸葛亮,由他去~国家。②[动]处理;整修。例:每到枯水期,当地的人们就会~河道。

【自理】zìlǐ ①[动]自己承担。例:会议期间,食宿~。②[动]自己料理。例:奶奶卧床不起,生活不能~。

中点　　终点

【中点】zhōngdiǎn [名]线段上某一点到两端点的距离相等的点。例:线段的~把线段分成相等的两部分。

【终点】zhōngdiǎn ①[名]一段行程结束之处。例:班车已经到达~,乘客们依次下了车。②[名]径赛中规定的终止地点。例:运动员跑到最后一圈,加快了速度,向~冲刺。

中端　　中断　　终端

【中端】zhōngduān [形]档次、价位、等级等在同类中处于中等的。例:绝大多数电脑用户用的都是~显卡。

【中断】zhōngduàn [动]事情进行过程中中途放弃或断绝。例:马老师拿出自己的积蓄,去帮助那个~学业的学生。

【终端】zhōngduān [名]电子计算机等系统中用来发指令

或接收信息的装置。例：电脑～坏了,需要修理。

中古　　终古

【中古】zhōnggǔ　[名]较晚的古代。在我国多指魏晋南北朝隋唐这个时期。例：许多作家都是在对～文学和古典文学比较的基础上继承古代传统的。

【终古】zhōnggǔ　[形]久远;永远。例：别看苍天日出月没～不变,假若它有情的话,也照样会衰老。

中级　　终极

【中级】zhōngjí　[名]介于高级和初级之间。例：他打算参加这次～专业技术职称的评审。

【终极】zhōngjí　[名]最后;最终。例：就文学的～目的来说,歌颂人民精神世界中高尚的东西是它的主要职责。

中盘　　终盘

【中盘】zhōngpán　[名]围棋术语。指布局结束,进入关系全局胜负的激战阶段。例：及至～,白子已经占领先优势。

【终盘】zhōngpán　①[动]收盘。例：这只股票连续两个交易日～价格涨幅偏离值超过20%。②[名]棋牌等指最后的结局。例：～白子以四子优势获胜。

中坚　　中间

【中坚】zhōngjiān　[名]在团体中起重要作用的部分。例：小孙是诗社中很活跃的~分子。

【中间】zhōngjiān ①[名]里面。例：他们~有一半是女生。②[名]中心区域。例：这辆客车的~有很多乘客。③[名]在事物两端之间或两个事物之间的位置。例：从我家到学校，~要换两辆车。

中心　重心

【中心】zhōngxīn ①[名]跟四周的距离相等的位置。例：这座雕像矗立在公园~。②[名]事物的主要部分。例：这篇文章的~思想很明确。③[名]在某一方面占重要地位的城市或地区。例：首都是全国的政治~。④[名]占主导地位的单位。例：她现在在医疗研究~工作。

【重心】zhòngxīn ①[名]物体各部分所受的重力产生合力，这个合力的作用点就叫重心。例：他被石头一绊，整个人失去了~，差点摔倒在地。②[名]事情的中心或主要部分。例：我们要把工作的~转移到经济建设上。

中型　中性

【中型】zhōngxíng [形]形状或规模不大不小的。例：在我国，8座以上、19座以下的客运车辆称为~客车。

【中性】zhōngxìng ①[名]处于两种相对性质之间的性质。例：皮肤性质在美容学里分为干性皮肤、油性皮肤、混合性皮肤和~皮肤四种。②[形]不表示性别的。例：超级妩媚的女性化元素结合帅气洒脱的~设计款式，让女性刚柔并济,展现出非同寻常的迷人气质。③[形]词语意义上不含褒贬色彩。例:汉语中有大量的词是不带褒贬色彩的~词。

中庸　　中用

【中庸】zhōngyōng ①[名]儒家的一种道德说教。例:正确地认识~之道,并加以合理的应用,既是一种智慧,也是一种无可回避的文化责任。②[形]德才平常的、平凡的。例:老师认为我们这几个学生虽有进步意图,但属悟性一般、毅力一般的~之才。

【中用】zhōngyòng [形]有用。例:你这个人太不~了。

中止　　终止

【中止】zhōngzhǐ [动]半途停止;使半途停止。例:合同~是在合同履行过程中经常遇到的情况。

【终止】zhōngzhǐ [动]结束;停止。例:在老师的干预下,这几位同学间的辩论总算~了。

忠心　　衷心

【忠心】zhōngxīn [名]忠诚的心。例:孔繁森把自己的一片~献给了祖国。

【衷心】zhōngxīn [形]发自内心的。例:全国人民~拥护党中央的各项决议。

忠于　　终于

【忠于】zhōngyú [动]指忠诚地对待。例:张老师无限~党的教育事业。

【终于】zhōngyú [副]到底。表示经过种种变化或较长等待之后出现的情况。例：我们的愿望～实现了。

终身　　终生

【终身】zhōngshēn [名]一生；一辈子。例：婚姻是一个人的～大事。

【终生】zhōngshēng [名]人的一生。例：他为了人类的健康事业奋斗～。

钟情　　衷情

【钟情】zhōngqíng [动]感情专注(多指爱情)。例：他俩～一生却无法相守一生。

【衷情】zhōngqíng [名]内心的情感。例：他俩久别重逢，互诉～。

中伤　　重伤

【中伤】zhòngshāng [动]恶意攻击或陷害他人。例：说话要慎重，切忌～别人。

【重伤】zhòngshāng [名]身体受到严重的伤害。例：他在一次安全事故中受了～。

重力　　重利

【重力】zhònglì [名]地球对地面物体的引力。也称地心引力或地摄力。从广义言,任何天体使物体向该天体表面降落的力都称重力,如月球重力、火星重力等。例:生活中常把物体所受~的大小简称为物重。

【重利】zhònglì ①[名]高利息;高利润。例:王熙凤是放高利贷的老手,时常通过这种方式牟取~。②[动]以利为重;贪图利益。例:商家~,能获取最大利益是他们的追求。

主持　　住持

【主持】zhǔchí ①[动]负责掌握或管理。例:张欣同学~了今天的班会。②[动]主张维护。例:全世界~正义的国家纷纷谴责侵略者的暴行。

【住持】zhùchí ①[动]主持管理一个佛寺或道观。例:这里是女道~,从不留客的。②[名]主持一个佛寺的僧尼或主持一个道观的道士。例:1987年,年仅22岁的释永信成为少林寺的~。

主题　　主体

【主题】zhǔtí [名]文学艺术作品所表现的中心思想。例:这部剧本的~不够明确。

【主体】zhǔtǐ [名]事物的主要部分。例:东方明珠电视塔是陆家嘴建筑群的~。

主义　　主意

【主义】zhǔyì ①[名]对客观世界、社会生活以及学术问题等形成的系统的理论学说或思想体系。例：共产～主张消灭私有产权，建立一个没有阶级制度、没有国家和政府，并且进行集体生产的社会。②［名］一定的社会制度或政治经济体系。例：资本～是指资本主导社会经济和政治的意义。③［名］思想作风。例：我们要杜绝领导机关中放松领导和放任各种错误的自由～倾向。

【主意】zhǔ·yi ①［名］主见。例：这件事要请你拿定～。②［名］办法。例：请你替我出出～。

瞩目　　注目

【瞩目】zhǔmù ［动］注视。例：中国的改革开放取得令人～的成果。

【注目】zhùmù ［动］集中目光在一点上。例：他新创作的那篇小说在文学界引人～。

助读　　住读

【助读】zhùdú ［动］帮助学习、阅读。例：于漪老师教《新型玻璃》时，充分体现了"以读为主，以讲～"的改革精神。

【住读】zhùdú ［动］学生住校读书。与"走读"相对。例：巴蜀小学的～教育和巴蜀小学一起诞生，已经走过了七十年的历程。

住地　　驻地

【住地】zhùdì ［名］个人或家庭居住的地方。例：累了一天,回到～他们倒头便睡,连饭都顾不上吃。

【驻地】zhùdì　［名］部队、地方行政机关或其他团体组织长期驻扎的地方。例:回到～,肖音向刘团长汇报了调查情况。

专长　　专场

【专长】zhuāncháng　［名］专门的学识、技艺和本领。例:他推辞说自己的思想觉悟不高,文化水平较低,也没有什么业务～,不适合担任项目负责人。

【专场】zhuānchǎng　①［名］剧院、影院等专为某一部分人演出或放映的场次。例:这家影院每年暑假期间都开辟学生～。②［名］特定内容的演出。例:这家剧院每天都开设"80后说相声"～。

专诚　　专程

【专诚】zhuānchéng　①［形］专心诚意。例:白求恩同志～为中国人民的解放事业贡献自己的医术。②［副］特地。例:他在清华好几年,我从来没～去拜访过他。

【专程】zhuānchéng　［副］专为某事去某地。例:为了观看这场球赛,他～从北京来到上海。

专机　　转机

【专机】zhuānjī　①［名］专门为某人或某事特别飞行的飞机。例:为了抢救伤员,民航部门开过几趟～。②［名］某人专用的飞机。例:美国国务卿结束了在我国的正式访问,昨天上午乘～离开上海回国。

【**转机**】zhuǎnjī [名]情况好转的可能或机会。**例**：服用了一段时期的中草药,他的病终于有了～。

专集　　专辑

【**专集**】zhuānjí ①[名]只收录某一作者作品的集子。**例**：作家出版社最近将为这名作家出一套～。②[名]专由某种文体或某种内容编成的集子。**例**：这是一套博士论文～。

【**专辑**】zhuānjí ①同"专集②"。②[名]现代音乐最主要的发行方式,通常由3—15首歌组成,长度大约在12—74分钟之间。**例**：乐华娱乐旗下艺人韩庚的第二张个人～已经出版。

专力　　专利

【**专力**】zhuānlì [动]集中力量做某事。**例**：秦学研因为对虎情有独钟,多年来～画虎,他是继冯大中之后涌现的青年画虎专家中的佼佼者。

【**专利**】zhuānlì [名]创造发明者在一定时期内按法律规定独自享有的利益。**例**：他正在为自己的发明申请～。

专卖　　转卖

【**专卖**】zhuānmài ①[动]国家指定的专营机构经营某些物品,其他部门非经专营机构许可,不得生产和运销。**例**：世界上许多国家都实行过～,品种有烟、茶、糖、酒、火柴、棉花、石油等几十种。②[动]专门出售。**例**：这家商厦～各种品牌服装。

【转卖】zhuǎnmài　[动]把买进的东西再卖出去。例：他想～一台笔记本电脑。

专业　　转业

【专业】zhuānyè　①[名]高等院校或中等专业学校所分的学业门类。例：他在中文系汉语言文学～学习。②[名]产业部门中所分的各业务部门。例：我们车间属于精加工～。③[形]专门从事某一行业的。例：他家是养兔～户。

【转业】zhuǎnyè　[动]军队干部转到地方机关或企事业单位工作。例：张雨是一个～军人，来到工地之后，被选为大队长。

专注　　专著　　转注

【专注】zhuānzhù　[形]专心注意。例：李小明～地看书，连水壶的水开了都没注意到。

【专著】zhuānzhù　[名]对某方面作专门论述的著作。例：这部～观点独到，内容丰富。

【转注】zhuǎnzhù　[名]六书之一。后人解释大有歧异，清戴震、段玉裁认为转注即互训，意义相同或相近的字彼此互相解释，故叫"转注"。例：～字由于意义联系密切，所以多连用构成双音节词。

妆扮　　装扮

【妆扮】zhuāngbàn　[动]梳妆打扮。例：吴夫人早起床半个钟头，～好了要出去应酬。

【装扮】zhuāngbàn ①[动]装饰打扮。例：元宵节前后，豫园被～一新。②[动]扮演。例：新年舞会上，小蕾～成白雪公主。③[动]伪装；假扮。例：他俩～成一对走亲戚的小夫妻闯过敌人的封锁线。

妆饰　装饰

【妆饰】zhuāngshì ①[动]修饰打扮。例：经过精心～，新娘子美若天仙。②[名]修饰、打扮后的样子。例：该书收入中国历代妇女的～，有助于读者了解中国古代各时期妇女的生活风貌。

【装饰】zhuāngshì ①[动]在身体或物体的表面加些附属的东西，使变得美观。例：这间房间～得十分豪华。②[名]装饰品。例：会客厅里的～都很精美。

庄家　庄稼

【庄家】zhuāngjiā ①[名]赌博或某些牌戏中每一局的主持人。例：～通过诈骗赌徒的赌金捞钱。②[名]股票交易中持有大量流通股并能在较大程度上决定该股走势的股东。例：～的坐庄技巧中还包括一套如何调动和利用散户心理的操作技巧。

【庄稼】zhuāng·jia [名]地里长着的粮食作物。例：今年风调雨顺，～长势很好。

壮丽　壮烈

【壮丽】zhuànglì [形]雄壮而美丽。例：祖国的山河多么~。

【**壮烈**】zhuàngliè [形]勇敢有气节。**例**：为了革命的事业刘胡兰~地牺牲了。

壮士　　壮实

【**壮士**】zhuàngshì [名]意气豪壮而勇敢的人。**例**：马宝玉等五位战士的壮举，表现了崇高的爱国主义、革命英雄主义精神和坚贞不屈的民族气节，被人民群众誉为"狼牙山五~"。

【**壮实**】zhuàng·shi [形]健壮；结实。**例**：这些蚕儿养得很~。

追诉　　追溯

【**追诉**】zhuīsù [动]在法定有效期内依法对犯罪嫌疑人或被告人提起诉讼，追究刑事责任。**例**：对于张某受贿行为是否已过~时效，目前有两种观点。

【**追溯**】zhuīsù [动]本义为逆水而行。后比喻探索事物的由来。**例**：绘图是一种特殊的视觉艺术，可~至史前时期的岩画或洞穴壁画。

追寻　　追询

【**追寻**】zhuīxún [动]追踪寻找。**例**：每个人都有~幸福的权利。

【**追询**】zhuīxún [动]追查询问。**例**：从林佩珊~的目光中，我看出了她内心的疑问。

捉摸　　琢磨

【捉摸】 zhuōmō　[动]猜想;预料。例:我～着,他们会不会先去了医院。

【琢磨】 zhuómó　①[动]对玉石等雕刻打磨。例:这只玉琮被～得很精细。②[动]加工修饰文章。例:这篇文章我～了一个晚上,才定稿。③考虑;研究。例:你好好～一下,是否真的要出国留学。

咨询　　资讯

【咨询】 zīxún　[动]询问;征求意见。例:本月将举行公车拍卖会,市民可提前进行～。

【资讯】 zīxùn　[名]信息。例:环球网是一家国际～门户。

资力　　资历

【资力】 zīlì　[名]物力、财力或人力。例:该公司是大型生产企业,～雄厚,具有产品好、价格低、服务优三大优势。

【资历】 zīlì　[名]资格;经历。例:这次工程招标更注重考察投标单位的～和工程质量。

孳生　　滋生

【孳生】 zīshēng　同"滋生①"。

【滋生】 zīshēng　①[动]繁殖;生育。例:雨水较多、气温回升,都为这种隐翅虫的～提供了便利。②[动]引起;产生。

例:十九世纪后半叶,欧洲文坛上除了批判现实主义继续存在外,还~出许多流派,如自然主义、象征主义、唯美主义等。

自残　　自惭

【自残】zìcán　[动]对自身肢体的伤害。例:~的最极端情况就是自杀。

【自惭】zìcán　[动]自己感到惭愧。例:出现这么大的失误,他却丝毫没有~。

自己　　自给

【自己】zìjǐ　[代]本人。例:他向同学们叙述了~的苦难身世。

【自给】zìjǐ　[动]依靠自己的生产满足自己的需要。例:该国的矿业和工业在国民经济中所占的比重较大,粮食不能~。

自理　　自力　　自立

【自理】zìlǐ　①[动]自己承担。例:会议期间,食宿~。②[动]自己料理。例:奶奶卧床不起,生活不能~。

【自力】zìlì　[动]靠自己的力量。例:中国人民以~更生的方式强大起来。

【自立】zìlì　[动]不依赖别人帮助,靠自己的劳动生活。例:孩子还小,经济上怎么能够~呢?

自留　　自流

- 【**自留**】zìliú ［动］自己留着。**例**：这种主要靠生产队自选、自繁、～、自用,辅之以调剂的"四自一辅"的留种形式,在当时对发展农业生产起了积极的作用。
- 【**自流**】zìliú ①［动］自然地流动。**例**：这里气候温和,又能得到都江堰水利系统～灌溉之利。②［动］不加约束,任其自行发展。**例**：他从不关心儿子的衣食住行,也不管教,放任～。

自决　　自觉　　自绝

- 【**自决**】zìjué ①［动］自己决定；自行解决。**例**：遇有疑难问题不能～的,你可以向专家咨询。②［动］自杀；自裁。**例**：人类～已经成为一个被广泛关注的社会问题。
- 【**自觉**】zìjué ①［动］自己感觉到；自己意识到。**例**：他～心跳加速并且心律不齐,便去医院就诊。②［形］自己有所认识而觉悟。**例**：～抵制学术不端行为和不正之风是高校教师的责任。
- 【**自绝**】zìjué ［动］自行断绝；自取灭绝。**例**：宣扬拜金主义和腐朽生活方式的人,最终将～于人民。

自述　　自诉

- 【**自述**】zìshù ①［动］自己叙述。**例**：病人～出现感冒症状已经好几天了。②［名］关于自己经历的叙述。**例**：该书是世纪哲人冯友兰先生在晚年回眸自己学林春秋的～。

【**自诉**】zìsù 〔动〕法律名词。被害人或者其法定代理人、近亲属为追究被告人的刑事责任,向人民法院提起诉讼。**例**：～在刑事诉讼制度中所占比重远远低于公诉。

自卫　　自慰

【**自卫**】zìwèi 〔动〕保卫自己。**例**：他原来在一所野战医院服役,曾参加对越～反击战。

【**自慰**】zìwèi ①〔动〕自己安慰自己。**例**：孔乙己穷困潦倒,他的生活步履艰难,捞不到半个秀才的他只得用几杯浊酒聊以～。②〔动〕手淫。**例**：过度～可造成泌尿生殖系统疾病、性神经衰弱等。

自新　　自信

【**自新**】zìxīn 〔动〕自己改正错误,重新做人。**例**：人非圣贤,孰能无过,他已经改过～了,为什么还要一棒子打死?

【**自信**】zìxìn 〔动〕相信自己。**例**：～和自负虽然只有一字之差却是有天壤之别的。

自传　　自转

【**自传**】zìzhuàn 〔名〕传记的一种。以记述自己的生平事迹为主。**例**：新凤霞是个演员,但她的～文章却写得十分真挚动人。

【**自转**】zìzhuàn 〔动〕星体绕着自己的轴心转动。**例**：地球～一周的时间是23小时56分4秒。

字句　　字据

【字句】zìjù　[名]文章里的字眼和句子。例：这两篇文章的～都差不多,有明显的抄袭痕迹。

【字据】zìjù　[名]书面的凭证,如合同、契约、收据、借条等。例：～就相当于一纸合同,是你日后主张权益的重要凭证。

综合　　总合

【综合】zōnghé　①[动]把不同种类、不同性质的事物组合在一起。例：践行科学发展观也重视资源的～利用。②[动]把事物的各个部分联结成一个整体加以考察。例：～平衡就是对事情的各个方面统筹兼顾,作出全面合理的安排。

【总合】zǒnghé　[动]合在一起;总共。例：～这些力量就能形成我们的优势,能够确保完成今年的任务。

总攻　　总共

【总攻】zǒnggōng　[动]对敌方发动全面攻击或全线出击。例：部队已经接到晚上～的命令。

【总共】zǒnggòng　[副]一共。例：我们每星期～上三十节课。

总合　　总和

【总合】zǒnghé　[动]合在一起;总共。例：～这些力量就能形成我们的优势,能够确保完成今年的任务。

【总和】zǒnghé ［动］加起来的总量或全部内容。例：社会主义经济基础就是社会主义生产关系的～。

总览　　总揽　　纵览

【总览】zǒnglǎn ［动］全面地看；综合地观察。例：中文核心期刊目录～。

【总揽】zǒnglǎn ［动］全面掌握。例：中国已～先进核电装备创造核心技术。

【纵览】zònglǎn ［动］放眼观看；任意浏览。例：周老师是一个对收藏有着浓厚兴趣，并且～群书、善于研究的收藏家。

走进　　走近

【走进】zǒujìn ［动］走进去。指进入到内部。例：同学们悄悄地～病房，看望生病的老师。

【走近】zǒujìn ［动］靠近。指未进入到内部。例：一只老鼠小心翼翼地～放着蛋糕的小桌旁，只听一声猫叫，吓得拔腿就跑。

走漏　　走露

【走漏】zǒulòu ①［动］泄露消息。例：这事非同小可，千万不能～风声。②［动］走私漏税。例：～车的确很便宜，但是因为没有海关出示的提货单以及罚没单，不能正常落户上牌。③［动］遗漏；遗失。例：经理吩咐他们多派几个人押车，以防这些贵重物品～。

【走露】zǒulòu 同"走漏①"。

阻止　　阻滞

【阻止】zǔzhǐ ［动］使不能前进；停止行动。例：家长不应当～孩子参加正当的社会活动。

【阻滞】zǔzhì ［动］阻碍；滞留。例：中医认为舌体胖嫩，色淡，多属脾肾阳虚、津液不化，水饮痰湿～所致。

罪刑　　罪行

【罪刑】zuìxíng ［名］按其罪行应判的刑罚。例：～相当原则是指刑罚的轻重，应当与犯罪分子所犯罪行和承担的刑事责任相适应。

【罪行】zuìxíng ［名］犯罪的行为。例：日本侵略者在中国犯下了滔天～。

尊崇　　遵从

【尊崇】zūnchóng ［动］敬重推崇。例：这些大作家没有一个不衷心地～与他同时代的伟大的批评家。

【遵从】zūncóng ［动］遵照服从。例：每个学生都必须～学校的规章制度。

作法　　做法

【作法】zuòfǎ ①［动］施展法术。例：旧时代一些地方的人遇到旱灾便烧香拜龙，～求雨。② 同"做法"。

【做法】 zuòfǎ ［名］处理事情或制作物品的方法。**例**：大家坚决不同意你的观点和～。

做工　　做功

【做工】 zuògōng ①［动］干活,从事体力劳动。**例**：他小时候在地主家～。②［名］制作的技术或质量。**例**：这套衣服的～拙劣。③ 同"做功"。

【做功】 zuògōng ［名］戏曲中演员的动作和表情。**例**：曲艺的～同戏曲一样,可分"手、眼、身、步、法"等几个方面。